Gottfried Diller (Hrsg.) · Hörgerichtetheit in der Praxis

Heidelberger Sonderpädagogische Schriften
Band 22

Herausgeber
Ministerialrat Dr. W. Katein
Prof. H. Kratzmeier, Dipl.-Psych.

# Hörgerichtetheit in der Praxis

## Herausgegeben von Gottfried Diller

Mit Beiträgen von

Eleonore Dietz · Gottfried Diller · Manfred Drach
Gabriele Herrmann · Werner Mörler
Ute Penteker-Wolfheimer · Gertraud Rovner
Cornelia Schmalbrock · Dietmar und Doris Wäss
Maria Wisnet

Zweite, aktualisierte Auflage



»Edition S«

Die Deutsche Bibliothek – CIP-Einheitsaufnahme

Hörgerichtetheit in der Praxis / hrsg. von Gottfried Diller.
Mit Beitr. von Eleonore Dietz... – 2., aktualisierte Aufl. –
Heidelberg: Winter, 2000
(Heidelberger sonderpädagogische Schriften; Bd. 22)
(»Edition S«)
ISBN 3-8253-8272-9


Umschlagdesign: Drißner-Design und DTP, Meßstetten
Druck: Strauss Offsetdruck GmbH, Mörlenbach

# Inhaltsverzeichnis

# Einleitung

GOTTFRIED DILLER

Gehörlos sein und doch hören können, diese beiden Gegebenheiten scheinen sich gegenseitig auszuschließen. Entweder ein Kind ist gehörlos beziehungsweise hochgradig hörgeschädigt, dann kann es nicht hören; oder es kann hören, und es ist somit nicht gehörlos.

Noch bis vor wenigen Jahren konnte man diese Aussage als gültig akzeptieren. Kinder, die als gehörlos diagnostiziert wurden, waren kaum in der Lage, Geräusche ihrer Umwelt, menschliche Stimmen, die Lautsprache zu hören und zu verstehen. Die Welt des Hörens blieb ihnen nahezu verschlossen. Hören in unserem Sinne bedeutet also, in der Lage zu sein, mindestens Geräusche zu erkennen beziehungsweise so viel hören zu können, um damit über eine Hilfe zum Erlernen und Verstehen der Lautsprache zu verfügen.

Die Gehörlosenpädagogik hat in der Vergangenheit der Situation „nicht hören zu können" insofern Rechnung getragen, als sie zur Entwicklung einer Verständigung des gehörlosen Kindes mit seiner Umwelt vorwiegend auf den Sehsinn gesetzt hat. Nach dem Motto, wer nicht hören kann, muss sehen.

Das gehörlose Kind sollte sich hauptsächlich durch das Sehen seine Welt erschließen und das gesprochene Wort möglichst von den Lippen ablesen. Zwar trugen die gehörlosen Kinder in den zurückliegenden Jahrzehnten auch schon Hörgeräte, aber offensichtlich nur mit geringem Erfolg. Der Unterricht mit Gehörlosen und die lautsprachliche Verständigung erfolgten hauptsächlich durch das Sehen beziehungsweise das Ablesen des Gesagten vom Mund. Zusätzlich wurden Gebärden für die Kommunikation benutzt. Seit über zwei Jahrhunderten orientierten sich mehr oder weniger alle Förderprogramme für hochgradig hörgeschädigte Kinder an diesen Kommunikationsbedingungen.

Mit den in den letzten Jahren entwickelten Möglichkeiten einer frühen Diagnostik, einer wesentlich verbesserten Hörgerätetechnik und - ganz aktuell - dem Cochlear-Implant haben heute auch viele der zunächst als gehörlos diagnostizierten Kinder die Möglichkeit, hören zu können, das heißt als Gehörlose so viel hören zu lernen, dass sie die Welt des Hörens in einem Maße erleben, wie dies zuvor für hochgradig hörgeschädigte Kinder nicht möglich war. Praktisch können aus gehörlosen Kindern Kinder mit für die Lautsprache nutzbaren Hörfähigkeiten werden.

Aus dieser Erkenntnis heraus haben sich neue Fördermodelle für gehörlose Kinder entwickelt, die intensiv um die Entwicklung der Hörfähigkeit bemüht sind. Im weitesten Sinne können diese hörpädagogischen Ansätze als „hörgerichtet“ bezeichnet werden. Bei einer hörgerichteten Förderung geht es um einen äußerst differenzierten, von vielen Faktoren abhängigen Prozess, der in jedem Fall ein Umdenken, eine Neuorientierung in der Hörgeschädigtenpädagogik erfordert. Wie diese Aufgabe in einer Schule für Hörgeschädigte gelöst wird, soll am Beispiel der Johannes-Vatter-Schule in Friedberg/Hessen gezeigt werden. Diese Schule für Hörgeschädigte gehörte zu den ersten Schulen in Deutschland, die sich konsequent um die Einführung einer hörgerichteten Förderung bemüht haben. Aufgrund ihrer Erfahrungen hat die Schule ein Konzept entwickelt, auf dessen Grundlage sich die zukünftige Arbeit gestalten soll.

Die Beiträge dieses Buches sind so ausgewählt, dass sie, neben einer kurz gefassten theoretischen Diskussion, Einblicke in den Bereich der Diagnostik, Frühförderung, vorschulischen Erziehung, schulischen Förderung in der Hörgeschädigten- und in der Regelschule geben. Exemplarisch wird dargestellt, wie der rhythmisch-musikalische Unterricht und die damit verbundenen Förderprinzipien im Rahmen einer hörgerichteten Förderung verstanden werden sollten. Darüber hinaus werden die Möglichkeiten einer schulischen Förderung mit Kindern, die ein Cochlear-Implant tragen, aufgezeigt. Alle Autoren haben bereits eine über zehnjährige Erfahrung mit diesem für die Hörgeschädigtenbildung neuen Förderweg. Dass im Erziehungsprozess eines Kindes die Eltern und das soziale Umfeld eine bedeutende Rolle spielen, soll durch den Beitrag einer Familie herausgestellt werden.

In diesem Buch werden zum Thema „Hörgerichtetheit in der Praxis“ neben theoretischen Überlegungen vor allem praktische Erfahrungen, die Lehrkräfte, Schulleiter, Hörgeräteakustiker, Frühförderer und Eltern mit einer hörgerichteten Förderung machen konnten, zur Diskussion gestellt.[1]

Allen Kollegen, die bisher auf diesem für die deutsche Gehörlosen- und Schwerhörigenbildung neuen Weg der hörgerichteten Förderung hörgeschädigter Kinder gegangen sind und mit dazu beigetragen haben, theoretische Erkenntnisse über die Möglichkeiten des Hörens für hochgradig hörgeschädigte Kinder erfolgreich in die Praxis umzusetzen, sei herzlich gedankt.

---

[1] In der Praxis sind es mehrheitlich weibliche Fachkräfte, die in die Förderung hörgeschädigter Kinder miteinbezogen sind. Aus Gründen der besseren Lesbarkeit haben wir uns jedoch für die männliche Form der Berufsbezeichnungen in diesem Buch entschieden.

Erfreulicherweise fand das vorliegende Buch in der 1. Auflage großes Interesse, so dass eine zweite Auflage notwendig wurde.

Dies eröffnete die Möglichkeit, Veränderungen, die sich in den beiden vergangenen Jahren seit Erscheinen des Buches ergaben, neu aufzunehmen. So konnten von DILLER die nunmehr vorliegenden Untersuchungsergebnisse eines ersten Forschungsprojekts zur hörgerichteten Frühförderung in die Diskussion aufgenommen werden. Die Johannes-Vatter-Schule in Friedberg hat zwischenzeitlich ihr Schulkonzept überarbeitet. Die aktualisierte Form wird von WISNET dargestellt. Interessant ist, wie sich die Entwicklung von Kevin weiter vollzog und mit welchen Fragen sich Familie WÄSS auseinander setzen musste. ROVNER berichtet über den Abschluss der ersten hörgerichtet geförderten Klasse. Auch im pädoaudiologischen Bereich in Fragen der technischen Hörversorgung wurden neue Erkenntnisse von MÖRLER aufgenommen. DIETZ berichtet von der neuen Situation in der vorschulischen Einrichtung und HERMANN über die Entwicklung der CI-Förderung in der Johannes-Vatter-Schule.

Deutlich wird, das hier vorgestellte Konzept ist sehr dynamisch. Die Bedingungen des Hören- und Lautsprachlernens verbessern sich zunehmend. Gleichzeitig wird deutlich, wie viele Anstrengungen unternommen werden müssen, damit dies für immer mehr hörgeschädigte Kinder ein erfolgreicher Weg wird, der dazu führt, ein selbstbestimmtes Leben in unserer Gesellschaft führen zu können.

In diesem Sinne will auch die 2. Auflage als Anregung für zukünftige Diskussionen und Entwicklungen dienen.

# 1 Theoretische Überlegungen

## 1.1 Lernen mit allen Sinnen

GOTTFRIED DILLER

### 1.1.1 Hören als individuelles Erleben

Die pädagogische Diskussion der Gegenwart ist weitgehend durch die sich immer wiederholende Forderung nach ganzheitlichen Lernprozessen bestimmt. Das Lernen mit allen Sinnen ist in der Phase der frühkindlichen Entwicklung von erheblicher Bedeutung. Vor diesem Hintergrund führt es immer wieder zu Missverständnissen, wenn in der Hörgeschädigtenpädagogik die Förderung nur einer bestimmten Sinnesfähigkeit mehr oder weniger in den Mittelpunkt gerückt wird. Schnell ist der Vorwurf zu hören, dass man eine zu einseitige Förderung betreibt, vielleicht sogar allein die Schwächen besonders hervorhebt, anstatt die Stärken auszunutzen.

Pädagogisches Handeln, das sich bei hochgradig hörgeschädigten Kindern sehr darum bemüht, die Hörfähigkeiten des Kindes so weit wie möglich zu fördern, muss sich diesem Vorwurf einer nicht ganzheitlichen Förderung stellen, obwohl sowohl in der Theorie als auch in der Praxis das Gegenteil der Fall ist. Gerade durch die Förderung des Hörens unter Berücksichtigung aller Sinnestätigkeiten kann es für das hochgradig hörgeschädigte Kind zu einer neuen Quantität und Qualität des ganzheitlichen Lernens kommen. Es wird nämlich in die Lage versetzt, das Hören als Teil seiner Wahrnehmungsmöglichkeiten zu nutzen, was ohne spezifische Hörförderung nur bedingt der Fall sein kann. Damit wird die Förderung einer Hörgerichtetheit nicht als isoliertes Phänomen betrachtet werden können, sondern sie steht im Zusammenhang mit der Absicht, auch hochgradig hörgeschädigten Kindern ein Lernen mit allen Sinnen zu ermöglichen. Dass dabei die menschliche Wahrnehmung eine individuelle ist und sich das Hören für hochgradig hörgeschädigte Kinder mit Bezug auf die unterschiedlichsten Faktoren entwickeln, beeinflussen und fördern lässt, soll in diesem Beitrag aufgezeigt werden.

Denkt man an eine Rose, löst dies unter Umständen Vorstellungen über ihren wunderbaren Duft, ihre schöne Farbe oder auch ihre stachligen

Dornen aus. Menschen können uns neben anderem durch ihr Äußeres, ihre Stimme, ihren Geruch, ihre Art vertraut sein. Beim Essen ist es der Geschmack, der die Nahrungsaufnahme zum Genuss werden lässt, wobei es in all diesen Bereichen Unterschiede zwischen den Menschen gibt. Ein jeder hat seine eigene Wahrnehmung, obwohl uns allen die gleichen Sinne zur Verfügung stehen.

Um Personen, Gegenstände, Handlungen oder Ereignisse wahrnehmen, sie erkennen, mit ihnen umgehen zu können, nimmt der Mensch seine Sinne „Sehen", „Hören", „Fühlen", „Riechen" und „Schmecken" in Anspruch. Es sind die Sinne, die unserem Gehirn die notwendigen Impulse vermitteln, damit wir in unserem Kopf die Welt, in der wir leben, wahrnehmen können.

Jeder Mensch schafft sich mit Hilfe all seiner Sinne subjektiv seine eigene Welt. Das heißt, die vermeintliche Realität um uns, die wir wahrzunehmen glauben, ist immer nur unsere eigene Realität, und sie kann sich auch bei gleicher Sinnestätigkeit von der unseres Nachbarn sehr unterscheiden. Auch wenn wir über alle Sinne verfügen, nehmen wir nicht alles und verschiedene Menschen nicht das Gleiche wahr (vgl. MARTIN, 1995).

Wir müssen uns bewusst machen: Wahrnehmung ist eine subjektive Größe. Der Mensch entwickelt seine Welt entsprechend seinen individuellen Wahrnehmungsfähigkeiten, die sowohl auf der Funktion seiner Sinne als auch auf den ihm möglich gewesenen Erfahrungen beruhen.

Wenn nun ein Sinnesorgan fehlt, konstruiert der Mensch seine Welt auf die ihm eigene Weise, und er wird möglicherweise die Informationen, die er aufgrund des Fehlens einer Wahrnehmungsfähigkeit nicht hat, kaum vermissen.

Gehörlose, die keine Hörfähigkeit besitzen, beschreiben, wie sie auf ihre eigene Weise sich ihre Welt aneignen, und dass sie dies auch ohne zu hören tun können. Dabei schaffen sie sich ihr eigenes Bild von der Welt, wobei die Vorstellung vom Hören nur schwer möglich ist.

Es macht keinen Sinn, von einer Rangfolge der Sinneswahrnehmungen auszugehen. Etwa derart, dass man darüber streitet, auf welchen unserer Sinne der Mensch am ehesten verzichten könnte, und welcher für die menschliche Existenz dringend notwendig ist.

Mit jeder einzelnen Sinnestätigkeit sind sehr spezifische und damit sinnesabhängige Erfahrungen und Lernprozesse möglich. Jede Sinnestätigkeit hat ihre eigene Bedeutung. Freiwillig wird wohl niemand auf eine Sinnesfähigkeit verzichten wollen.

Über die Bedeutung des Hörens muss nicht ausführlich diskutiert werden, dazu sind die Situationen des täglichen Lebens, in denen das Hören eine Rolle spielen kann, zu vielfältig.

Der Mensch entscheidet zu Beginn seiner Entwicklung nicht darüber, welche Sinne er bewusst fördern und welche er nicht oder nur wenig nutzen möchte. Erst im Laufe der Zeit wird er für sich feststellen, dass für ihn seine Fähigkeit, Dinge sehen, riechen, fühlen, schmecken und hören zu können, jeweils von besonderer Bedeutung ist.

Bisher waren Überlegungen, bei hochgradig hörgeschädigten Kindern das Hören zu entwickeln, mehr oder weniger Wunschgedanken und kaum in die Realität umzusetzen. Durch eine intensivierte hörgerichtete Frühförderung und verbesserte technische Hörhilfen (Hörgerät und CI) ergaben sich in den letzten Jahren für gehörlos geborene Kinder bisher nicht vorhanden gewesene Chancen zum Hörenlernen. Damit kann das Hören in die gesamte Sinnestätigkeit auch von hochgradig hörgeschädigten Kindern aufgenommen werden.

So ist die Welt auch für gehörlose Kinder in ihrer akustischen Dimension erfahrbar geworden, sei dies nun das Bellen eines Hundes, das Geräusch von Vaters Auto, das eingeschaltete Radio, die Stimme der Eltern oder anderer Personen. Das lautsprachlich Gesprochene wird durch die neuen Hörmöglichkeiten viel leichter verstanden. Die eigene lautsprachliche Kommunikationsfähigkeit wird sich durch die neue Hörfähigkeit verbessern. Es sind aber nicht nur die sprachlichen Anteile oder die Umweltgeräusche, die erkannt werden können, sondern auch die Eigenwahrnehmungsmöglichkeiten verbessern sich gravierend. Durch Bewegung und Handlung erzeugt der Mensch eine Fülle von Hörsignalen, deren Wahrnehmung unter anderem zu einer verbesserten Körperkoordination und zu einer positiven psychosozialen Entwicklung beitragen kann.

### 1.1.2 Hörgerichtetheit setzt Hörfähigkeit voraus

Mit den Begriffen „gehörlos“ beziehungsweise „Gehörlosigkeit“ wurde und wird allgemein die Einschätzung verbunden, dass die Betroffenen nicht in der Lage sind, durch das Hören die akustischen Signale, seien dies nun Geräusche, Töne, Klänge oder auch die gesprochene Sprache, wahrzunehmen und zu verstehen.

So stellt VAN UDEN 1960 fest: Gehörlos „... ist derjenige, der die Sprache hauptsächlich durch das Sehen aufnehmen muss; die Lautwahrnehmung ist ihm dabei eine Hilfe. Schwerhörig ist derjenige, der die

Sprache hauptsächlich (und sei es auch nur unvollkommen) durch das Hören aufnehmen kann; das Sehen ist ihm dabei eine Hilfe“ (VAN UDEN, 1960).

Diese Aussage schließt zwar eine Hörfähigkeit auch bei Gehörlosigkeit nicht völlig aus. Im Hinblick auf die Möglichkeit, z. B. für die Lautsprachwahrnehmung differenziert hören lernen zu können, musste damals aufgrund der zur Verfügung stehenden technischen Möglichkeiten und des Standes der Frühförderung die Hörfähigkeit aber als zu gering erachtet werden.

Darum musste sich in den vergangenen Jahrzehnten eine Lautsprachförderung auf visueller Basis durch das Absehen vom Munde entwickeln. Hörerziehung wurde dabei zwar als ständiges Prinzip gefordert, vor dem Hintergrund der Diagnose Gehörlosigkeit war das Kommunikationsverhalten aber durch die Einschätzung geprägt, dass keine wesentlichen auditiven Perzeptionsmöglichkeiten vorhanden sind, und die Kommunikationsfähigkeit primär durch visuelle Systeme (Mundabsehbilder, Gebärden oder Schrift) aufgebaut werden muss.

Dies muss vor dem Hintergrund verstanden werden, dass zum damaligen Zeitpunkt weder die Früherkennung und Frühförderung ausgebaut noch für Gehörlose leistungsfähige Hörgeräte vorhanden waren.

#### 1.1.2.1 Neurophysiologische Voraussetzungen

Um die Entwicklung des Hörens zu verstehen, muss zwischen physiologischen und funktionellen Reifungs- und Entwicklungsprozessen unterschieden werden (vgl. DILLER, 1990).

Der Mensch wird zwar mit einer Hörfähigkeit geboren, was er jedoch mit dieser Hörfähigkeit erreichen kann, hängt von seiner Umwelt ab.

MATSCHKE (1993) untersuchte die physiologische Reifung der menschlichen Hörbahn. Die optimale Leistungsfähigkeit der Hörbahn ist bei Normalhörenden schon am Ende des zweiten Lebensjahres erreicht. Vor und insbesondere in den ersten Monaten nach der Geburt bis zum Ende des ersten Lebensjahres und nur wenig darüber hinaus finden offensichtlich wichtige Prozesse in der Entwicklung der Hörzentren (physiologische Reifung) statt, die die Voraussetzung für eine normale Hörfähigkeit sind. Wenn man so will, werden das Leitungssystem, die Kanäle, die Transportwege angelegt.

Die akustischen Signale gelangen über das äußere Ohr, das Mittel- und Innenohr, über die vorgebildete Nervenbahn bis zum Hörzentrum. Im Hörzentrum, im Zentralnervensystem kommt es durch zahlreiche Verknüpfungen zwischen einzelnen Nervenkernen, Umschaltstellen und benachbarten Bahnen zum Höreindruck und in der Folge zu einem verstehenden Hören. Es entwickeln sich funktionelle Systeme, die ein verstehendes Hören ermöglichen. Die einzelnen Nervenverbindungen sind in früher Kindheit noch sehr variabel und dynamisch. Erst mit zunehmendem Alter werden diese Verbindungen fest. Bisher ist es nicht möglich, den Zeitpunkt des Wechsels von der variablen zur festen Verbindung exakt zu bestimmen.

Für die Hörgeschädigtenpädagogik ist die Erkenntnis besonders wichtig, dass das zentrale Nervensystem (ZNS) im Verlauf der ersten Lebensjahre eines Kindes - sie werden als sensitive Phasen für das Hören bezeichnet - in der Lage ist, selbst mit im Vergleich zu Normalhörenden eingeschränkten Höreindrücken für die Lautsprache verwertbare Verarbeitungssysteme zu entwickeln und zu nutzen. Dies bedeutet: Obwohl das gehörlose Kind auch mit Hörgeräten oder einem Cochlear-Implant nicht so gut hört wie ein normalhörendes Kind, kann es mit den Hörsignalen, die es wahrnimmt, die Lautsprache durch sein Hören verstehen lernen. Voraussetzung ist, dass diese Fähigkeiten in frühen Jahren gelernt werden.

Die Fähigkeit, Sprache zu hören und zu unterscheiden, setzt die Verarbeitung zahlreicher Merkmale voraus, wie z. B. Frequenz, Intensität, Dauer, Melodie, Rhythmus, Geräusche, Klänge, Formantübergänge und andere Sprachmerkmale. Bleibt eine entsprechende Stimulation aus, kann sich ein entsprechendes Hörerkennungsprogramm im Gehirn nicht entwickeln.

#### 1.1.2.2 Hören in Verbindung mit Hörgeräten

„Heute wäre Beethoven besser dran. Ein moderner Hörcomputer könnte sein geschädigtes Gehör unterstützen. Dank technischer Hilfe wäre er vermutlich in der Lage, seine phantastischen Symphonien trotz hochgradiger Schwerhörigkeit selbst zu hören. ... Viel ist geschehen in den letzten Jahrzehnten. Eine rasante technische Entwicklung hat ihren Lauf genommen und jetzt auch Hörgeräte hervorgebracht, die Schwerhörigen fast natürliches Hören ermöglichen“ (FGH Pressestelle, Oktober 1995).

Ling (1976), Breiner (1987) und Ding (1995) zeigen, dass es bei hochgradig Hörgeschädigten mit einem mittleren Hörverlust, der größer als 90 dB ist, für die Wahrnehmung spezifischer Qualitäten des Sprachschalls neben der Lautstärke kritische Frequenzgrenzen gibt, die bei 1.000, 2.000, 3.000 und 4.000 Hz liegen. Innerhalb dieser Frequenzen bestehen typische Hörmöglichkeiten.

Während bisher die pädagogische Definition einer Hörschädigung sich ausschließlich an der Hörfähigkeit ohne technisch-apparative Hörhilfen orientierte, muss zukünftig die Beschreibung der Hörfähigkeit eines Hörgeschädigten immer die Hörleistung mit elektro-akustischen Hörhilfen mit einbeziehen (vgl. DILLER, 1989, 1990; DING, 1995).

Die Arbeiten von DING in Verbindung mit den Untersuchungsergebnissen von DILLER (1989), POLLACK (1970) und SIMSER (1989) zeigen, dass innerhalb der Gruppe der als gehörlos zu bezeichnenden Hörgeschädigten die Mehrheit über so viel Hörfähigkeit verfügt, dass sie auf auditivem Wege die Lautsprache erwerben könnte.

#### 1.1.2.3 Hören in Verbindung mit einem Cochlear-Implant

Für diejenigen hochgradig Hörgeschädigten, für die mit Hörgeräten kein ausreichendes Lautsprachverstehen möglich ist, kann heute ein Cochlear-Implant in Betracht gezogen werden. Voraussetzung hierfür ist allerdings, dass man die Entwicklung des Hörens beim Kind fördern will.

Das Hörgerät ist nur dann eine Hilfe, wenn funktionsfähige Haarzellen in der Cochlea aktiviert werden können, denn das Hörgerät kann die Funktion der zerstörten Haarzellen nicht ersetzen.

In nahezu allen Fällen einer Gehörlosigkeit liegt ein Funktionsausfall der Cochlea vor, während die Hörnervenfasern des nervus acusticus meist voll funktionsfähig sind.

Durch die Entwicklung eines CIs besteht die Möglichkeit, die ausgefallenen Funktionen in der Cochlea bis zu einem gewissen Maß technisch zu kompensieren.

Man kann bei der großen Plastizität des frühkindlichen Gehirns davon ausgehen, dass im Falle einer cochleär bedingten Taubheit eine frühzeitige Cochlear-Implantation das Kind in die Lage versetzen kann, die neuen elektrisch stimulierten Hörimpulse für eine natürliche Hör- und Lautsprachentwicklung zu nutzen.

In einer 1994 von GEERS und MOOG vorgelegten vergleichenden Studie mit 62 von Geburt an gehörlosen oder vorsprachlich ertaubten Kindern, die im Durchschnittsalter von 5,8 Jahren mit einem Nucleus-CI versorgt wurden, und 59 mit Hörgeräten versorgten Kindern fand OSBERGER, dass die gehörlosen CI-Kinder in nahezu allen auditiven Tests den gehörlosen Kindern mit Hörgeräten überlegen waren.

Zahlreiche Praxisberichte aus europäischen CI-Centren bestätigen diese Ergebnisse. Bei einem Hörverlust, der größer als 90 dB ist, ist ein CI in seiner Leistungsfähigkeit heutigen Hörgeräten überlegen (vgl. DILLER, 1996; DILLER et al., 1996).

Mit dem CI ist man erstmalig in der Geschichte der Gehörlosenpädagogik in der Lage, nahezu allen gehörlosen Kindern - wie hoch der Hörverlust auch sein mag - ein Hörenlernen zu ermöglichen.

Unter Berücksichtigung des bisher Gesagten können wir feststellen, dass die meisten der als gehörlos zu bezeichnenden Kinder mit apparativen Hilfen eine Hörfähigkeit erwerben können, die sie in die Lage versetzen wird, die Lautsprache durch das Hören zu erlernen.

Mit dieser neuen Technik steht gehörlosen Kindern eine noch bis vor wenigen Jahren unvorstellbare Hörhilfe zur Verfügung. Damit besteht die Möglichkeit, für viele gehörlose Kinder bisher nicht vorstellbare Entwicklungsperspektiven zu eröffnen.

#### 1.1.2.4 Hören in Verbindung mit zusätzlichen Behinderungen bzw. Erschwernissen

Auch mit CI oder Hörgerät bleiben die Betroffenen hörgeschädigt. Die Entwicklung der Hörfähigkeit und der damit verbundenen sozialen, emotionalen, kognitiven und sprachlichen Leistungen ist von einer Vielzahl von Faktoren abhängig, die im Kind selbst und in seiner Umwelt bedingt sein können. Dabei geht es nicht pauschal um Mehrfachbehinderung. Dieser Begriff ist zu unpräzise (vgl. KRUSE, 1991; KUGE, 1991; JUSSEN, 1982; KRÜGER, 1982; Würzburger Forschungsgruppe, 1992; zitiert in BERTRAM, 1994, 89). Konkreter sollte zwischen zusätzlichen Erschwernissen und/oder zusätzlichen Behinderungen neben der Hörschädigung unterschieden werden. In diesem Zusammenhang sind zusätzliche Erschwernisse Faktoren, die durch das soziale Umfeld und das kommunikative Verhalten bedingt sind. Zusätzliche Behinderungen sind als organische oder auch organisch nicht nachweisbare Einschränkungen des Kindes zu verstehen, die es in seiner Entwicklung behindern.

Die Entwicklung der Hörfähigkeit Hörgeschädigter und die damit verbundene Lautsprachentwicklung können durch zusätzliche Störungen, Behinderungen oder Erschwernisse beeinflusst werden. Gleichzeitig kann aber eine bessere Hörfähigkeit die negativen Auswirkungen von weiteren Behinderungen reduzieren. Es handelt sich also um einen Prozess einer gegenseitigen Beeinflussung - sowohl im positiven wie auch im negativen Sinne.

Die Praxis zeigt, dass in der Mehrzahl der Fälle, bei denen Hör- und Lautsprachentwicklung eingeschränkt bleiben oder nicht den erhofften Verlauf nehmen, zusätzliche Behinderungen, Entwicklungsverzögerungen des Kindes oder andere Erschwernisse im sozial-kommunikativen Umfeld vorliegen.

Selbstverständlich erfordern komplexe Zusatzbehinderungen ein differenziertes Vorgehen, um den unterschiedlichsten individuellen kindlichen Bedingungen gerecht zu werden.

Die sozio-emotional oder kognitiv bedingten Grenzen der Förderung hörgeschädigter Kinder können aber nicht als Argumente dafür angeführt werden, die Möglichkeiten des Hörens und Hörenlernens immer wieder in Frage zu stellen. Die in diesem Zusammenhang oft zitierten Probleme des Spracherwerbs werden in jeder Kommunikationsform auftreten, sei dies nun die Lautsprache oder seien es die Gebärden.

Zusammenfassend bleibt festzustellen:

Hörschädigungen lassen sich im frühen Kindesalter immer zuverlässiger diagnostizieren (vgl. LÖWE/HILDMANN 3/1994).

Die Entwicklung des Hörens unterliegt einem Prozess, der durch technische und erzieherische sowie therapeutische Maßnahmen beeinflusst werden kann. Unverzichtbar ist, dass dies in den ersten beiden Lebensjahren geschieht.

Die zur Verfügung stehenden Hörgeräte ermöglichen vielen hochgradig hörgeschädigten Kindern das Hören der Lautsprache.

Für völlig gehörlose Kinder eröffnet das CI bisher nicht vorstellbare Hörmöglichkeiten.

Immer dann, wenn zusätzliche Behinderungen oder Erschwernisse auftreten, wirken sich diese auf die Gesamtentwicklung und damit auch auf die Hör- und Sprachentwicklung aus.

Diese Tatsachen können nicht im Widerspruch zu den ersten Aussagen gesehen werden, dass ein Hörenlernen für nahezu alle hörgeschädigten Kinder möglich ist. Im Gegenteil, jede Form der Hörfähigkeit stützt die Gesamtentwicklung des Kindes.

Bezogen auf das Hören und seine Entwicklung können wir davon ausgehen, dass die Voraussetzungen für eine Hörentwicklung heute bei nahezu jedem hochgradig hörgeschädigten Kind vorhanden sind.

### 1.1.3 Hörgerichtetheit als pädagogische Grundhaltung

In der Antike galt das Ohr als der Sitz des Gedächtnisses. Für PARACELSUS waren große Ohren Zeichen für gutes Hören, gutes Gedächtnis und scharfen Verstand. Im Altertum war man sich der Bedeutung des Ohres als Vermittler des Geistigen durchaus bewusst. Im Gegensatz zur Antike gilt heute das Auge im allgemeinen als edelster Sinn (vgl. HELLBRÜCK, 1993, 15).

Informationswissenschaftler gehen davon aus, dass der Mensch 70 bis 80 % seiner Informationen durch das Sehen aufnimmt, 20 bis 30 % bleiben für die anderen Sinne. BERENDT (1993b) stellt dazu fest, dass das Gleichgewicht unserer Weltwahrnehmung durch die Herrscherrolle unseres Sehsinns aus den Fugen geraten sei.

Die Wissenschaft in den letzten drei Jahrhunderten bemühte sich, jedes erdenkliche sichtbare Problem zu untersuchen. Hörfragen wurden vernachlässigt. Es gibt noch heute mehr Forschungen zum Sehen als zum Hören.

WERNER problematisiert ebenfalls die Dominanz des Sehens und fordert mehr Gestaltungsprozesse, die durch das Hören beeinflusst sind. Er warnt gleichzeitig vor akustischer Umweltverschmutzung, Lärm, Krach, die uns krank machen. Erst wenn wir unsere Umwelt auch wieder als hörbares Ökosystem begreifen, könne das Hören von „Umwelt als Klang - Klang als Umwelt" zu einem neuen Leitmotiv für das Verständnis unserer gesamten Sinnesräume werden (vgl. WERNER, 1994, 23).

In der psychologischen Fachliteratur finden sich ausführliche Darstellungen über das Sehen, kaum etwas über das Hören des Menschen. Das Tast-Bewegungssystem und der Gesichtssinn stehen immer wieder im Mittelpunkt. Die Bedeutung des Hörens z. B. für die Bewegungsentwicklung wird kaum berücksichtigt (vgl. TOMATIS, 1995). Die gesamte abendländische Philosophie ist eine Philosophie, die durch das Auge gesehen wird.

Um Missverständnissen vorzubeugen, sei betont, dass es hier nicht um einen Streit zwischen den Sinnen gehen soll. Wir benötigen alle Sinne, aber in ausgewogener Weise. Es soll nicht weniger, sondern mehr und intensiver erfahren und erlebt werden (vgl. BERENDT, 1993b, 16). Das heißt, wir sollen nicht weniger sehen, sondern wir müssen mehr, besser, bewusster hören. Wenn auch das Hören und das Sehen in gleicher Weise zur Verfügung stehen, so geht BERENDT davon aus, dass das Sehen mehr ein aktiver Prozess ist.

Das Hören wird mehr als äußerlich passiver Prozess aufgefasst, während die Zahl der Höreindrücke nahezu unbegrenzt ist. Die Genauigkeit der Hörwahrnehmung drückt sich in einer Vielzahl von Verben aus, die die verschiedensten Höreindrücke beschreiben:

"Ächzen;

babbeln, bellen, bengeln, bersten, bibbern, bimmeln, blöken, blubbern, böllern, brabbeln, branden, brausen, brüllen, brummeln, brummen, brutzeln, bullern;

deklamieren, dengeln (Sense oder Sichel schärfen), donnern, dröhnen, dudeln;

faseln, fauchen, fiepen, flattern, flennen, flöten, fluchen, flüstern, flunkern, flutschen, frotzeln;

gackern, gacksen, geifern, gellen, gewittern, gickeln, gicksen (= einen spitzen Schrei ausstoßen), gluckern, glucksen, greinen, grölen, grollen, grunzen, gurgeln, gurren;

hämmern, hallen, hecheln, heulen, hobeln;

jammern, japsen, jauchzen, jaulen, jodeln, johlen, jubeln, jubilieren, juchzen;

kabbeln (= streiten, zanken), keifen, keuchen, kichern, kicken, klacken (z. B. ein Fenster), kläffen, klagen, klappen und klappern (man beachte die feine Differenzierung, die durch das eingeschobene R entsteht und genau dem Sound entspricht, den das R macht; ähnlich zum Beispiel später bei ticken und tickern), klatschen, klicken, klimpern, klingeln, klirren, klönen, klopfen, knacken, knacksen, knallen, knarren, knattern, knirschen, knistern, knurren, kollern, krachen, krächzen, krähen, krakeelen, kreischen, kullern;

lachen, läuten, lallen, lamentieren, leiern, lispeln;

mäkeln, meckern (zum Beispiel eine Ziege), mucken (= leise murren), munkeln, murmeln, murren;

näseln, nieseln, nörgeln, nuscheln;

petzen, pfeifen, piepen, piepsen, pladdern, plänkeln, plärren, plätschern, planschen, plappern, platschen, platzen, plaudern, plauschen, plumpsen, plustern, pochen, poltern, prahlen, prasseln, prickeln, protzen, purzeln;

quäken, quaken, quasseln, quatschen, quengeln, quieken, quietschen, quinquilieren (= fröhlich singen);

räuspern, randalieren, rascheln, raspeln, rasseln, ratschen, rattern, raunen, rauschen, röhren, rüffeln, rülpsen, rumoren, rumpeln;

sabbern, sägen (zum Beispiel als „sägender" Ton), säuseln, salbadern, schaben, schallen, scharren, schellen, schelten, scheppern, scherzen, scheuern, schimpfen, schlabbern, schlecken, schleichen, schlittern, schluchzen, schlucken, schlürfen, schmatzen, schmettern, schnattern, schnauben, schnaufen, schnüffeln, schnuppern, schnurren, schrubben, schubsen, schurren, schwätzen, schwafeln, schwappen, schwatzen, seufzen, sirren, splittern, spötteln und spotten, stammeln, sticheln, stöhnen, stottern, surren und summen;

ticken und tickern, tirilieren, toben und tosen, trällern, trampeln, trappeln, tratschen, trillern, trommeln, trompeten, tropfen und tröpfeln, tschilpen, tuscheln;

wettern, wiehern, wimmern, winseln, wispern;

zanken, zetern, zirpen, zischeln und zischen, zwitschern

- wobei ich ganz offensichtliche Worte übergehe: sagen, reden, sprechen, schreien, singen etc." (BERENDT, 1993b, 118 ff.).

Das Phänomen Hören ist aber nicht nur für die Sprachwahrnehmung von Bedeutung, sondern darüber hinaus für die gesamte individuelle und gesellschaftliche Entwicklung, wobei die einzelnen Zusammenhänge bisher nur unzureichend erforscht wurden. Zu welchen Ergebnissen käme eine anthropologische Verhaltenswissenschaft, wenn sie sich genauso bewusst mit den Ohren auseinander setzen würde, wie dies die Verhaltenswissenschaftler mit den Augen tun?

Die Bedeutung des Hörens muss wieder ins Bewusstsein gelangen, was jedoch offensichtlich neu gelernt und berücksichtigt werden muss.

Hören als kulturelles Erbe zu verstehen und die darin enthaltenen Möglichkeiten für menschliche Entwicklung zu erkennen, könnte eine wichtige zukünftige gesellschaftliche Aufgabe werden. Wir verlassen uns zu sehr auf das Sehen. BERENDT meint hierzu, wer vorrangig sieht, der täuscht sich, der reduziert seine Lebensqualität. Erst wenn wir bewusster hören, sind wir in der Lage, die Welt in uns aufzunehmen.

Schon seit über 30 Jahren fordern Hörgeschädigtenpädagogen, Mediziner und Eltern, die Früherkennung von Hörschäden zu verbessern. Dennoch hat sich das Erfassungsalter bis zum heutigen Tag nur sehr begrenzt verbessert. Noch immer werden Hörschädigungen im frühen Kindesalter zu spät diagnostiziert. Liegt es an den Medizinern, den Pädagogen oder den Eltern oder auch einfach daran, dass dem Hören als wichtige Wahrnehmungsfähigkeit für die menschliche Entwicklung nach wie vor zu wenig Bedeutung beigemessen wird? Von anderen Behinderungen wissen wir, dass sie dank ihrer Sichtbarkeit relativ früh diagnostiziert werden (z. B. Sehstörungen oder motorische Auffälligkeiten). Hören wird oftmals vordergründig mit Lautsprache in Verbindung gebracht, deren Vorhanden- oder auch Nichtvorhandensein im Allgemeinen erst im Laufe des zweiten Lebensjahres festgestellt werden kann. Alle anderen Faktoren spielen unbewusst eine untergeordnete Rolle. Erst wenn wir die Wirkung des Hörens in seiner Komplexität bewusster zur Kenntnis nehmen, entwickelt sich daraus vielleicht die notwendige Ernsthaftigkeit, Hörschäden so früh wie möglich zu diagnostizieren und ihnen entgegenzuwirken.

Sich bewusst werden, was es alles zu hören gibt, Kenntnisse darüber zu haben, aus welchen Lern- und Erfahrungsprozessen sich eine Hörfähigkeit entwickelt und wie sie beeinflusst werden kann, gehört zu einer hörgerichteten Grundhaltung.

Hörgerichtetheit ist folglich keine Methode, sondern kennzeichnet eine Grundhaltung, die sich in vielfältiger Weise auf pädagogisch-methodische Prinzipien auswirken kann.

Voraussetzung für bewusst hörgerichtetes Handeln ist, dass Hörgerichtetheit für uns Teil einer quasi philosophischen, anthropologischen und damit auch zu einer erziehungswissenschaftlichen (pädagogischen) Grundhaltung wird.

Hören muss somit aus dem Status des äußerlich Passiven zu einem aktiven Bewusstseinsprozess geführt werden.

Obwohl es eine Geschichte der Hörerziehung in der Hörgeschädigtenpädagogik gibt und immer wieder Vorschläge zur Hörerziehung vorgelegt wurden (vgl. LÖWE, 2/1996), ist die Gehörlosenpädagogik und in weiten Teilen auch die Schwerhörigenpädagogik überwiegend eine „Seh- und Fühlpädagogik" geblieben.

Die zu entwickelnde Hörfähigkeit hochgradig hörgeschädigter Kinder sollte in der ganzheitlichen Förderung einen neuen Platz bekommen, das heißt, nicht mehr das Sehen ist zu betonen, sondern alltägliche Hörerfahrungen sind dem hörgeschädigten Kind zu ermöglichen.

#### 1.1.3.1 Hörgerichtetheit und Ganzheitlichkeit

Auf welche Art und Weise kann das hörgeschädigte Kind am schnellsten und umfassendsten hören und die Lautsprache aufnehmen und verstehen lernen?

Eine hörgerichtete Förderung muss sich an den allgemeinen Bedingungen und Gesetzmäßigkeiten menschlicher Entwicklung orientieren.

Grundsätzlich gilt: „Auch hörgeschädigte Kleinkinder lernen Sinnes- und Verhaltensstrukturen nur in der lebendigen Dynamik komplexer Alltagssituationen, nicht aber als isolierte Wahrnehmungs- oder Handlungselemente" (JUSSEN, 1991, 22). Hörgerichtetheit in ihrer Ganzheit stellt in keiner Weise ein isoliertes Tun dar, wobei erforderliche, isoliert durchgeführte Übungen dem Gesamtkonzept nicht widersprechen.

Unter hörgerichteter Förderung ist die ganzheitliche Förderung eines hörgeschädigten Kindes unter Berücksichtigung seiner Familie und seines sozialen Umfeldes zu verstehen.

Was aber bedeutet Ganzheitlichkeit in Therapie und Erziehung eines hörgeschädigten Kindes?

Der Mensch nimmt mit Hilfe seiner Sinnesorgane Kontakt mit seiner Umwelt auf. Dies geschieht aber nicht in zufälliger Weise, sondern in einer hierarchischen Ordnung.

Der Anschein, ein Kind würde z. B. bei der Wahrnehmung eines Teddybärs gleichzeitig in gleicher Intensität und Qualität hören, sehen und fühlen, täuscht über die Tatsache hinweg, dass es hierarchische Ordnungen in der Wahrnehmungsentwicklung gibt.

AFFOLTER (1987) hat gezeigt, wie elementar die taktil-kinästhetische Wahrnehmung für das Kind ist. Wir wissen aus eigener Erfahrung, dass wir in Abhängigkeit von der Person oder dem Gegenstand dazu neigen, etwas mehr optisch oder in einem anderen Fall mehr akustisch wahrzunehmen. Die Entscheidung dazu treffen wir aufgrund von vorangegangenen Lernprozessen, bei denen wir zu hören, zu sehen u. a. gelernt haben. Mit anderen Worten: Das Wahrnehmen von Umweltreizen unterliegt einem Lernprozess.

Die Fähigkeit zum Wahrnehmen und damit zum Lernen ist etwas, was der Säugling erst erwerben muss. Dass der Säugling über funktionstüchtige Sinnesorgane verfügt, reicht noch nicht aus.

Die Funktionsfähigkeit der Sinne erlangt der Mensch durch Mitwirkung der Umwelt (SINGER, 1985).

Ganzheitlich muss somit auch bedeuten, dem hörgeschädigten Kind ausreichend Gelegenheit zu geben, seine eingeschränkte Hörfähigkeit zu entwickeln. Wenn die übrigen Sinnesfunktionen voll funktionsfähig sind, kann eine ganzheitliche Erziehung nur gelingen, wenn wir in der Lage sind, auch die Hörfähigkeit mit einzubeziehen. Wenn kein angemessenes Hören ermöglicht wird, besteht die Gefahr, dass die Fähigkeit zum Hörenlernen unwiederbringlich verloren geht.

#### 1.1.3.2 Hörgerichtetheit und Kommunikation

Immer wieder wird betont, dass beim Sprechen und Kommunizieren das Hören und das Sehen eine Rolle spielen. „Beim Sprechen sieht man einander an, man hört nicht nur, sondern sieht zugleich Mimik und Gestik, die das Sprechen begleiten. Auf dem Zusammengehen beider Sinneskreise beruht nicht zuletzt die sinnlich-geistige Leistungsfähigkeit des Menschen" (MERKERT, 1994, 62f.).

Diese grundsätzlich richtige Aussage hat aber in der Hörgeschädigtenpädagogik eine eigene Dynamik erhalten. Das Kommunikationsverhalten vieler Hörgeschädigtenpädagogen ist derart, dass die Sprechbewegungen (die Artikulation) erheblich verlangsamt und überdeutlich sind, um dem Hörgeschädigten die Möglichkeit des Absehens zu geben. In diesem Zusammenhang wird immer wieder von Antlitzgerichtetheit (vgl. VAN UDEN, 1959) gesprochen. Zwar wird dabei laut mitgesprochen, das Führungsmittel zur Verständigung ist dabei aber die Absehgestalt des visuellen Mundbildes.

Im Sinne einer Hörgerichtetheit können in kommunikativen Situationen durchaus „Normalbedingungen" hergestellt werden, indem das Hören und das Sehen gleichzeitig erfolgen, vorausgesetzt, die Sprechweise orientiert sich an der für den Hörenden üblichen Form unter besonderer Betonung des rhythmischen und melodiösen Sprechens. Das Sprechen sollte akzentuiert und damit hörgerichtet und nicht artikuliert und damit antlitzgerichtet sein. Oftmals kann im lautsprachlichen Umgang mit Gehörlosen oder hochgradig Hörgeschädigten beobachtet werden, dass der hörende Sprecher sehr verlangsamt spricht, übergroße Mundbewegungen macht und eine übertriebene Mimik einsetzt. Das so lautsprachlich Gesprochene hört sich dann sehr unnatürlich an, meist gehen dabei Rhythmik und Melodie verloren.

Ist das Verhalten beim Sprechen so, dass das hörgeschädigte Kind in erster Linie absehen muss, besteht die Gefahr, dass es zu einer Dominanz des Sehens kommt, und damit ein normal gesprochenes Wort nicht mehr verstanden wird. Die Diskrepanz zwischen dem Hören und dem Sehen wird größer statt kleiner. Das Gegenteil von dem, was eine hörgerichtete Förderung will, wird erreicht.

Hörgerichtetes Verhalten bedeutet nicht, dass alle anderen Sinne unberücksichtigt bleiben.

Erforderlich für zwischenmenschliche Kommunikation ist, dass alle parasprachlichen Signale - wie z. B. Mimik und Gestik - in angemessener, zusätzlicher Form eingesetzt werden. Die Betonung muss dabei auf zusätzlich liegen, das heißt, alles Neue sollte auf die Möglichkeit, es durch das Hören aufnehmen und verstehen zu können, überprüft werden.

Erst wenn das Mundbild in Übereinstimmung mit dem zu hörenden Wort steht, so wie es normalerweise gesprochen und gehört wird, ist ein hörgerichtetes Verhalten gegeben. Es lässt sich immer wieder beobachten, dass dieses Sprachverhalten vielen im Umgang mit gehörlosen Kindern sehr schwer fällt, sofern sie nämlich nicht davon überzeugt sind, dass die Lautsprache durch das Hören - unterstützt durch ein Mundbild, wie es jeder Hörende sehen kann - verstanden wird.

Bei der Erziehung zur Hörgerichtetheit muss es darum gehen, das hörgeschädigte Kind in die Lage zu versetzen, das Hören als Teil des menschlichen ganzheitlichen Lernprozesses intensiv zu erfahren.

#### 1.1.3.3 Hörgerichtetheit und Therapieverhalten

Hörgerichtetheit in der Therapie ist nicht gleichzusetzen mit der ausschließlichen Anwendung unisensorischer Verfahren zur Förderung des Hörenlernens. Im Gegenteil! Unisensorische Verfahren kommen nur in spezifischen Trainings- und Lernsituationen zum Einsatz. Sie werden als Übungs- und Vertiefungsprinzip benutzt, können aber niemals zum grundlegenden Kommunikationsprinzip einer hörgerichteten Förderung werden.

Das Sprechen mit vor dem Mund gehaltener Hand kann z. B. als eine didaktische Hilfe angesehen werden, um Kindern zu signalisieren, dass es jetzt um besondere Höreindrücke geht. Dieses Verhalten kann durchaus während des Unterrichts, auch in bestimmten kommunikativen Situationen, wenn es inhaltlich gerechtfertigt ist, zur Anwendung kommen.

### 1.1.3.4 Hörgerichtetheit und Beziehung

In einem Beitrag zur Theoriebildung in der Gehörlosenpädagogik stellt HORSCH die Frage: „Was ist der hörgeschädigte Mensch für mich - welches Menschenbild ist für mich als Erzieher handlungsleitend?" (HORSCH, 1995, 25). Gleichzeitig wird die Überwindung einer eher vordergründig geführten Diskussion um die Wahl des „wahren" Kommunikationssystems - um Fragen nach Laut- und/oder Gebärdensprache - gefordert.

Kritisch fragt HORSCH: „Bin ich in meiner Haltung weit genug, um auch die nicht offensichtlichen Probleme wahrzunehmen, die uns alle: Eltern, Kind und Erzieher betreffen, um gemeinsam nach Lösungen zu suchen, kann ich Veränderungen zulassen ... Sind Wege, die dazu führen, sich selbst positiv zu sehen und entsprechend handeln zu können: Wege, die danach suchen, Selbstbestimmtheit und Selbstverantwortlichkeit bei allen Beteiligten entwickeln zu lassen, die eigentlichen Zielvorstellungen, die mich leiten?" (a. a. O., 26). Dass wir in dieser Hinsicht zur Zeit noch weitaus mehr Fragen als Antworten haben, ist kein Zufall, denn zum einen stehen anthropologisch bedeutsame Aussagen zur Gehörlosenbildung noch am Anfang, zum anderen verändern sich die Ausgangsbedingungen für hörgeschädigte Kleinkinder in einem bisher noch nicht da gewesenen Tempo.

Wenn Beziehung ein lebendiger Prozess ist, der von Intuition und sich Aufeinander-Beziehen geleitet wird (vgl. HORSCH, 1995, 10), und es um Fähigkeiten von Personen geht, in ihren gegenwärtigen Situationen angemessen antworten zu können, so müssen wir berücksichtigen, dass dieser Prozess bei Hörgeschädigten durch ein Hörenkönnen als zusätzliche, bisher nicht mögliche Fähigkeit erweitert wird.

In der Konsequenz hat dies Auswirkung auf Beziehungen, denn das innere Bezugssystem des Individuums setzt sich zusammen aus den gemachten Erfahrungen der Person, der subjektiven Erfahrungswelt. „Die Annahme einer solchen subjektiven Erfahrungswelt bedeutet, dass der Mensch seine Welt entsprechend seinen Möglichkeiten wahrnimmt, und diese Wahrnehmungen zu seiner Wirklichkeit macht, unabhängig davon, inwieweit diese mit der realen Wirklichkeit übereinstimmen oder nicht" (HORSCH, 1995, 11).

Die Frage nach dem Menschenbild, das wir von Hörgeschädigten haben (LÖWE, 1996), und Fragen der Persönlichkeitsentwicklung aller beteiligten Personen (Eltern, Kind und Erzieher) werden zukünftig das Hörenkönnen als ein Puzzleteil im Gesamtbild berücksichtigen müssen. Gleichzeitig müssen wir uns der Aussage ROGERS (1962) stellen, der gestörte Interaktionen aus der Perspektive einer gefährdeten Beziehungsentwicklung diskutiert. Beziehungsstörungen, so folgert HORSCH, lassen sich nicht allein auf mangelhafte sprachlich-pragmatische oder gebärdensprachliche Fähigkeiten der Interaktionspartner zurückführen, sondern sie sind zu sehen „... auf dem Hintergrund eines vermuteten Mangels an Möglichkeiten, grundlegende menschliche Qualitäten der Beziehung wie: emotionale Wärme, Echtheit und einfühlendes Verstehen erlebt, erfahren zu haben" (HORSCH, 1995, 9).

In diesem Zusammenhang wird die Hörfähigkeit, die für viele Hörgeschädigte heute erreichbar ist, diese Entwicklung erheblich beeinflussen und die Diskussion neu akzentuieren.

#### 1.1.3.5 Hörgerichtetheit und Identität

Die Diskussion um die Identität Hörgeschädigter hat zu Beginn dieses Jahrzehnts beinahe parallel zur Diskussion hörgerichteter Förderung einen breiten Raum in der Hörgeschädigtenpädagogik eingenommen. Sie zusammenfassend wiederzugeben, ist an dieser Stelle nicht möglich.

„Identität hat etwas zu tun mit „sich identifizieren können". KYLE (1990) meint dazu, dass der vielleicht stärkste Faktor in der Entwicklung jedes Menschen das Bedürfnis ist, sich mit anderen gleicher Art und ähnlichen Erfahrungen zu identifizieren" (KYLE, 1990, 201, zitiert in HINTERMAIR, 1996, 16).

Der Mensch wird nicht mit einer „fertigen" Identität geboren, sondern erwirbt sie im Laufe seiner Entwicklung und verändert sie ständig.

Dies bedeutet, der Mensch wächst in eine Kultur hinein, ohne von vornherein auf bestimmte Formen festgelegt zu sein. Der Mensch ist auf dem Wege zu seiner Identität. Seine Persönlichkeit entwickelt sich, er gelangt zur Individualität (vgl. LOCH, 1969, 129).

DING schreibt: „Da die Schwerhörigenpädagogik ihre Aufgabe darin sieht, drohende Behinderung zu verhüten und bereits eingetretene aufzuheben, ist sie gehalten, Ziele in einer offenen Zielbestimmung (H. JUSSEN) zu formulieren. Es ist letztlich die Offenheit der Zielbestimmung, die es der Schwerhörigenpädagogik ermöglicht, das ganze Spektrum möglicher Behinderungen zu berücksichtigen, und die sie davor bewahrt, möglichen Entwicklungen Schwerhöriger Grenzen zu setzen" (DING, 1981, 325).

Das, was DING für Schwerhörige beschreibt, gilt für heute als gehörlos diagnostizierte Kleinkinder in gleicher Weise.

In Abhängigkeit von den Möglichkeiten des Menschen, sich mit einer Sache auseinander zu setzen, diese wahrnehmen, erkennen und sich aneignen zu können, wird seine Persönlichkeitsentwicklung geprägt.

Aussagen wie: „Gehörlose leben in zwei Welten“ sind in diesem Zusammenhang äußerst problematisch, sie polarisieren und verzerren in gleicher Weise. Im Sinne von GEGNER (1993) ist folgende Feststellung treffender: Der Hörgeschädigte „... wird in einer Vielzahl von Interessengruppierungen und Gemeinschaften, die ihre momentane Bedeutung für ihn immer wieder verändern, agieren und leben müssen. Sein Leben spielt sich wie das der Hörenden in Wahrscheinlichkeitsverläufen ab“ (GEGNER, 1993/2, 72).

Hörgeschädigten möglichst alle Wahrnehmungsmöglichkeiten zu eröffnen, die sie in die Lage versetzen, eigenverantwortlich ihr Leben zu gestalten, erscheint dabei als lohnendes und gleichzeitig menschlich notwendiges Ziel.

### 1.1.4 Hörgerichtetheit und der Schulalltag

Hörgerichtet zielt auf die generellen Hörfähigkeiten von Gehörlosen und im Besonderen auf die Hörfähigkeit von Sprache. Dabei geht es nicht darum, die Schwächen des Schülers hervorzuheben, sondern vorhandene Fähigkeiten zu entwickeln. Eine Förderdidaktik, die Hörfähigkeit nicht entschieden fördert, ignoriert in geradezu sträflicher Weise die Möglichkeiten des Schülers, auf denen er zukünftig aufbauen kann. Denn nur in den ersten Jahren lässt sich die Hörfähigkeit fördern, ansonsten ist die Chance unwiederbringlich vertan. Dies sollte für die Gehörlosen- und Schwerhörigenpädagogik eine Verpflichtung sein, in diesem Anliegen ausreichende Lernmöglichkeiten zur Verfügung zu stellen, damit es tatsächlich zu einer ganzheitlichen Förderung und umfassenden Bildung von gehörlosen Schülern kommt.

Grundsätzlich gilt für die hörgerichtete Förderung: Alles Neue wird zuerst gehört (sofern die Sache eine Hörmöglichkeit bietet) und dann durch andere Sinne wahrgenommen. Das heißt, Absehen, Fühlen oder andere Wahrnehmungsmodalitäten folgen dem Hören.

Fassen wir zusammen:

Besonders, wenn immer wieder ein Lernen mit allen Sinnen gefordert wird, muss das Hören bewusster vollzogen werden. Die bisherigen Verhaltensweisen führten und stützten die Entwicklung einer vorrangig visuellen Wahrnehmung. Dabei ist unisensorisches Hörenlernen als eine erforderliche Intensivierung der Hörlernmöglichkeiten zu verstehen.

Zwischenmenschliche Kommunikation in ihrer situativen Anwendung ist auf zusätzliche, in natürlicher Weise zu benutzende Signale, wie z. B. Mundbild, Mimik und Gestik, angewiesen.

Noch ist die schulische Kommunikation mit hörgeschädigten Kindern durch ein Maximum an Visualität und ein Minimum an auditiv sinnvollem Angebot geprägt.

Hier ist ein Paradigmenwechsel dringend erforderlich. Dazu ist eine inhaltliche und methodische Neuorientierung im Lehrerverhalten und damit im Unterricht an Gehörlosenschulen notwendig.

Gehörlosen- und Schwerhörigenlehrer sollten, im Gegensatz zu einem bisher vorwiegend visuell orientierten, einen spezifisch auditiv orientierten Verhaltenskodex erwerben.

Sprachwahrnehmungs- und Kommunikationsmodelle müssen sich an den Fähigkeiten, die Gehörlose entwickeln können, orientieren. Es wird kein Modell geben können, dass allein für alle Hörgeschädigten in der Schule praktikabel ist. Orientiert an den unterschiedlichen Bedingungen und den damit verbundenen Kommunikationsmöglichkeiten sind neue Gliederungsformen in den Schulen zu entwickeln.

### 1.1.5 Hörgerichtetheit in der Forschung

In der Zeit von 1995 bis 1999 wurden erstmalig in der Bundesrepublik Deutschland Verlauf und Inhalt von hörgerichteter Frühförderung systematisch und umfassend erforscht, des Weiteren ging es um die Zusammenarbeit von Eltern und Professionellen in diesen Förderzusammenhängen sowie die Hör- und Sprachentwicklung derjenigen Kinder, denen all diese Bemühungen galten (vgl. DILLER et al., 2000).

Neun von zehn der ermittelten, hochgradig hörgeschädigten Kleinkinder werden in der BRD zumindest von der grundsätzlichen Intention her hörgerichtet gefördert.

Die Untersuchung konnte aufzeigen, wie überaus positiv die Entwicklung für einen Teil der betroffenen hörgeschädigten Kinder gegenwärtig ist. Nach vier Jahren hatten von 103 untersuchten Kindern, die umfassend oder eingeschränkt hörgerichtet gefördert wurden, 72,5 % eine mit Hörenden vergleichbare Hörentwicklung und 74,5 % eine ebenfalls mit hörenden Kindern vergleichbare Sprachentwicklung.

Die Abhängigkeit der Hör- und Sprachentwicklung von der Art der Förderung konnte statistisch belegt werden.

Durch Maßnahmen der hörgerichteten Förderung kann es gelingen, gehörlose Kinder in die Lage zu versetzen, eine Hör- und Sprachentwicklung zu vollziehen, die der hörender Kinder sehr nahe kommt.

Mit der hörgerichteten Förderung gelingt es immer mehr, die natürlichen Entwicklungsbedingungen des hörgeschädigten Kindes zu nutzen. Traditionell angewandte Verfahren des systematischen Sprachaufbaus haben in der Frühförderung völlig ihre Existenzberechtigung verloren.

Deutlich wurde, man kann dann von einem umfassenden hörgerichteten Verhalten sprechen, wenn folgende Aspekte oft und regelmäßig zur Anwendung kommen. Bei nur sporadischer Berücksichtigung sprechen wir von einem eingeschränkt hörgerichteten Verhalten, das nur eingeschränkt zum gewünschten Erfolg führt.

| | |
|---|---|
| Sprechweise | Natürliche Prosodie, Rhythmik und Melodik, keine Überartikulation, normale Lautstärke mit Variationen. |
| Mundbild | Ansprache des Kindes aus allen Richtungen, mal mit mal ohne Mundbild. |
| Sprachhandeln | Umfangreiche sprachliche Begleitung der Handlungen, sprachliche Wiederholungen und Variationen; Veranschaulichung der Sprache mittels Bildern, Fotos, Gegenständen oder auch Handlungen; Ausdruck von Emotionen auch mit lautmalerischen Mitteln. |
| Dialoge | Eintreten in einen Dialog über das Spielobjekt; Verstärkung der sprachlichen Äußerungen des Kindes durch Wiederholung und Erweiterung (in Abhängigkeit von der kindlichen Kompetenz); Sprechen für das Kind, wenn es etwas äußern möchte, es aber noch nicht kann. |
| Mimik/Gestik | Mimik und Gestik in normalem Umfang; ebenso normale visuelle Hinweise. Keine Gebärden; in der Kommunikation wird als erstes stets der Hörsinn angesprochen. |

Tabelle 1: Kriterien für hörgerichtetes Sprachverhalten

Was die Umsetzung dieser Kriterien in der Praxis der hörgerichteten Frühförderung betrifft, so zeigen die Forschungsergebnisse (a. a. O.) dass noch lange nicht überall so gefördert wird, dass man von einer umfassenden Realisierung des hier vorgestellten sprachlichen Verhaltens reden könnte. Extreme Reduktionen des Sprachangebots auf der einen Seite und völlig unnatürliches, formalisiertes Sprachtraining auf der anderen Seite kennzeichnen die Extreme von verfehlten Förderstrategien.

Wie die Praxis der hörgerichteten Förderung im Einzelnen aussehen kann, zeigen sowohl die Berichte, die im angesprochenen Forschungsbericht zu finden sind als auch die folgenden Ausführungen.

Damit soll dem Leser aufgezeigt werden, in welchen Bereichen ein dringender Handlungsbedarf besteht und welchen Aufgaben sich die Praxis der Hörgeschädigtenpädagogik intensiv zuwenden sollte.

## Literatur

AFFOLTER, F. (1987). *Wahrnehmung, Wirklichkeit und Sprache.* Villingen-Schwenningen.

BERENDT, J. E. (1993a). *Ich höre - also bin ich.* München.

BERENDT, J. E. (1993b). *Das Dritte Ohr - Vom Hören der Welt.* Hamburg.

BERTRAM, B. (1994). *Besonderheiten der Hör-Spracherziehung von CI-versorgten Kindern.* In: LENARZ, T.; LEHNHARDT, E.; BERTRAM, B. (Hrsg.) (1994). *Cochlear-Implant bei Kindern.* Stuttgart. 79-94.

BREINER, H. (1987). *Die Möglichkeiten zur Beeinflussung des Wahrnehmungsgeschehens bei Hörsprachbehinderten.* Hörgeschädigtenpädagogik Beiheft 21. Heidelberg.

DILLER, G. (1990a). *Gehörlosigkeit in der Früherziehung - Annahme oder Realität?* Hörgeschädigtenpädagogik 2. 44, 80-90.

DILLER, G. (1990b). *Frühförderung Gehörloser nach den Grundsätzen muttersprachlich reflektierter Hörerziehung. Historische Entwicklung, theoretische Grundlagen und didaktisch-methodische Grundsätze.* In: KRÖHNERT, O. (Hrsg.). *Aufgaben und Probleme der Frühförderung gehörloser und schwerhöriger Kinder unter dem Aspekt der Begabungsentfaltung.* Vaduz. 227-258.

DILLER, G. (1995). *Der hörgerichtete Spracherwerb nach Cochlear-Implantation.* In: STIFTUNG ZUR FÖRDERUNG KÖRPERBEHINDERTER HOCHBEGABTER (Hrsg.). *Das Cochlear-Implant, eine (neue) Möglichkeit der Begabungsentfaltung bei Hörgeschädigten?* Hohenems/Vaduz. 161-172.

DILLER, G.; GALL, V.; VON ILBERG, C.; KIEFER, J. (Hrsg.) (1995). *Das Cochlear-Implant als interdisziplinäre Aufgabe.* 1. Friedberger Cochlear-Implant-Symposium. Friedberg.

DILLER, G.; GALL, V.; VON ILBERG, C.; KIEFER, J. (Hrsg.) (1996). *Neue Entwicklungen in der Diagnostik, Therapie und Technik.* 2. Friedberger Cochlear-Implant-Symposium. Friedberg.

DING, H. (1981). *Bemerkungen zum Erziehungsziel Ich-Identität.* Hörgeschädigtenpädagogik 6. 319-327.

DING, H. (1995). *Aurale Rehabilitation.* Heidelberg.

FÖRDERGEMEINSCHAFT GUTES HÖREN (1995). *Rückblick auf 40 Jahre Hörgeräte-Akustik - Möglichkeiten moderner Technik.* Presseinformation. Hamburg.

FRERICHS, H.; NEPPERT, J. (Hrsg.) (1995). *Grundlagen und Modelle für den hörgerichteten Spracherwerb.* Villingen-Schwenningen.

GEERS, A. E.; MOOG, J. S. (Eds.) (1994). *Effectiveness of Cochlear Implants and Tactile Aids For Deaf Children.* Volta Review, Vol 96, 5.

GEGNER, U. (1993). *Handlungsorientierter Bedeutungserwerb als didaktisches Prinzip im Unterricht bei Gehörlosen.* Hörgeschädigtenpädagogik 47/2. 71-83.

HELLBRÜCK, J. (1993). *Hören - Physiologie, Psychologie und Pathologie.* Göttingen.

HINTERMAIR, M. (1996). *Psychosoziale Aspekte des Cochlear-Implantats.* Heidelberg.

HORSCH, U. (1995). *Erziehung ohne Beziehung.* In: HORSCH, U. (Hrsg.). *Kann man Blumen wachsen hören?* Heidelberger Beiträge zur Gehörlosenbildung und Schwerhörigenbildung 1. Heidelberg. 5-34.

JUSSEN, H. (1991). *Hörgeschädigtenpädagogik im Wandel.* Schriftenreihe zur Lehrerfortbildung, Bd. 1. Tagungsbericht Universität zu Köln. Köln.

LING, D. (1976). *Aural habilitation.* Alexander Graham Bell Ass. for the Deaf. Washington.

LOCH, W. (1969). *Enkulturation als anthropologischer Grundbegriff der Pädagogik.* In: WEBER, E. E. (Hrsg.). *Der Erziehungs- und Bildungsbegriff im 20. Jahrhundert.* Bad Heilbrunn/Obb. 122-140.

MARTIN, U. (1995a). *Zu den Bedingungen von Wahrnehmung.* In: FRERICHS, H.; NEPPERT, J. (Hrsg.). *Grundlagen und Modelle für den hörgerichteten Spracherwerb.* Villingen-Schwenningen. 47-56.

MARTIN, U. (1995b). *Hören wir anders mit dem CI? - Überlegungen zur auditiven Wahrnehmung.* In: DILLER, G.; GALL, V.; VON ILBERG, C.; KIEFER, J. (Hrsg.) (1995). *Das Cochlear-Implant als interdisziplinäre Aufgabe.* 1. Friedberger Cochlear-Implant-Symposium. Friedberg.

MATSCHKE, R. (1993). *Untersuchungen zur Reifung der menschlichen Hörbahn.* Stuttgart.

MERKERT, R. (1994). *Von „pathischem Hören und Entsprachlichung" - Zur Anthropologie des Hörens.* In: Hörakustik 10. 58-71.

OSBERGER, M. J.; ROBBINS, A.; TODD, S. (1994). *Speech Intelligibility of Children with Cochlear Implants.* In: GEERS, A. E.; MOOG, J. S. (Eds.). *Effectiveness of Cochlear Implants and Tactile Aids For Deaf Children.* Volta Review, Vol 96, 5. 169-180.

POLLACK, D. (1970). *Educational audiology for Limited Hearing infant.* Springfield.

ROGERS, C. (1962). *The Interpersonal Relationship.* In: Harvard Educational Review, Vol 32, No 4.

SCHMID-GIOVANNINI, S. (1996). *Hören und Sprechen - Anleitungen zur auditivverbalen Erziehung hörgeschädigter Kinder.* Internationales Beratungszentrum Meggen.

SIMSER, J. (1989). *Die Entwicklung der Sprache über das Gehör.* In: Internationales Beratungszentrum Meggen (Hrsg.) (1989). Congress Report. Berchtesgaden. 98-132.

SINGER, W. (1985). *Hirnentwicklung und Umwelt.* Spektrum der Wissenschaft 3. Weinheim. 48-61.

TOMATIS, A. (1995). *Das Ohr und das Leben.* Solothurn, Düsseldorf.

UDEN, A. VAN (1960). *Gehörlosenschule und Schwerhörigenschule als besondere Schultypen.* In: N, Bl. f. Tbstbld. 161-173.

WERNER, H. U. (1994). *Die Stadt als Klanglandschaft.* In: Prisma, Zeitschrift der Universität Gesamthochschule Kassel, Nr. 49. 16-23.

## 1.2 Zum Schulkonzept der Johannes-Vatter-Schule

MARIA WISNET

### 1.2.1 Grundsätzliches

Das Profil der Johannes-Vatter-Schule wird zum einen durch Faktoren wie gut ausgebildete Lehrer, guter Unterricht, gutes Schulklima und lebendiges Schulleben bestimmt, zum anderen werden wichtige Variablen durch physische und psychische Lernvoraussetzungen hörgeschädigter Kinder und damit verbunden ihre Bedürfnisse nach einer adäquaten Kommunikation bestimmt. Veränderte Bedingungen hinsichtlich medizinischer Diagnose und Behandlung, Fortschritte in der Technik hinsichtlich akustischer Versorgung und eine veränderte Arbeit in der Frühförderung bedingen dies. Daher erstellt die Johannes-Vatter-Schule ein Konzept, das diesen veränderten Bedingungen entspricht. Das hörgeschädigte Kind mit all seinen Entwicklungsmöglichkeiten, seinem Kommunikationsbedürfnis steht im Zentrum, die Methode der systematischen Sprachvermittlung tritt zurück. Daher entschied die Schule, Lerngruppen nicht nach dem Hörschaden bzw. dem momentanen Wort- oder Satzbestand zu bilden, sondern nach dem Kommunikationsbedürfnis der Schüler, also der Zugehensweise, wie Sprache gelernt wird. Diese Zugehensweisen definieren wir als Sprach-Lerngruppen. Es wurden grundsätzliche Überlegungen zum Einsatz der Sprache angestellt, es wurde eine Bestandsaufnahme hinsichtlich der Schülerschaft durchgeführt, bevor die einzelnen Sprach-Lerngruppen umrissen wurden. Die im folgenden Abschnitt dargestellten Inhalte wurden ausführlich im Rahmen von Gesamtkonferenzen diskutiert, modifiziert und vom gleichen Gremium in der vorliegenden Fassung beschlossen.

### 1.2.2 Sprach-Lerngruppen in der Schule für Hörgeschädigte

Die Johannes-Vatter-Schule ist eine differenzierte Bildungseinrichtung für Hörgeschädigte. Oberstes Prinzip ist die individuelle Förderung des einzelnen Schülers. Jedes Kind hat einen Anspruch auf lautsprachliche Erziehung. Die Fähigkeiten des Kindes sind entscheidend für den ihm adäquaten Zugang zur Sprache. Die Schule für Hörgeschädigte beginnt in der Früherziehung mit einem ganzheitlichen, lautsprachlich orientierten, hörgerichteten Förderkonzept. Kindern, die sich nach diesem Förderkonzept nicht ausreichend entwickeln können, werden (bereits in der Früherziehung) zusätzliche Hilfen und andere Wege zum Spracherwerb angeboten. Daraus ergeben sich für den Unterricht sechs Sprach-Lerngruppen.

Die pädagogische Arbeit der Johannes-Vatter-Schule orientiert sich an den Rahmenlehrplänen der unterschiedlichen Schulformen. Der Unterrichts- und Erziehungsauftrag umfasst nicht nur die Vermittlung von Inhalten, sondern vor allem auch die Entwicklung der Fähigkeit zur Lautsprachkommunikation. Diese trägt ganz wesentlich zur Identitätsbildung und gesellschaftlichen Integration unserer Schülerinnen und Schüler bei.

Die Entwicklung der Lautsprachkommunikationsfähigkeit vollzieht sich in allen Lebens- und Erfahrungsbereichen. Somit muss Lautsprache auch im schulischen Zusammenleben allgegenwärtig sein. Die Förderung der Sprachkompetenz ist somit nicht auf das Fach Deutsch beschränkt. Sie geschieht in jedem Unterricht, in allen Situationen des schulischen Alltags.

Bei sehr eingeschränkter bzw. nicht vorhandener lautsprachlicher Kompetenz wird den Schülerinnen und Schülern die Gebärde zum Aufbau von Kommunikation angeboten. Die oben beschriebenen Aspekte zur Lautsprache gelten demnach genauso für den Umgang mit Gebärden.

In der Schulwirklichkeit begegnen wir Schülerinnen und Schülern, deren individuelle Sprachlernfähigkeiten sich in den unterschiedlichsten Abstufungen zeigen. Unsere Schülerinnen und Schüler stellen sich wie folgt dar:

- peripher hörgeschädigt, normal intelligent, hörgerichtet, lautsprachlich kommunizierend,
- peripher hörgeschädigt, normal intelligent, antlitzgerichtet, primär absehorientiert, lautsprachlich kommunizierend,
- peripher hörgeschädigt, normal intelligent, nicht hörgerichtet, geringe Lautsprachentwicklung,
- peripher hörgeschädigt, neurogene Lernstörungen - An der Johannes-Vatter-Schule definieren wir neurogene Lernstörung wie folgt: Eine neurogene Lernstörung beim Spracherwerb liegt dann vor, wenn eine normal intelligente Schülerin oder ein normal intelligenter Schüler im Vergleich mit Kindern entsprechenden Alters und Grades der Hörschädigung dauerhaft sprachliche Minderleistung erbringt und in neuropsychologischen Untersuchungen sprachentwicklungsbedeutsame Störungen der funktionellen Systeme des zentralen Nervensystems deutlich werden. -, hörgerichtet, lautsprachlich kommunizierend,
- peripher hörgeschädigt, neurogene Lernstörungen, nicht hörgerichtet, geringe Lautsprachentwicklung,

- peripher hörgeschädigt, lernbehindert, hörgerichtet, lautsprachlich kommunizierend,
- peripher hörgeschädigt, lernbehindert, nicht hörgerichtet, geringe oder keine Lautsprachentwicklung,
- peripher hörgeschädigt, praktisch bildbar, hörgerichtet, lautsprachlich orientiert,
- peripher hörgeschädigt, praktisch bildbar, nicht hörgerichtet, geringe oder keine Lautsprachentwicklung,
- normales peripheres Hörvermögen, zentral-auditive Wahrnehmungsstörung, sprachliche und allgemeine Entwicklung retardiert, lautsprachlich kommunizierend,
- normales peripheres Hörvermögen, zentral-auditive Wahrnehmungsstörung, sprachliche und allgemeine Entwicklung retardiert, geringe oder keine Lautsprachentwicklung.

Darüber hinaus stehen wir immer wieder vor dem Problem, einzelne Schülerinnen und Schüler mit besonderen individuellen Bedingungen in die Schule zu integrieren:
- Ausländerkinder ohne Deutschkenntnisse (Aussiedler, Einwanderer usw.), aber mit im Heimatland erworbener Schulbildung und der Fähigkeit, über ein Zeichensystem zu kommunizieren (Lautsprache, Gebärden, Fingeralphabet usw.),
- Ausländerkinder ohne Deutschkenntnisse, ohne jegliche Schulbildung und ohne irgendein Kommunikationssystem,
- Asylantenkinder mit ungeklärtem Aufenthaltsstatus,
- Kinder mit CI, deren Operation erst am Ende der Vorklassenzeit bzw. im Verlauf der Grundschulzeit durchgeführt wurde,
- Kinder, die aus der Regelschule in die Hörgeschädigtenschule überwechseln,
- Kinder mit autistischen Zügen,
- Kinder aus Lb-, PB- oder auch der Regelschule, deren Hörverlust viel zu spät diagnostiziert wurde,
- Kinder, die aus einer anderen Hörgeschädigtenschule zu uns kommen.

Die Schülerinnen und Schüler bringen somit hinsichtlich ihrer lautsprachlichen Kommunikationsfähigkeit sehr unterschiedliche Voraussetzungen mit. Dabei ist die Entwicklung ihrer Lautsprachkompetenz nicht zwangsläufig abhängig von der Intelligenz, zusätzlichen Störungen und/oder äußeren Lebensumständen. Sie korreliert im allgemeinen mit der Entwicklung der Hörfähigkeit, d.h. der Fähigkeit, Hören für die Lautsprache zu nutzen.

Wir stellen fest:

Die Spannbreite der Voraussetzungen unserer Schülerinnen und Schüler hinsichtlich ihrer Lautsprachkompetenz ist sehr weit:

Sie reicht von gut hörgerichtet bis nicht hörgerichtet, von guter Lautsprachkompetenz bis zu geringer oder keiner Lautsprachkompetenz und von keinen zusätzlichen Störungen bis zu komplexen Störungsbildern.

Dieser pädagogische Istzustand ist zunächst einmal festzustellen und ernst zu nehmen. Er stellt jedoch keine unumstößliche Festschreibung dar. Vielmehr ist er die Grundlage eines Förderkonzepts, das die Entwicklung einer möglichst umfassenden Sprachkompetenz zum Ziel hat.

#### 1.2.2.1 Sprach-Lerngruppe 1

In der Sprach-Lerngruppe 1 sind Hörgerichtetheit und Lautsprachkompetenz Voraussetzung für den Unterricht. Die Lautsprache ist das alleinige kommunikative Führungsmittel. Das Hören wird weiterentwickelt und bewusst in den Kommunikationsprozess einbezogen. Der Sprachgebrauch unterliegt keiner Einschränkung. Die Grundlage jeglicher Interaktion ist eine differenzierte Vollsprache. Im Unterschied zur Regelschule wird der Sprachgebrauch stärker reflektiert. Hierbei sind spezifische methodisch-didaktische Prinzipien des Hör-Sprachunterrichts anzuwenden.

#### 1.2.2.2 Sprach-Lerngruppe 2

Die Sprach-Lerngruppe 2 umfasst Kinder, die hörgerichtet sind. Trotzdem können sie diese Fähigkeit zur aktiven und passiven Lautsprachentwicklung nur sehr eingeschränkt nutzen. Diese Einschränkung gilt in verstärktem Maße für die Schriftsprache. Auch Gebärden und manuelle Zeichensysteme stellen keine kommunikativen Hilfen dar. Deshalb ist in der Sprach-Lerngruppe 2 die Lautsprache das kommunikative Führungsmittel.

#### 1.2.2.3 Sprach-Lerngruppe 3

In der Sprach-Lerngruppe 3 kann die tragende Funktion des Hörens in der lautsprachlichen Kommunikation nicht vorausgesetzt werden. Die Hörentwicklung wird dennoch konsequent gefördert. Auch hier bleibt die Lautsprache im Sinne einer Vollsprache weiterhin Führungsmittel. Sie wird durch den verstärkten Einsatz sprachstrukturell-systematischer Mittel reflektiert. Vermehrte Schriftsprache und Antlitzgerichtetheit sichern den Sprachlernprozess zusätzlich ab.

#### 1.2.2.4 Sprach-Lerngruppe 4

Die Sprach-Lerngruppe 4 umfasst Kinder, die sowohl über eine hörgerichtete, als auch über eine mehr strukturierte und stärker auf das Absehen bauende Lautsprachmethode nicht zu ausreichender Lautsprachkompetenz gelangen.

Grundlage der Kommunikation ist nach wie vor die Lautsprache, bei dieser Gruppe kommt es jedoch zu einem verstärkten Einsatz der Schrift. Dabei sollten insbesondere die Dialogformen Beachtung finden. Für die Kommunikation wird zusätzlich die lautsprachunterstützende Gebärde verwendet. - An der Johannes-Vatter-Schule verstehen wir unter lautsprachunterstützenden Gebärden: Die lautsprachunterstützenden Gebärden haben grundsätzlich die Funktion, die Bedeutungsentnahme zu erleichtern. Der Gebärdengebrauch folgt prinzipiell der von der Lehrerin oder dem Lehrer verwendeten Lautsprache. Die Lehrersprache ist so zu gestalten, dass die lautsprachunterstützenden Gebärden der Lautsprache folgen können. Art und Umfang der lautsprachunterstützenden Gebärden richten sich nach der jeweiligen Schülerklientel. Dies kann von der Verwendung von Einzelgebärden bis hin zur weitestgehend parallelen Darbietung von Lautsprache und lautsprachunterstützenden Gebärden reichen. - Das schließt den Gebrauch des GMS mit ein. Das PMS wird nur zur Lautanbahnung und Sprechfehlerkorrektur eingesetzt.

#### 1.2.2.5 Sprach-Lerngruppe 5

Die Sprach-Lerngruppe 5 umfasst Kinder, deren Kommunikation hauptsächlich über Gebärden verläuft. Ihre Sprachkompetenz (Laut- und Schriftsprache) ist so gering, dass sie trotz größtmöglicher Selektion der Sprachmittel nur einen sehr geringen aktiven und passiven Wortschatz und noch keine grammatischen Strukturen besitzen. Die Schriftsprache muss sich hier ganz gezielt auf solche Sprachmittel beschränken, mit denen die Kinder jetzt und im Erwachsenenalter immer wieder konfrontiert werden. Die lautsprachliche Förderung mittels lautsprachunterstützender Gebärden sollte sich an den individuellen Möglichkeiten des einzelnen Schülers orientieren. Erfahrungen, Wissen und Kontakt werden über Gebärden transportiert und aufgebaut.

#### 1.2.2.6 Sprach-Lerngruppe 6

Die Sprach-Lerngruppe 6 umfasst Kinder, deren Kommunikation ausschließlich über Gebärden verläuft. Im Gegensatz zur Sprach-Lerngruppe 5 ist der aktive und passive Wortschatz bzgl. Gebärde und Schrift erheblich eingeschränkt. Ziel im kommunikativ-sprachlichen Bereich ist der Aufbau von Gebärdenkompetenz, die geeignet ist, Personen, Sachen,

Tätigkeiten und Qualitäten darzustellen und Stellungnahmen (Wünsche, Ablehnung etc.) zu ermöglichen. Bei den meisten Schülern kann der Erwerb der Lautsprache ausgeschlossen werden. Die Selektion der Sprachmittel (Gebärde und Schrift) muss sich auf die für die Schüler relevanten Sachverhalte beziehen. Einzelgebärden und Einzelbegriffe in schriftlicher Form stehen bei der Vermittlung von Inhalten im Vordergrund. Grammatische Strukturen sind in der Regel nicht zu vermitteln.

#### 1.2.2.7 Sprach-Lerngruppe 7

In der Sprach-Lerngruppe 7 werden Schülerinnen und Schüler unterrichtet, die zentral-auditive Wahrnehmungsstörungen aufweisen. Die Sprache wird aber über den auditiven Kanal aufgenommen. Die Verarbeitung und Speicherung des Gehörten bereitet jedoch Probleme. Aufgrund der zentral-auditiven Wahrnehmungsstörung, die oft mit anderen Wahrnehmungsproblemen verknüpft ist, entsteht eine Retardation der sprachlichen und allgemeinen Entwicklung bis hin zur totalen Sprachlosigkeit.

Um Hilfestellung zur Bewältigung der oft vielfältigen Wahrnehmungsstörungen zu geben, ist der Unterricht handlungsorientiert unter Einbeziehung psychomotorischer Aspekte zu gestalten. Das kommunikative Führungsmittel ist aufgrund der Fähigkeit, Sprache über das Ohr aufzunehmen, die Lautsprache. Es kann zur aktiven und passiven Lautsprachentwicklung genutzt werden. Der Einsatz von manuellen Zeichensystemen muss auf den Einzelfall bezogen diskutiert werden. Der sprachliche Anteil orientiert sich in Art und Umfang an den individuellen Voraussetzungen der Schülerinnen und Schüler.

### 1.2.3 Perspektiven

Nach langjähriger Arbeit mit dieser Konzeption kann man aus der Erfahrung heraus folgende Feststellungen treffen:

1. Ein hoher Prozentsatz der Kinder, die eine erfolgreiche Hör- und Sprachentwicklung durchlaufen, besucht nach Beendigung der Frühförderung die Regelschule am Wohnort.
2. Ein Wechseln von Sprach-Lerngruppe 2 und Sprach-Lerngruppe 1 ist ohne weiteres möglich.
3. Die Anzahl von Seiteneinsteigern ist relativ hoch. Hier musste eine Lösung gefunden werden, wenn Seiteneinsteiger ohne Kenntnisse der deutschen Sprache und ohne Hörgeräteversorgung zur Einschulung anstanden. Ein möglicher Weg bot sich an: die Bildung einer Förder-

klasse, in die diese Schüler eingeschult wurden, um dann, nach Ablauf des Schuljahres, einer adäquaten Klasse zugeführt zu werden. Oftmals verschlechtern sich die Bedingungen an den allgemeinen Schulen hinsichtlich Klassengröße, Lehrerversorgung und Ausstattung, sodass hörgeschädigte Schülerinnen und Schüler in ihrer Förderung und Entwicklung gefährdet sind. Diese Kinder können in den Sprach-Lerngruppen 1 bzw. 2 an der Johannes-Vatter-Schule gut gefördert werden.

4. Der Anteil mehrfachbehinderter Kinder an der Schule für Hörgeschädigte nimmt zu. 1993 wurde die Abteilung für praktisch bildbare hörgeschädigte Schüler eröffnet. Diese Kinder erhalten neben der Entwicklung des Hörens eine Förderung im Aufbau einer Kommunikation mit Gebärden.
5. Nicht in jedem Schuljahr kann für jede Sprach-Lerngruppe eine Klasse gebildet werden. Dadurch kann es vorkommen, dass Kinder später eingeschult werden. Um diese Kinder im kognitiven Bereich adäquat zu fördern, hat es sich als sinnvoll erwiesen, dass in den Vorklassen Angebote zum Erstlesen, Erstschreiben und Erstrechnen durchgeführt werden.
6. Durch die Offenheit der Konzeption, durch das Angebot von hörgerichteter Förderung bis hin zur Erziehung mit lautsprachbegleitenden Gebärden entstand und entsteht immer wieder ein intensiver Prozess der Auseinandersetzung im Kollegium mit den Strömungen in der Hörgeschädigtenpädagogik. In Diskussionen kann man erkennen, dass keine vorschnelle Verallgemeinerung stattfindet, vielmehr existiert eine positive Unruhe durch das Beobachten der Schülerleistungen, die die Auseinandersetzung mit der „richtigen“ Methode immer wieder aufflammen lassen.

Nach der Reflexion der Sprach-Lerngruppen und ihrer Erprobung stehen nun andere Schwerpunkte wie Wochenplanarbeit, Freiarbeit, Lernen in Projekten im Blickpunkt des Kollegiums. Nach wie vor ergeben sich immer wieder Fragen aus dem vorliegenden Konzept und der täglichen Praxis. Dies bedeutet, dass die Konzeption in einem angemessenen Zeitraum überprüft werden muss und nach den dann vorliegenden Bedingungen ausgerichtet wird.

## Literatur

BUNDESMINISTER FÜR ARBEIT UND SOZIALORDNUNG (Hrsg.) (1990). *Erfassung und Beschreibung neurogener Lernstörungen bei Hörgeschädigten und ihre Rehabilitation.* Forschungsbericht Nr. 193.

HELL, P.-W.; OHGKE, A. (1992). *Schulreport 4. Tatsachen und Meinungen zur Bildungspolitik in Bayern.* Bayr. Staatsministerium für Unterricht, Kultur, Wissenschaft und Kunst. München.

JOHANNES-VATTER-SCHULE FÜR HÖRGESCHÄDIGTE, SONDERPÄDAGOGISCHES BERATUNGS- UND FÖRDERZENTRUM (1995). *Schulkonzept* (unveröffentlicht).

MAISCH, G. (1987). *Gebärdenlexikon.* Hamburg.

STAATLICHES SEMINAR FÜR SCHULPÄDAGOGIK (Hrsg.) (1992). *Das Profil der Schulen. Berichte zur Kooperation.* München.

WISNET, M. / SCHULLEITUNGSTEAM DER JOHANNES-VATTER-SCHULE (2/1998). *Sprache lernen in Sprachlerngruppen.* Hörgeschädigtenpädagogik.

# 2 Praktische Voraussetzungen

## 2.1 Frühförderung

MANFRED DRACH

### 2.1.1 Grundsätzliches

Die Orientierung am normalhörenden Kind und seiner Sprachentwicklung sollte Ausgangs- und Zielpunkt der pädagogischen Frühförderung sein. Die Ausrichtung an der „Normalität" stellt jedoch einen hohen Anspruch sowohl an die Eltern als auch an die Pädagogen. So verändern Eltern sehr häufig schon nach der Diagnose „Hörschädigung" das Zugehen auf ihr Kind. Entwicklungsangebote und -möglichkeiten, wie sie normalhörenden Kindern in der Regel zuteil werden, werden dem hörgeschädigten Kind unwissentlich vorenthalten. Im Hinblick auf Pädagogen ist immer wieder feststellbar, dass sie sehr leicht der Gefahr unterliegen, das hörgeschädigte Kind nur unter dem Förderaspekt zu sehen. Die Tendenz zur Therapeutisierung steht hierbei jedoch zur Zielrichtung „Normalität" in krassem Gegensatz.

#### 2.1.1.1 Orientierung an der allgemeinen Entwicklung eines Kindes

Orientierung am normalhörenden Kind bedeutet zugleich ein sich Ausrichten an dessen Hörentwicklungsprozess. Dieser beginnt bereits im Mutterleib, während er bei hörgeschädigten Kindern je nach Höhe des Hörverlustes und dem Zeitpunkt des Eintritts der Hörschädigung erst mit dem Tag der Hörgeräteversorgung einsetzt. Hör- und allgemeines Entwicklungsalter differieren entsprechend. Ziel ist es, die einzelnen Hörentwicklungsstufen, die das normalhörende Kind durchlebt, auch dem hörgeschädigten Kind zuzugestehen. Die Diskrepanz zwischen dem tatsächlichen Entwicklungsalter und dem „aufholenden" Höralter kann dabei zum Teil wie eine Schere erheblich auseinander klaffen. Entsprechendes gilt für den Sprachentwicklungsprozess, dessen einzelne Entwicklungsstufen vom hörgeschädigten Kind nach und nach gelebt werden müssen.

### 2.1.1.2 Beharrlichkeit - Ausdauer

Immer wieder können „Durststrecken“ auftreten, in denen die Entwicklung des Kindes scheinbar stagniert oder gar rückläufig erscheint. Hier durchzuhalten und mit Standhaftigkeit das Ziel des Hörenlernens weiter zu verfolgen, ist von höchster Notwendigkeit. Gerade in diesen labilen, resignativen Phasen sind die Frühförderer gefragt, den Eltern die Sicherheit und Orientierung zu bieten, die sie brauchen, um den oft sehr mühevollen Pfad der Hör- und Sprachentwicklung ihres Kindes nicht zu verlassen.

Dies kann bereits in den ersten Wochen nach der Hörgeräteanpassung vonnöten sein, wenn die Eltern keine klar identifizierbaren Hörreaktionen ihres Kindes erkennen können, wenn das so lang ersehnte erste „sinnvolle“ Wort des Kindes aus Sicht der Eltern einfach nicht kommen will. Das Kind verharrt Monat für Monat auf der Stufe der Ein-Wort-Äußerung und zeigt keine Ansätze zum Gebrauch von Zwei-Wort-Sätzen. Oder das Hörvermögen scheint sich verschlechtert zu haben. Das Kind reagiert nicht mehr so sicher wie vorher.

Es gilt,

- kleinste Entwicklungsschritte wahrzunehmen,
- vorsprachliche Prozesse als grundlegende Stufen in der Sprachentwicklung anzuerkennen und gemeinsam mit dem Kind diese mit Freude zu genießen,
- eventuelle Stagnationsphasen gemeinsam mit den Eltern zu analysieren und nach eventuellen Ursachen zu forschen.

### 2.1.1.3 Natürlichkeit

Schon das Wissen über das Vorliegen einer Hörschädigung beeinflusst die Zugehensweise auf das entsprechende Kind. Man beginnt, darüber nachzudenken, wie man sich jetzt verhalten muss, um mit ihm ins Gespräch zu kommen. Sehr häufig geht in diesem Prozess die Lockerheit in der Gesprächsführung verloren, und es entwickelt sich mitunter eine therapeutisch orientierte Reflexionsdistanz, die jeglicher natürlichen Sprachzugehensweise widerspricht. Der Sprachgebrauch wirkt künstlich und gestellt, nicht spontan und lebendig. Nicht die Situation entscheidet hier über den Sprachgebrauch, wie es der Fall sein sollte, sondern die Planung.

Wie oft nämlich wird Sprache selektiert und bewusst vereinfacht, werden künstliche Fragen (nahezu mit Prüfungscharakter) gestellt oder werden „ganze“ Sätze abverlangt. Sprache aber muss lebendig und handlungsorientiert sein, will sie Kinder motivieren. Natürlichkeit in der

Sprachverwendung ist die Grundlage von Sprechfreude und gibt letztendlich Mut zum Sprachhandeln.

#### 2.1.1.4 Sprachhandlungskompetenz

Oberstes Ziel einer hörgerichtet lautsprachorientierten Pädagogik ist die Förderung des hörgeschädigten Kindes hin zu einer Sprachhandlungskompetenz, die es ihm ermöglicht, sich selbstbewusst und sicher in die sprachliche Kommunikation mit anderen Personen einzulassen. Wie schnell sind Eltern und auch Pädagogen geneigt, die sprachliche Auseinandersetzung des hörgeschädigten Kindes mit anderen Personen an sich zu ziehen und im Sinne eines „Dolmetschers" aufzutreten.

Ein Begleiten der Kommunikation, gerade in den ersten Lebensjahren, ist nicht nur angebracht, sondern notwendig, aber ein allmähliches Loslassen des Kindes sollte sobald wie möglich erfolgen. Das hörgeschädigte Kind benötigt die eigenständige sprachliche Auseinandersetzung mit anderen Personen, um selbst Strategien zu entwickeln und Erfahrungen in der sprachlichen Kommunikation zu sammeln.

Ebenso kontraproduktiv für die Entwicklung einer Sprachhandlungskompetenz ist die immer wieder feststellbare, fast ritualisierte Haltung, insbesondere von Pädagogen, hörgeschädigte Kinder nachsprechen zu lassen. Das Sprachvorbild soll durch das Kind möglichst exakt wiedergegeben werden. Ein selbständiges sprachliches Agieren des hörgeschädigten Kindes wird hierbei nicht erreicht. Vielmehr braucht es nur abzuwarten, was ihm vorgesprochen wird, um dies dann anschließend imitativ wiederzugeben. Häufig entwickelt sich in diesem Sinne eine „Papageiensprache". Das Denken in und mit der Sprache gelingt diesen Kindern nicht oder nur schwer. Was nutzt ein auch noch so exakt artikulierter Satz, wenn er nicht adäquat in die Kommunikation eingebracht werden kann. Ein intensiver Gebrauch von Ergänzungsfragen (W-Fragen), die zu sprachlichem Denken anregen, fördert hingegen das Kind auf seinem Weg zum selbständigen Sprachhandeln. Die Akzeptanz auch unvollständiger und noch nicht perfekt artikulierter sprachlicher Äußerungen durch den Erwachsenen motiviert das Kind und macht Mut, sich in die sprachliche Kommunikation auch mit anderen Personen einzulassen und *eigene* Erfahrungen zu sammeln.

Für die Erwachsenen stellt dies sicherlich häufig eine Gratwanderung zwischen Herausforderung und Überforderung des Kindes dar. Entscheidend ist hierbei ein Grundvertrauen in die Kompetenz des Kindes, auf welcher Entwicklungsstufe es sich auch befinden mag.

#### 2.1.1.5 Zuhören

Es mag kleinlich erscheinen, wenn man Wert darauf legt, ob man in der sprachlichen Auseinandersetzung mit einem hörgeschädigten Kind sich des Ausspruchs „Hör mal!“ oder eines „Schau mal!“ bedient. Doch hinter diesen scheinbar so inhaltlosen Aussagen steckt eine Grundhaltung, die die gesamte Kommunikation mit dem hörgeschädigten Kind prägen kann. Gehe ich von einer Hörfähigkeit des Kindes aus, die auch ohne Blickkontakt das Gespräch sucht, oder warte ich im Sinne einer Antlitzgerichtetheit ab, bis der visuelle Kontakt hergestellt ist, um die sprachliche Kommunikation beginnen bzw. fortführen zu können?

Eine hörgerichtete Förderung, die ein Hörenlernen anstrebt, basiert auf einer Zuhörhaltung des hörgeschädigten Kindes. Nur auf diese Weise kann es nach und nach in die es umgebende auditive Wahrnehmungswelt hineinwachsen. Es muss neugierig werden auf alles Hörbare. Das Gehörte muss Bedeutung erhalten.

Je mehr ein hörgeschädigtes Kind spürt und erkennt, welchen Nutzen es aus genauem Hinhören zieht, umso mehr wird es bestrebt sein, zuzuhören und weitere Hörerfahrungen zu machen.

#### 2.1.1.6 Ganzheitlichkeit

Eine an der Hörentwicklung orientierte Pädagogik wird ohne Zweifel der auditiven Wahrnehmung einen besonderen Stellenwert beimessen. Hörgerichtetheit darf jedoch nicht das isolierte Trainieren eines Sinneskanals bedeuten. Vielmehr muss die auditive Sinneserfahrung als Teil eines komplexen Wahrnehmungsverbundes betrachtet werden. Ein Kind, insbesondere in den ersten Lebensjahren, braucht für seine Entwicklung vielfältige Sinneserfahrungen, die nicht getrennt nebeneinander, sondern ganzheitlich erlebt werden. In dieser Hinsicht stellt z. B. die rhythmisch-musikalische Förderung ein fundamental wichtiges Angebot für hörgeschädigte Kinder dar. Durch die Beeinträchtigung des auditiven Kanals ist das Zusammenspiel der Sinne gestört. Es gilt, durch eine Betonung der Hörwahrnehmung, durch ihre intensive Entwicklungsförderung, die Voraussetzung dafür zu schaffen, dass auch das hörgeschädigte Kind in die Lage versetzt wird, ganzheitlich wahrzunehmen, ohne sich beispielsweise nur auf den visuellen Sinneskanal stützen zu müssen.

#### 2.1.1.7 Begleitung der Eltern

Ein entscheidender Grundpfeiler der Frühförderung stellt eine familienorientierte, partnerschaftliche Elternarbeit dar. Die Eltern werden nicht im

Sinne von „Co-Therapeuten" zur Umsetzung einer von den Fachpädagogen vorgegebenen Rezeptur angeleitet, vielmehr wird ihre natürliche Elternkompetenz unterstützt. Es geht nicht darum, dass eine Familie eine allgemein gültige Methode umsetzt, sondern es gilt, die in der jeweiligen Familie vorliegenden Kommunikations- und Interaktionsformen so zu beeinflussen, dass daraus gute Hör- und Sprachentwicklungsbedingungen für das hörgeschädigte Kind erwachsen.

Pädagogen fällt es häufig sehr schwer, Ziele im Rahmen der Förderung des hörgeschädigten Kindes mit den Eltern gemeinsam, auf einer partnerschaftlichen Ebene, abzustimmen. Nur allzu leicht entwickelt man aufgrund des fachpädagogischen Vorsprungs eine derart dominante Haltung, dass man sich fragen müsste, um wessen Sohn oder Tochter es sich eigentlich handelt. Ein mit den Eltern abgesprochenes, zudem schriftlich fixiertes Förderkonzept, das in regelmäßigen Abständen zu aktualisieren und je nach Bedarf auch interdisziplinär (z. B. mit Erziehern oder Therapeuten des Kindes) abzustimmen ist, stellt dabei die Basis eines partnerschaftlichen Vorgehens dar.

#### 2.1.1.8 Günstige Hör- und Sprachentwicklungsbedingungen

Es lassen sich hier drei Ebenen differenzieren: eine auditive, eine sprachdidaktische und eine psychische Ebene. Dabei ist zu bedenken, dass es sich hier um eine künstliche Aufgliederung von in der Realsituation untrennbar miteinander verbundenen Bereichen handelt.

| | |
|---|---|
| Merkmale der auditiven Ebene: | – zu Hörendes hervorheben, darauf aufmerksam machen und klären<br>– Aufforderung zur Nachahmung von Gehörtem<br>– stimmliche Varianten einbringen (flüstern, schreien, summen usw.)<br>– Zusprache auch ohne Blickkontakt |
| Merkmale der sprachdidaktischen Ebene: | – Klarheit der sprachlichen Interaktion:<br>  – Ruhe in der Gesprächsführung<br>  – Abwartenkönnen<br>– Natürlichkeit des sprachlichen Umgangs:<br>  – keine Selektion, keine künstliche Sprachvereinfachung, sondern Anpassung an den kindlichen Sprachentwicklungsstand und Zugehensweise wie bei hörenden Kindern<br>  – handlungsorientiertes Sprachzugehen |

| | |
|---|---|
| | – Besonderheiten zur Erleichterung der Hörwahrnehmung:<br>– Wiederholungen<br>– rhythmisch-melodisch akzentuierte Sprechweise<br>– deutliches Sprechen<br>– keine „Abseh"-Sprache, d. h. kein Überartikulieren<br>– Gestik und Mimik<br>– Spracherweiterung:<br>– Imitation und/oder sprachentwicklungsentsprechende Ergänzungen des vom Kind Geäußerten<br>– handlungsbegleitendes Sprechen<br>– korrektives Feedback<br>– Modellvorgabe, wenn das Kind Zuhörbereitschaft signalisiert |
| Merkmale der psychischen Ebene: | – Verstehen (des Gehörten/der Situation)<br>– Verstandenwerden<br>– Absicherung des kindlichen Kommunikationsbedürfnisses<br>– Echtheit der Gesprächsteilnehmer („kein Rollenspiel")<br>– gegenseitige emotionale Annahme/Sicherheit |

Tabelle 1: Günstige Hör- und Sprachentwicklungsbedingungen

Die genannten Bedingungen stellen die Basis dar für die Entwicklung einer Hör- und Sprachkompetenz des hörgeschädigten Kindes. Dabei muss immer wieder betont werden, dass bei der Erstellung des Förderkonzepts für jedes einzelne Kind die Hör-Sprach-Förderung nicht isoliert betrachtet wird, sondern eine ganzheitliche Zugehensweise verkörpert.

### 2.1.2 Die Organisationsstruktur der Frühförderung für Hörgeschädigte in Friedberg

Zwei Säulen prägen das Bild der Frühförderung für Hörgeschädigte in Friedberg: die Pädoaudiologische Frühberatungsstelle und die stationäre

Wechselgruppe. Es handelt sich hierbei um zwei Bereiche, die zwar mit gleicher inhaltlicher Zielorientierung arbeiten, aber jeweils organisatorisch eigenständige Beratungs- und Förderangebote darstellen.

#### 2.1.2.1 Die Pädoaudiologische Frühberatungsstelle

Die Pädoaudiologische Frühberatungsstelle fungiert als Anlaufstelle für alle Eltern, deren Kinder (vom Säuglingsalter bis zum Schuleintritt) Auffälligkeiten bezüglich ihres Hörstatus bzw. ihrer Sprachentwicklung aufweisen.

Im größten Teil der Fälle erfolgt der Erstkontakt mit Familien nach der Feststellung eines Hörschadens durch eine Universitätsklinik bzw. durch niedergelassene Fachärzte. Schnellstmöglich schließt sich ein Erstgespräch in der Frühförderstelle bzw. in der Familie an. Neben einer grundlegenden Anamnese werden die Eltern mit den Frühförderangeboten vertraut gemacht.

Zentrales Angebot der Frühberatungsstelle ist die Hausfrühförderung. Hierbei werden die einzelnen Familien in ein- bis zweiwöchigen Abständen von einem Frühförderer zu Hause aufgesucht. Neben der Förderung des Kindes steht die Beratung der Eltern im Vordergrund.

Die mittlerweile erweiterten Arbeitsinhalte, wie die Förderung der hörgeschädigten Kinder in Regelkindergärten bzw. in integrativen Einrichtungen sowie die Beratung des dort tätigen Personals, die interdisziplinäre Zusammenarbeit mit Medizinern, Hörgeräteakustikern, allgemeinen Frühförderstellen (z. B. bei der gemeinsamen Betreuung mehrfachbehinderter Kinder) usw., lassen es sinnvoll erscheinen, eher den umfassenderen Begriff „Frühförderung“ für diese vielfältigen Arbeitsformen zu wählen.

Frühfördermaßnahmen können auch ambulant in der Frühförderstelle durchgeführt werden. Hierbei bietet sich neben der Einzel- auch die Möglichkeit der Kleingruppenförderung an. Zudem lassen sich auch problemlos hördiagnostische Abklärungen sowie eine Beratung bezüglich der Hörgeräteversorgung anschließen.

Die Funktion als „Beratungsstelle“ komplettiert das Angebot der Frühförderstelle. Im Vordergrund stehen hier der entwicklungs- und hördiagnostische Aspekt.

Aber auch interdisziplinäre Informationsveranstaltungen werden im Rahmen der Frühförderung angeboten. Erzieher an Regelkindergärten und integrativen Einrichtungen, in denen hörgeschädigte Kinder integriert sind, werden in regelmäßig stattfindenden Tagungen mit dem Phänomen „Hörschädigung“ vertraut gemacht. Die Angebots- und Organisationsstruktur der Frühförderung für Hörgeschädigte wird Ärzten, Hörgeräteakustikern und Logopäden im Rahmen von Informationsveranstaltungen vorgestellt.

Von großer Bedeutung sind regelmäßig stattfindende *Kooperationsgespräche* mit den Universitätskliniken.

Über die interdisziplinäre Zusammenarbeit hinaus obliegt es der Frühförderung, eine intensive *Öffentlichkeitsarbeit* zu betreiben, um die frühestmögliche Erfassung hörgeschädigter Kinder mit zu unterstützen.

Die Mitarbeiter der Frühförderstelle treffen sich in der Regel einmal pro Woche zu einer mehrstündigen Teamsitzung. Ergänzt werden die wöchentlichen Teambesprechungen durch turnusgemäße Supervisionssitzungen. In zweimonatigen Abständen werden „Kompakttage" in der Frühförderstelle durchgeführt, die den Raum bieten, übergreifende Inhalte intensiv zu diskutieren und zu bearbeiten.

#### 2.1.2.2 Die stationäre Wechselgruppe

Die Arbeit der Pädoaudiologischen Frühberatungsstelle erfährt eine qualitative Erweiterung durch das Angebot der stationären Wechselgruppe. Alle hessischen Familien mit einem hörgeschädigten Kind können dieses zusätzliche Angebot wahrnehmen, obgleich sie bereits von ihrer regionalen Frühförderstelle betreut werden.

Solche Eltern-Kind-Gruppen werden jede Woche angeboten und dauern jeweils von Montag bis Donnerstag. Pro Wochenaufenthalt wohnen vier bis fünf Kinder mit ihren Eltern und, wenn notwendig, mit weiteren Familienangehörigen in der stationären Wechselgruppe. Da die Teilnehmer wöchentlich wechseln und sich die Gruppe jede Woche neu bildet, wurde dieses Frühförderangebot als „Wechselgruppe" bezeichnet. Jeder Familie ist eine pädagogische Fachkraft zugeordnet, die primärer Ansprechpartner nicht nur für einen Wochenaufenthalt ist, sondern für den gesamten Frühförderbetreuungszeitraum bleibt. Ziel ist es, jede Familie viermal pro Jahr zur Teilnahme an einer solchen Wechselgruppe einzuladen.

**Das Wochenprogramm**

Der Ablauf einer Woche in der stationären Wechselgruppe ist geprägt durch drei Grundmuster:

- Kombination von Einzel- und Gruppenförderung sowie Einzel- und Gruppenberatung,
- Verknüpfung von hörtechnischer und pädagogischer Betreuung,
- Teamarbeit.

Täglich in der Zeit zwischen 8.00 und 9.00 Uhr sowie zwischen 12.00 und 12.30 Uhr finden jeweils Teambesprechungen der Mitarbeiter der Wechselgruppe statt. Hier werden insbesondere folgende Inhalte thematisiert:

- Entwicklungsstand der einzelnen Kinder im Rahmen ihres familiären Umfeldes,
- Diskussion der hörtechnischen Versorgung der Kinder mit Erstellung eines Audiometrieplanes,
- Besprechung der sich daraus ergebenden Beratungs- und Förderinhalte,
- Berichte über Gespräche/Erfahrungen vom vorhergegangenen Nachmittag,
- Fragen der Gruppenzusammensetzung,
- Besprechung der Gruppenaktivitäten.

In der Zeit zwischen 9.00 und 10.00 Uhr findet jeweils ein „Morgenkreis" statt. In der Zeit zwischen 10.00 und 12.00 Uhr stehen Einzelförderung und -beratung im Mittelpunkt. Die Eltern sind während der Einzelförderung durch die Frühförderin nicht nur ständig anwesend, sie werden vielmehr aktiv in die Förderung einbezogen.

In der Zeit zwischen 14.00 und 16.00 Uhr finden unterschiedliche Aktivitäten statt: montags eine Einzel- bzw. Gruppenrhythmik, dienstags eine gemeinsame Gruppenaktivität (Basteln, Spaziergang, Spielplatz, Einkaufen, Backen usw.), mittwochs eine Bewegungsstunde, in der ein Motopäde die Kinder im Hinblick auf den grobmotorischen Bewegungsablauf beobachtet, und schließlich donnerstags eine gemeinsame Gruppenrhythmik als Abschluss der Woche.

Am Montag zwischen 11.30 und 12.00 Uhr sowie am Dienstag zwischen 19.00 und 21.00 Uhr werden gemeinsame Elterngespräche angeboten, wobei im ersten Fall der geplante Ablauf der Woche mit den Eltern besprochen (Wochenthema, Anregungen der Eltern) und im zweiten Fall ein offener Elternabend gestaltet wird (z. B. Vorstellen von Büchern und Spielen und ihre Anwendungsmöglichkeiten, Diskussion allgemeiner Erziehungsfragen).

Die mehr technisch geprägte Betreuung findet ihren Niederschlag in einer Hörgeräte-Überprüfung am Montag noch vor Beginn des ersten Morgenkreises sowie in audiometrischen Untersuchungen, In-situ-Messungen und Beratungen bezüglich der hörtechnischen Versorgung, die zeitlich flexibel in den Tagesablauf eingebaut werden.

Tabelle 2 gibt einen Überblick über das gesamte Wochenprogramm.

| | Montag | Dienstag | Mittwoch | Donnerstag | Freitag |
|---|---|---|---|---|---|
| 8.00 - 9.00 Uhr | Teambesprechung | | | | Teambesprechung:<br>- Reflexion der Woche<br>- Abfassen von Entwicklungsberichten über das jeweils in der Woche betreute Kind<br>- Planung der folgenden Woche<br>- Fortbildung<br>- Supervision<br>- Verwaltungsarbeiten |
| 9.00 - 10.00 Uhr | Hörgeräte-Check<br>Morgenkreis | Morgenkreis | Morgenkreis | Morgenkreis | |
| 10.00 - 12.00 Uhr | Einzelförderung/Einzelberatung<br>Gemeinsames Elterngespräch | Audiometrie/In-situ-Messungen<br>Einzelförderung/Einzelberatung | Audiometrie/In-situ-Messungen<br>Einzelförderung/Einzelberatung | Audiometrie/In-situ-Messungen<br>Einzelförderung/Einzelberatung | |
| 12.00 - 12.30 Uhr | Teambesprechung | | | | |
| 14.00 - 16.00 Uhr | Einzel- bzw. Gruppenrhythmik | Gemeinsame Gruppenaktivität | Bewegungsstunde | Gruppenrhythmik | |
| 19.00 - 21.00 Uhr | | Offener Elternabend | | | |

Tabelle 2: Wochenprogramm

### 2.1.2.3 Das komplementäre Verhältnis zwischen ambulanter und stationärer Frühförderung

Die inhaltliche Zielsetzung dieses hörgerichteten Förderkonzepts trifft zwar sowohl auf die mobile ambulante als auch auf die stationäre Frühförderung im Rahmen der Wechselgruppe zu, ist aber in der jeweiligen Zugehensweise auf die Familie nicht miteinander vergleichbar. Die Verschiedenartigkeit der jeweiligen Organisationsstrukturen beinhaltet eine unterschiedliche Frühfördersituation. Die Optimierung günstiger Hör- und Sprachentwicklungsbedingungen für das hörgeschädigte Kind in der Familie wird je nach Frühförderangebot aus einem anderen Blickwinkel heraus angestrebt, wobei sich unterschiedliche Vorzüge erkennen lassen:

In der mobilen ambulanten Frühförderung werden die häuslichen Bedingungen und Möglichkeiten der zusätzlichen Frühförderung im Bereich des Wohnortes der Familie bekannt. Das Kind kann in seinem sozialen Umfeld erlebt werden. Die interdisziplinäre Zusammenarbeit mit Ärzten, Akustikern und Logopäden wird erleichtert.

Während der stationären Frühförderung können sich Eltern, befreit von Alltagsbelastungen, leichter auf die Hör-Sprach-Situation ihres Kindes vertieft einlassen. Der Austausch und die gegenseitige Motivation mit ebenfalls betroffenen Eltern sowie eingehende Fallbesprechungen sind möglich. Hördiagnostische Maßnahmen und Gruppenförderung sind in einen Wochenaufenthalt gut zu integrieren.

Intensive, aufbauende, mehrtägige Förderung und Beratung in vierteljährlichen Abständen bewirkt einen Schub in der Hör-/Sprachentwicklung des hörgeschädigten Kindes.

## 2.1.3 Zukunftsorientierung

Frühförderung ist wie kaum ein anderer Bereich stets gezwungen, sich als „Vorreiter“ mit neuen pädagogischen, therapeutischen, medizinischen oder technischen Entwicklungen auseinander zu setzen. Häufig leistet sie Pionierarbeit für inhaltliche Veränderungen, die sich dann erst zeitlich versetzt auf die Institution Schule auswirken und übertragen.

Beispielhaft seien folgende Themenkomplexe genannt, mit denen sich die Frühförderung hörgeschädigter Kinder zukünftig auseinander setzen muss:

- Auseinandersetzung mit digitaler Hörgerätetechnologie, mit fortschreitender Cochlear-Implant-Technik, mit neuen audiometrischen Messmöglichkeiten,
- Erweiterung der diagnostischen Möglichkeiten,
- Kooperation mit und Öffnung hin zu pädagogischen Nachbarbereichen wie Integration, CI-Centren, Vorklassen, Grundschule,
- Steigerung der Beratungs- und Förderqualität durch Kompetenzerweiterung in Bereichen wie Gesprächsführung, Wahrnehmungspsychologie, Videoanalyse, Sprachentwicklungspsychologie, Kommunikationstheorie und Diagnostik.

## Literatur

DILLER, G. (1995). *Hörgerichtetheit und psychische Grundleistungen.* In: Hörgeschädigtenpädagogik 5. Heidelberg. 307-318.

DILLER, G. (1996). *Wie das Leben so klingt - Aspekte zur Didaktik des Hörens im Gehörlosen- und Schwerhörigenunterricht.* In: Hörgeschädigtenpädagogik 6. Heidelberg.

DRACH, M. (1993). *Frühförderung zwischen Annahme und Perspektive.* In: Hörgeschädigte Kinder 2.

FRERICHS, H.; NEPPERT, J. (Hrsg.) (1995). *Grundlagen und Modelle für den hörgerichteten Spracherwerb.* Villingen-Schwenningen.

HARTMANN, H. (1996). *Erwartungen der Bundesgemeinschaft der Eltern und Freunde hörgeschädigter Kinder e. V. an die Schulen für Schwerhörige mit Einbeziehung von Zukunftsperspektiven.* In: Hörgeschädigtenpädagogik 6. Heidelberg.

SPECK, O.; WARNCKE, A. (Hrsg.) (1989). *Frühförderung mit den Eltern.* 2. Auflage. München, Basel.

VEREINIGUNG FÜR INTERDISZIPLINÄRE FRÜHFÖRDERUNG E. V. (1991). *Familienorientierte Frühförderung, Dokumentation des 6. Symposiums Frühförderung (Hannover 1991).* München, Basel.

## 2.2 Pädoaudiologische Versorgung

WERNER MÖRLER

### 2.2.1 Grundsätzliches

Ausgehend von meiner täglichen Arbeit als Hörgeräteakustiker in der Schule für Hörgeschädigte möchte ich anhand zweier Fallbeispiele die Problematik der Hörgeräteversorgung bei Kindern und dabei auftretende Schwierigkeiten erläutern.

Bei einem Kleinkind erfolgen die Auswahl eines bestimmtes Hörgeräts und dessen individuelle Einstellung häufig mit Hilfe der BERA. Mit ihr kann das Hörvermögen von (noch) nicht zur aktiven Kooperation fähigen Kindern und Erwachsenen ohne jegliche Mitarbeit ermittelt werden. Man gibt hierbei kurze Clicks auf das Prüfohr. Mittels Oberflächenelektroden am Kopf des Probanden können nun Reaktionen von Hörnerv und Hirnstamm abgeleitet werden, die Rückschlüsse auf die Hörschwelle ermöglichen.

Aus den bei der BERA gewonnenen Ergebnissen resultieren Auswahl und Erprobung verschiedener Hörgeräte. Probleme bereitet jedoch die genaue Einstellung bezüglich Verstärkung, Begrenzung des Ausgangsschalldruckpegels, der Klangblende und diverser Regelungen. Da ein Säugling weder über Sprachschatz noch Hörerfahrung verfügt, kann er unmöglich die Einstellung von Hörgeräten beurteilen und sich auch nicht dazu äußern.

Im Gegensatz dazu kann ein Erwachsener durch jahrelange Hörerfahrung sehr wohl beurteilen, welche Hörgeräte ihm klanglich angenehm sind und die Sprache am deutlichsten übertragen. Außerdem kann er erwägen, ob Störgeräusche zu laut sind oder die Sprache gar verdecken. Somit gelangt man bei Erwachsenen durch gezielte ton- und sprachaudiometrische Hörtests und aktive Mitarbeit der Testperson leicht zu einem optimalen Ergebnis.

Allein auf der Basis der oben angeführten Gründe gestaltet sich eine optimale Erstversorgung bei Kleinkindern schwierig. Es ist daher eine enge Zusammenarbeit zwischen Kind, Eltern, Hörgeräteakustiker, der das Kind am Wohnort betreut, Pädagogen und Hörgeräteakustiker in der Schule sowie HNO-Klinik für einen gleitenden Anpassungsprozess dringend notwendig.

## 2.2.2 Hörgeräteversorgung beim Kleinkind: Fallbeispiel Stefan

Stefan (Name geändert) kam im Alter von 13 Monaten zu uns in die Frühförderung. Er wurde schon im Alter von 10 Monaten mit zwei Hörgeräten versorgt. Im Alter von 9 Monaten wurde eine Screening-Untersuchung bei einem HNO-Arzt durchgeführt, um festzustellen, ob ein Hörschaden vorliegt. Die Messung der Otoakustischen Emissionen (OAE) zeigte jedoch keinen Nachweis der evozierten Emissionen. - Dies ist ein Schnelltest für Säuglinge und Kleinkinder, bei denen durch Einsetzen einer Sonde in das Ohr die Eigengeräusche des Ohres gemessen werden können; sind keine OAE nachweisbar, so liegt wahrscheinlich eine Schwerhörigkeit von mehr als 30 bis 35 dB Hörverlust vor. - Es erhärtete sich der Verdacht einer vorliegenden Schwerhörigkeit. Zur genaueren Hörschwellenbestimmung wurde daraufhin in einer HNO-Klinik eine BERA-Untersuchung in leichter Narkose durchgeführt. Bis 100 dB konnten keine Potentiale ermittelt werden. Die Diagnose der Klinik lautete: an Taubheit grenzende Schallempfindungsschwerhörigkeit beiderseits.

Auf diese Angaben stützte sich nun die erste Hörgeräteversorgung. Es wurden drei Geräte in die engere Auswahl gezogen, die dann nacheinander für jeweils drei Wochen zum Probieren mit nach Hause gegeben wurden. Nach Ablauf dieser Probezeit befragte man Stefans Eltern, auf welches Hörgerät ihr Sohn am besten reagiert habe. Die Antwort war dann Grundlage für die Wahl eines bestimmten Hörgerätes. Da Stefans Eltern keine Erfahrungen mit einem hörgeschädigten Kind hatten, deuteten sie möglicherweise einige Reaktionen ihres Sohnes fehl, die nachher als Kriterien für die Hörgeräteanpassung verwendet wurden. So werden Reaktionen auch häufig aufgrund auftretender Störgeräusche, wie z. B. das Rücken eines Stuhles usw., hervorgerufen. Aus dem Hören dieser tieffrequenten Geräusche resultiert jedoch nicht gleichzeitig das Hören und Verstehen von Umgangssprache.

Für die optimale Versorgung einer Schwerhörigkeit benötigen wir unbedingt Geräte, die den Hauptsprachbereich verzerrungsfrei und ausreichend hochfrequent übertragen.

## 2.2.3 Hörgeräteüberprüfung

Bei Stefans erstem Besuch in der Frühförderung fand routinemäßig eine Hörgeräteüberprüfung statt. Solch eine Überprüfung bezieht sich auf folgende Punkte:

| | |
|---|---|
| 1. Optische Kontrolle der Geräte auf: | – Gehäusedefekt<br>– abgebrochene Schalter<br>– fehlende Trimmerabdeckung<br>– oxidierte u. verbogene Batteriekontakte<br>– ausgebrochene Batterielade<br>– durch Schmutz verschlossene Mikroöffnung |
| 2. Batterietest: | – mit einem speziell für Hörgerätebatterien geeigneten Batterietester |
| 3. Kontrolle der Hörgeräte mit einem Stethoclip (Abhörgabel): | – auf Kratzen, Krachen und Aussetzen des Lautstärkestellers bzw. Schalters<br>– Beurteilung des Eigenrauschpegels in Ruhe<br>– auf Qualität der Übertragung von Sprache, bez. auf Frequenzgang, d. h. Tonhöhe u. Verzerrung<br>– Feststellen von evtl. zeitweilig vorhandenen Aussetzern durch Ausüben von leichtem Druck auf das Gehäuse<br>– Hörgeräte sollten zusätzlich in der vom Kind getragenen Verstärkung abgehört werden, ggf. sollte das Stethoclip bei zu hoher Lautstärke des Hörgerätes mit Watte gedämpft werden. |
| 4. Kontrollieren der Hörgeräteeinstellung: | – Notieren der bisherigen individuellen Hörgeräteeinstellung als Sicherheit |
| 5. Winkel: | – Prüfen auf Einsatz von Filterwinkel, Kinder- oder Erwachsenenwinkel |
| 6. Messung des Stromverbrauchs: | – Vergleichen der Verbrauchswerte mit den Daten des Herstellers |
| 7. Potentiometerarretierung: | – Überprüfen der Feststellung des Lautstärkestellers |
| 8. Kontrolle der Hörgeräte mit Hilfe der Hörgeräteprüfkammer auf: | – Frequenzgang<br>– akustische Verstärkung<br>– maximalen Ausgangsschalldruckpegel<br>– Dynamikverhalten<br>– Verzerrung<br>– Diese Kontrolle sollte spätestens alle drei Monate erfolgen. |
| 9. Kontrolle der Otoplastik auf: | – Schallschlauchbeweglichkeit<br>– richtige Länge des Schallschlauches<br>– Schallschlauchstärke<br>– Nach spätestens acht Wochen sollte zur Vermeidung von Druckstellen durch Verhärtung der Schallschlauch erneuert werden. |

Tabelle 1: Hörgeräteüberprüfung

Die Hörgerätedaten werden mit Hilfe spezieller Computerprogramme bzw. auf einem Datenübersichtsbogen erfasst (Abbildung 1).

| | |
|---|---|
| **Name:** | **Gruppe/Klasse:** |
| **Vorname:** | **HNO-Klinik:** |
| **geb.:** | **Hörgeräteakustiker:** |

| | | rechts | | | | | links | | | | |
|---|---|---|---|---|---|---|---|---|---|---|---|
| Diagnose | | | | | | | | | | | |
| ERA/BERA | | | | | | | | | | | |
| Hörgerät | | | | | | | | | | | |
| Gerätenummer | | | | | | | | | | | |
| Datum | | | | | | | | | | | |
| Einst. | LAmax | | | | | | | | | | |
| | Vak | | | | | | | | | | |
| | PC | | | | | | | | | | |
| | SSPL | | | | | | | | | | |
| | TC | | | | | | | | | | |
| | LC | | | | | | | | | | |
| | HC | | | | | | | | | | |
| | GC | | | | | | | | | | |
| | TK | | | | | | | | | | |
| | Richtm. | | | | | | | | | | |
| | sonst. | | | | | | | | | | |
| | Poti. | | | | | | | | | | |
| Otopl. | Schale | | | | | | | | | | |
| | Ring | | | | | | | | | | |
| | sonst. | | | | | | | | | | |
| | weich | | | | | | | | | | |
| | hart | | | | | | | | | | |
| | kombi. | | | | | | | | | | |
| | Zubo. | | | | | | | | | | |
| | Horn. | | | | | | | | | | |
| Winkel | Standa. | | | | | | | | | | |
| | Kinder. | | | | | | | | | | |
| | Filter. | | | | | | | | | | |

Abbildung 1: Datenübersichtsbogen zur Erfassung der Hörgerätedaten

Gleichzeitig werden Empfehlungen zur Pflege der Hörgeräte gegeben (Tabelle 2).

| | |
|---|---|
| 1. Reinigung: | – Schwitzwasser mit Puste entfernen<br>– Ohrpaßstücke einmal wöchentlich in dafür vorgesehener Spezialflüssigkeit reinigen |
| 2. Erneuerung der Otoplastik: | – bei auftretenden Rückkopplungen<br>– spätestens nach einem Jahr Tragedauer |
| 3. Materialwahl für die Otoplastik bei Kindern: | – weich, wegen geringerer Verletzungsgefahr und besserer Abdichtung |
| 4. Trockenbeutel: | – bei stärkerem Schwitzen täglich verwenden |

Tabelle 2: Pflege der Hörgeräte

Bei Stefan zeigte die Erfassung der Hörgerätedaten eine maximal gewählte tieftönige Einstellung sowie eine Begrenzung des maximalen Ausgangsschalldruckpegels von 125 dB, gemessen mit dem Kinderkuppler.

Der genannte Kuppler entspricht einem Kunstohr und hat eine Größe von 0,6 $cm^3$. Als Norm für Erwachsene wird ein 2 $cm^3$ Kuppler verwendet. Bei gleicher Einstellung der Geräte wird mit dem Kinderkuppler eine 10 dB größere Verstärkung erreicht.

### 2.2.4 Audiometrische Untersuchungen

Die Otoskopie (Kontrolle des Gehörgangs auf Cerumen und des Trommelfells hinsichtlich Farbe, Rötung, Defekten und Narben) ergab keine Auffälligkeiten, so dass ein zusätzlicher Schallleitungsanteil, z. B. durch einen Ceruminalpfropf (Verschluss des äußeren Gehörgangs), auszuschließen war.

Anschließend folgte an mehreren Tagen eine Freifeldaudiometrie. Bei diesen Messungen wurde Stefan über Lautsprecher ein gewobbelter frequenzmodulierter Ton angeboten. Das ebenfalls zur Verfügung stehende Schmalbandrauschen sollte nur zur Aufmerksamkeitssteigerung eingesetzt werden, da in den meisten Audiometern das Schmalbandrauschen keine optimale Flankensteilheit besitzt und so frequenzübergreifend wirkt.

Es wurde eine Tieftönigkeit durch eine 10 dB größere Verstärkung des 500 Hz Tones im Vergleich zum 1 kHz Ton deutlich, was einen Verdeckungseffekt der Hauptsprachinformation in geräuschvoller Umgebung zur Folge hat. Dies erklärt auch die ablehnende Haltung Stefans gegenüber den Hörgeräten, z. B. während einer Autofahrt oder an verkehrsreichen Straßen.

Weiterhin lag ein zu großer Abfall der hohen Töne durch eine Reduzierung der Hochtonverstärkung der Hörgeräte vor. Daraus resultiert auch die fehlende Wahrnehmung des für die Klangfarbe der Sprache entscheidenden hochfrequenten Bereiches von 3 bis 4 kHz.

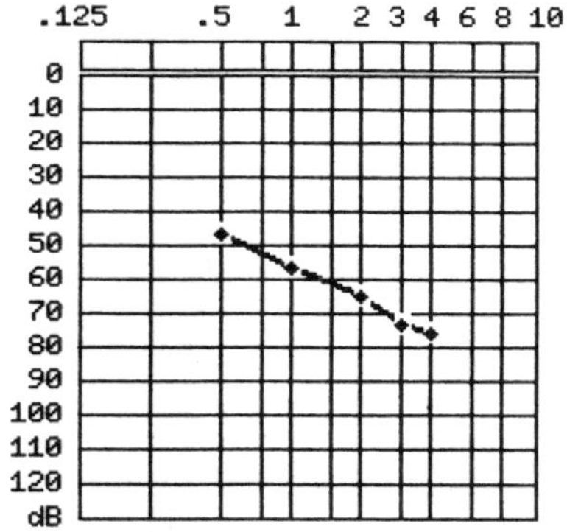


Abbildung 2: Aufblähkurve mit beiden Hörgeräten

In Absprache mit der HNO-Klinik und dem zuständigen Akustiker wurde die Hörgeräteeinstellung verändert. Dies geschah unter Absenkung der tiefen Frequenzen, um einen besseren Signal-Rauschabstand zu erhalten. Da kein Recruitment (Lautheitsausgleich) vorlag, wurden die Hörgeräte auf 130 dB Ausgangsschalldruckpegel am Kinderkuppler begrenzt. Dadurch sollte eine unnötige Verzerrung, die jede zu starke Begrenzung hervorruft, vermieden werden. Durch das Absenken der tiefen Frequenzen erhielten wir zusätzlich eine Verstärkungsreduzierung, hervorgerufen durch den Drehpunkt der Klangblende bei 3 kHz. Im Idealfall sollte eine Klangblende einen Drehpunkt bei 1 kHz besitzen. Wir versuchten, das oben genannte Defizit durch Aufdrehen des Potentiometers zu kompensieren.

Stefan akzeptierte die neue Einstellung seiner Hörgeräte besser. Es zeichneten sich recht bald eine höhere Akzeptanz gegenüber Störgeräuschen und eine schnellere Reaktion auf Zurufe ab.

Nach ca. drei Monaten wurden weitere Höruntersuchungen durchgeführt.

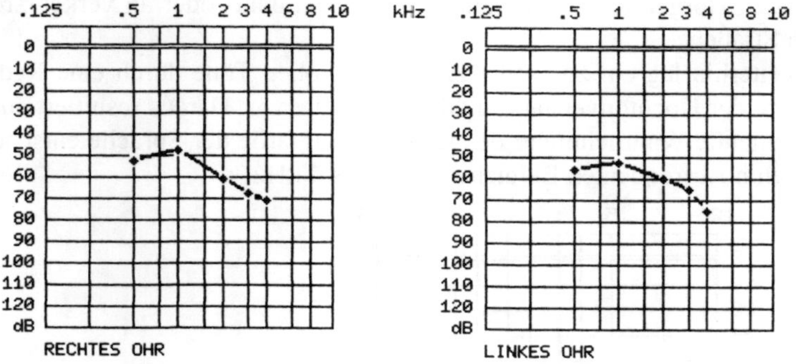


Abbildung 3: Getrennte Aufblähkurve mit veränderter Hörgeräteeinstellung

Es zeigte sich, dass es sich trotz veränderter Hörgeräteeinstellung um noch keine optimale Hörgeräteversorgung handelte.

Eine zusätzlich durchgeführte Tympanometrie ergab keine Auffälligkeiten. Die Tympanometrie ist ein Verfahren, das zur Überprüfung der Mittelohrfunktion dient. Sie gibt Aufschluss über die Schwingungsfähigkeit des Trommelfells und der Gehörknöchelchen (akustischer Widerstand). Im Verlauf der Messung wird der Gehörgang mit einem Sondenstöpsel luftdicht verschlossen. Im äußeren Gehörgang wird zunächst ein Unterdruck von - 200 daPa erzeugt und anschließend über 0 bis + 200 daPa geregelt. Während des Nulldurchganges erreicht das Trommelfell seine größte Compliance (Nachgiebigkeit).

## 2.2.5 Neue Hörgeräte werden ausgewählt

Bei der Auswahl der neuen Hörgeräte waren folgende Parameter wichtig:
- hohe Verstärkung (Push Pull),
- lineare Übertragungscharakteristik,
- wirkungsvolle Tiefenabsenkung, d. h. Drehpunkt bei 1.000 Hz, nicht bei 3.000 oder 4.000 Hz,
- Übertragung des 3,3 kHz-Peaks zum Ausgleich der Gehörgangsresonanz,
- gute Übertragung des Hochtonbereichs ohne Abfall bereits bei 3 kHz,
- möglichst paralleler Verlauf der Frequenzkurven von 60 dB zu 90 dB,
- Audioeingang zur späteren Ankopplung an eine FM-Funkübertragungsanlage,
- Arretierung der Lautstärkesteller,
- ausreichende Begrenzungsmöglichkeit ohne Verstärkungsverlust,

- Kinderwinkel,
- gezielter Filtereinsatz zur Beschneidung eventuell vorhandener Resonanzspitzen,
- Batteriesicherung.

Als Otoplastik wurde eine weiche Schale aufgrund der besseren Abdichtung und der geringeren Verletzungsgefahr angefertigt. Außerdem sollte die Otoplastik mit einem durchgezogenen, dickeren Schallschlauch ausgestattet sein, um Resonanzsprünge zu verringern, unnötige Verzerrungen zu vermeiden und die Rückkopplungsneigung zu unterdrücken.

Generell ist zu beachten, dass bei Schwerhörigkeiten bis 90 dB durchschnittlichem Hörverlust und ausreichendem Gehörgangsdurchmesser in jedem Fall ein Schallschlauch mit Horn-Effekt zum Einsatz kommen sollte. Dadurch ist eine zusätzliche Verstärkung im 2 bis 4 kHz-Bereich zu erreichen, um den Verlust der open ear gain (Offenohrverstärkung) zu kompensieren.

In der Hörgeräteprüfkammer fand unter Verwendung des Kinderkupplers die Voreinstellung der Hörgeräte statt. Anschließend wurden die Hörgeräte mit Hilfe der In-situ-Messung kontrolliert. Bei diesem Verfahren handelt es sich um eine Sondenmikrophonmessung im Gehörgang des jeweiligen Hörgeräteträgers. Ziel dieser Messung ist es, den Schall zu messen, der tatsächlich von dem Hörgerät in Verbindung mit der Otoplastik auf das Trommelfell abgestrahlt wird. Dies geschieht besonders im Hinblick auf Frequenzverlauf, vorhandene Resonanzspitzen und eine ausreichende Begrenzung, denn je geringer das Restvolumen im Gehörgang ist, desto größer ist der Schalldruck vor dem Trommelfell. Eine Halbierung des Restvolumens bewirkt einen Anstieg um 6 dB, d. h., es findet eine Lautstärkenverdopplung statt. Ein Kuppler, wie er zur Voreinstellung des Hörgerätes eingesetzt wurde, kann dem Anspruch der oben genannten Gegebenheiten nicht gerecht werden. Er gibt die Eigenschaften eines Hörgerätes nur unvollkommen wieder, da er die individuellen Gehörgangsresonanzen, bedingt durch unterschiedliches Restvolumen im Gehörgang, sowie die Wirkung der individuellen Otoplastik und der Schallschläuche nicht erfassen kann.

Der genaueste Bereich der In-situ-Messung umfasst die Frequenzbreite von 1 bis 2,5 kHz. Im Bereich unterhalb 1 kHz können große Abweichungen von der Frequenzkurve, bedingt durch den Sitz der Otoplastik aufgrund der Sondenschlauchführung, auftreten. Bei hochverstärkenden Hörgeräten ist die Rückkopplungsgefahr durch den Sondenschlauch besonders gegeben. Oberhalb der 2,5 kHz-Grenze erfolgen ebenfalls große Abweichungen von der Frequenzkurve. Es sind nur Tendenzen des Kurvenverlaufes sowie Resonanzspitzen erkennbar.

Die Verwendung einer der bei Erwachsenen üblichen Anpaßmethoden - z. B. HV/2, Pogo, Berger, NAL oder Libby - war bei Stefan jedoch nicht möglich. Diese Verfahren sind nur bei Erwachsenen einsetzbar und beziehen sich auf eine genau ermittelte tonaudiometrische Hörschwelle.

Eine Kontrolle der Hörgeräteeinstellung mit Hilfe der Aufblähkurve ergab eine derzeit optimale Einstellung und deutliche Verbesserung gegenüber der alten Hörgeräteversorgung.

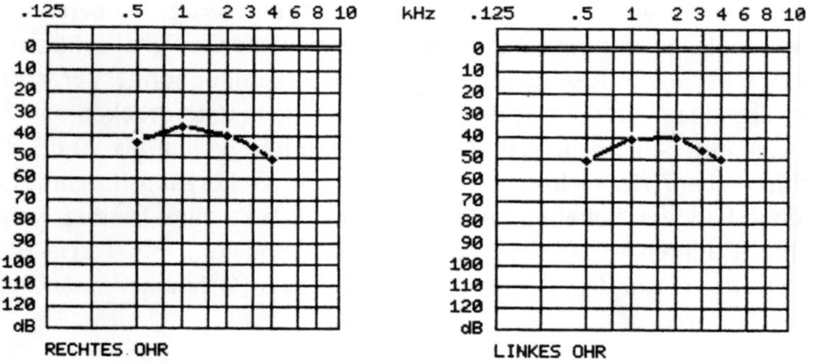


Abbildung 4: Aufblähkurve nach neuer Hörgeräteversorgung

Als Stefan ca. drei Jahre alt war, konnte eine Hörschwelle mit Kopfhörer ermittelt werden. Durch diese Messung wurde eine direkte Beurteilung zwischen Aufblähkurve und Hörschwelle möglich.

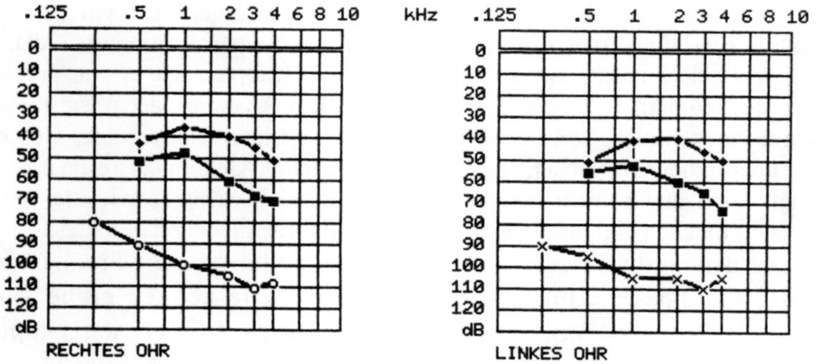


Obere Kurve: Aufblähkurve mit neuen Hörgeräten
Mittlere Kurve: Aufblähkurve mit alten Hörgeräten
Untere Kurve: Hörschwelle

Abbildung 5: Verhältnis zwischen Hörschwelle und Aufblähkurve

## 2.2.6 Sprachaudiometrische Untersuchungen

Als Stefan vier Jahre alt war, begannen wir mit sprachaudiometrischen Untersuchungen. Hierbei verwendeten wir den Göttinger Kindersprachverständnistest Teil I. Bei diesem Test wird das Sprachverständnis von einsilbigen Begriffen aus dem Grundwortschatz eines Kleinkindes getestet. Das Kind hört im Freifeld mit beiden Hörgeräten verschiedene Wörter. Aufgrund ihm vorliegender Bilder, die lautlich ähnliche Begriffe zeigen, muss es die richtige Wort-Bild-Zuordnung treffen. Das hierbei entstandene Testprotokoll liefert wertvolle Aussagen für eine weitere Optimierung der Hörgeräteeinstellung.

Der Göttinger Kindersprachverständnistest liefert eine Aussage über das Dynamikverhalten der Hörgeräte. Es wird ein optimales Sprachverständnis bei einer Lautstärke von 65 dB (Umgangssprache) erwartet. Dennoch wird in einer weiteren Testphase auch mit einer Lautstärke von 80 dB getestet, ob das Kind diese toleriert. Erhöht sich das Sprachverständnis bei 80 dB wesentlich gegenüber der Messung bei 65 dB, so liegt eine zu geringe Hörgeräteverstärkung vor.

## 2.2.7 Der Einsatz einer FM-Anlage

Bei Störschall wurde deutlich, welche Auswirkungen Störgeräusche auf das Sprachverständnis bei Stefan haben. Sein optimales Sprachverständnis von 80 % bei einer Lautstärke von 65 dB fiel durch das Einblenden eines Störgeräusches von 60 dB auf 40 % ab. Um dieses Defizit auszugleichen, erfolgte die Zusatzversorgung mit einer FM-Anlage, die aus einem Sender mit Mikrophon und einem Empfänger, der über ein Kabel mit dem Audio-Eingang der Hörgeräte verbunden ist, besteht. Mit Hilfe dieser Anlage wird der Sprachabstand reduziert. Dabei treten folgende Vorteile auf:

- Überbrückung der Entfernung
- Minderung der Störgeräusche
- Vermeidung von Nachhallen der Sprecherstimme

Vor der Benutzung einer FM-Anlage sollte deren richtige Einstellung mit Hilfe einer Hörgeräteprüfkammer erfolgen. Die Lautstärkeeinstellung der Höranlage allein in die Hand des Kindes zu geben und sie von dessen Empfindung abhängig zu machen, kann keinesfalls von Vorteil sein. Eine regelmäßige Überprüfung der FM-Anlage ist unerlässlich. Häufige Fehlerquellen der Anlage sind gebrochene Y-Kabel, ausgeleierte Audioschuhe, abgeklebte oder oxidierte Audiokontakte sowie verbrauchte Akkus.

## 2.2.8 Vorteile digital programmierbarer und digital arbeitender Hörgeräte für Kinder

Das nächste Fallbeispiel beschäftigt sich mit Susanne (Name geändert). Sie kam im Alter von acht Jahren in unsere Schule. Ihre Schwerhörigkeit zeichnete sich zwischen 80 und 90 dB ab. Die letzte Hörgeräteversorgung lag ca. zwei Jahre zurück. Susanne wurde damals mit zwei digital programmierbaren Hörgeräten versorgt. Eine von uns durchgeführte Audiometrie zeigte folgendes Ergebnis.

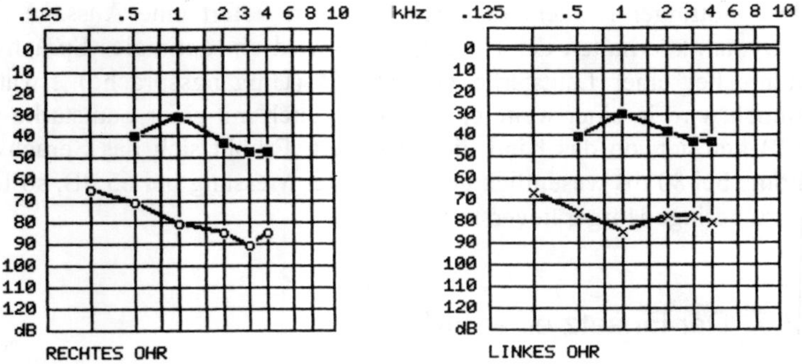


Obere Kurve: Aufblähkurve
Untere Kurve: Hörschwelle

Abbildung 6: Darstellung von Hörschwelle und Aufblähkurve

Die ermittelte Aufblähkurve machte eine Überhöhung des 1 kHz-Tones deutlich. Mit Hilfe eines speziellen akustischen Filters, der im Hörwinkel des Hörgerätes platziert wurde, konnte diese Resonanzspitze geglättet werden. Dadurch erhielten wir eine ausgeglichenere Frequenzübertragung. Häufig sind solche Resonanzspitzen auch für ein ständiges Rückkopplungspfeifen verantwortlich.

Bei einer weiteren Messung der Aufblähkurve wurde ein zu großer Abfall der hohen Frequenzen ersichtlich. Dies versuchten wir einerseits durch Anhebung der Verstärkung im Hochtonbereich und andererseits durch den Einsatz eines Schallschlauches mit Horn-Effekt im Ohrpaßstück zu kompensieren.

Eine weitere Verbesserung können digital arbeitende Hörgeräte bringen. Durch diese neue Technik wird eine noch präzisere Anpassung an die jeweilige Schwerhörigkeit ermöglicht. Der akustischen Rückkopplung kann durch die digitale Technik besser entgegen gesteuert werden. Recruitment-Schwerhörigkeiten können durch gezielte Rechenoperationen der digitalen Prozessoren im Hörgerät besser versorgt und Störgeräusche stärker unterdrückt werden.

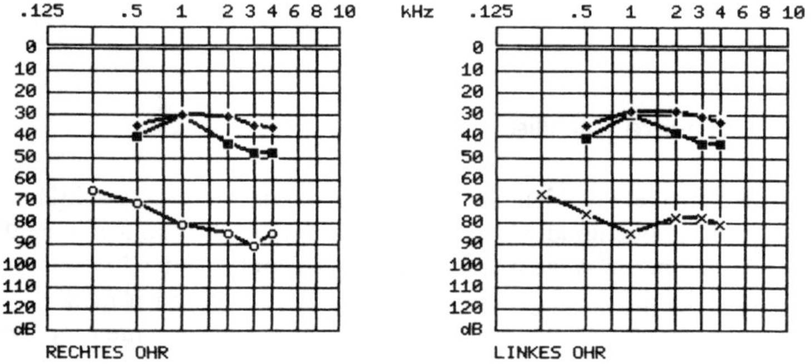


Obere Kurve: Aufblähkurve mit neuer Hörgeräteeinstellung
Mittlere Kurve: Aufblähkurve mit alter Hörgeräteeinstellung
Untere Kurve: Hörschwelle

Abbildung 7: Verhältnis zwischen Hörschwelle und Aufblähkurve

Ein positiver Nebeneffekt ist die Miniaturisierung dieser verbesserten Hörgeräte. Durch die Verkleinerung der Hochleistungsgeräte wird ein besserer Tragekomfort gerade für Kleinkinder ermöglicht.

## Literatur

BAGUS, R. (1989). *Hörgeräteanpassung bei Kleinkindern.* In: Newsletter/Nachrichten, Nr. 37. 23-35.

BÖHME, G., WELZL-MÜLLER, K. (1993). *Audiometrie: Hörprüfungen im Erwachsenen- und Kindesalter; ein Lehrbuch.* 3., überarb. u. erw. Aufl. Bern, Göttingen, Toronto, Seattle.

DRACH, M., MÖRLER, W. (1993). *Praktische Audiometrie in den Schulen für Gehörlose und Schwerhörige.* In: BDH, 30 Jahre Arbeitstagung für Hörerziehung. Tagungsbericht 1992/93. Burg Feuerstein. 207-219.

EITNER, J. (1996). *Schulaudiometrie - Audiometrie, die Schule macht.* In: Hörakustik Jg. 31, Nr. 2. 4-14.

LEHNHARDT, E. (1987). *Praxis der Audiometrie.* Stuttgart, New York.

PLATH, P. (1993). *Lexikon der Hörschäden.* Heidelberg.

VONLANTHEN, A. (1995). *Handbuch der Hörgerätetechnik.* Heidelberg.

## 2.3 Eltern erziehen ihr Kind - Ein Erfahrungsbericht

DIETMAR UND DORIS WÄSS

### 2.3.1 Unsere Familie

In diesem Artikel erzählen wir die Geschichte unseres heute achtjährigen, von Geburt an hochgradig hörgeschädigten Sohnes Kevin. Kevin ist unser drittes Kind und im August 1988 geboren. Michelle, seine 2¾ Jahre ältere Schwester, ist die Zweitgeborene. Von ihr wird auch noch mehrmals die Rede sein. Sibyll, unsere erste Tochter, wurde 1983 als mehrfachbehindertes Kind geboren und starb ein Jahr später an ihrer schweren Krankheit. Sie hat die Zeit, von der in diesem Artikel die Rede sein wird, nicht mehr erlebt. Sicherlich war und ist unser gesamtes Denken und Handeln auch heute noch maßgeblich geprägt von den Erfahrungen dieser Zeit mit unserer ersten Tochter.

Meine Frau war 27 Jahre alt, als Kevin zur Welt kam. Ein Jahr nach Kevins Geburt wurde sie wieder teilzeit-berufstätig, was auch heute noch zutrifft.

Ich war bei Kevins Geburt gerade 30 Jahre alt. Ich arbeite als Ingenieur in einem nahe gelegenen mittelständischen Industrieunternehmen. Während all dieser Jahre habe ich stets versucht (was meine Frau stark bezweifelt!), viel Zeit für Familie und Kindererziehung aufzubringen, bei fast allen wichtigen Terminen mit Kevin bin ich dabei gewesen.

Wir wohnen auf dem Land, in einem kleinen 700-Seelen-Dorf, das noch zu einem Großteil landwirtschaftlich geprägt ist. Die Großeltern unserer Kinder leben alle in der näheren Umgebung, ein Großelternpaar im Nachbarhaus, die anderen im Nachbarort.

### 2.3.2 Kevin ist praktisch taub

Nach einer unbekümmerten und relativ sorglosen Schwangerschaft folgte die ebenso reibungslose ambulante Geburt Kevins. Kevin war ein sehr ausgeglichenes Baby, das fast nichts aus der Ruhe bringen konnte. Selbst bei Besuch und entsprechendem Lärm im Haus schlief er tief und fest. Dies wunderte uns schon ein wenig. Auch beim Stillen und einem plötzlichen lauten Geräusch war Kevin überhaupt nicht schreckhaft. Erste richtige Zweifel hatte meine Frau im 5. Lebensmonat, als Kevin nach wie vor keine Reaktion auf Zuruf zeigte. Eine Lallphase war zwar im Ansatz vorhanden gewesen, verstummte aber auch recht schnell wieder. Wir suchten und fanden zu dieser Zeit Erklärungen für dieses ungewöhnliche Verhalten Kevins, wieder und wieder trösteten wir uns damit, dass wir uns sagten „Es wird schon noch werden“. Das Unbehagen steigerte sich jedoch ständig. Insbesondere meiner Frau fiel es schwer, sich damit abzufinden. Ich war zu dieser Zeit nach wie vor der Beschwichtiger und wollte abermalige unangenehme Dinge wohl einfach nicht an mich heranlassen. Es ging immer weiter so, wir machten die üblichen Fingerschnipp-Tests und Ähnliches - mal mit und mal ohne Erfolg. Wir waren nun permanent hin- und hergerissen. „Stimmt hier etwas nicht? Ach Quatsch, wir sind mittlerweile schon völlig hysterisch und sehen Gespenster.“

Im Rahmen einer U-Untersuchung beim Kinderarzt sprach meine Frau das Thema an, doch auch der Arzt machte den obligatorischen Fingerschnipp-Test und Kevin reagierte. Das Unbehagen steigerte sich jedoch weiter. Wir führten mehrere Wochen lang verschiedene Tests durch, die uns mal beruhigten und mal beängstigten. Im 7. Lebensmonat machten wir den „Staubsauger-Test“ als Kevin schlief - wieder keine Reaktion!

Auslöser für den ersten gezielten Kinderarzt-Termin in dieser Sache war schließlich ein Düsenjäger, der im 8. Monat über unser Haus donnerte, als wir gerade im Hof waren. Kevin hatte wieder nicht reagiert, sah nur anschließend etwas suchend umher, möglicherweise hatte er irgendwelche Vibrationen wahrgenommen. Der Kinderarzt überwies Kevin an einen HNO-Arzt in unserer Nähe. Dieser führte verschiedene Tests durch und machte anschließend einen sehr skeptischen Eindruck, ohne meiner Frau etwas Konkretes sagen zu wollen oder zu können. Wir ahnten bereits nichts Gutes. Der HNO-Arzt überwies Kevin an die Abteilung Phoniatrie und Pädaudiologie der Philipps-Universität in Marburg. 14 Tage vor Kevins erstem Geburtstag stellten wir Kevin in Marburg vor. Wieder wurden einige Tests und schließlich eine BERA-Computerhörpüfung durchgeführt. Wir zitterten vor Angst! Die Diagnose erfuhren wir noch am gleichen Tag: Praktische Taubheit beiderseits. Im Frequenzbereich zwischen 250 und 4.000 Hz konnten keine Hörreaktionen festgestellt werden bis 100 dB Lautstärke! Wir waren zutiefst erschüttert und unendlich traurig.

Wir fragten uns, wieso wir noch einmal einen so schweren Schicksalsschlag auferlegt bekommen müssen. Wieso schon wieder wir, was haben wir verbrochen? War es nicht ausreichend, was wir mit unserem ersten Kind an schlimmen Dingen erleben mussten? Es folgten Tage der Verzweiflung und Trauer. Die Tatsache, dass wir gerade zu dieser Zeit für 14

Tage Besuch von Bekannten aus Australien bei uns hatten, erleichterte die Sache keineswegs, denn wir versuchten (wieso eigentlich?) unsere Trauer zu verbergen. Es ist schlimm, wenn man so verzweifelt ist und nur heimlich weinen möchte! Vielleicht war es auch einfach die Angst, zu viel von unserer Trauer herauszulassen und nicht mehr stoppen zu können.

Ich erinnere mich, dass wir in diesen Tagen mit dem Kinderwagen am Fußballplatz spazieren gingen. Die jüngsten Buben hatten gerade Training bei einem Freund von mir. Mir wurde in diesem Moment klar, dass Kevin wohl niemals den Pfiff des Schiedsrichters oder den Zuruf eines Mitspielers würde hören können. Ein weiterer Traum von mir, dass Kevin vielleicht auch mal ein guter Fußballer werden könnte, zerplatzte somit. Ich hätte schreien können.

Meine Frau erzählte mir später, dass einer der schlimmsten Gedanken für sie war, dass sie Kevin wohl niemals ein Buch vorlesen könnte. Michelle hatte immer unendliche Freude beim Vorlesen gehabt, manche Bücher haben wir ihr vielleicht 50-mal vorgelesen, und jedes Mal hatte sie ein wenig mehr davon verstanden. Der Gedanke, dass all dies bei Kevin wohl nicht möglich sein würde, tat furchtbar weh. Wie sollte er bloß Dinge in seinem Leben verstehen lernen? Wie sollten wir ihm die vielen tausend Zusammenhänge unseres täglichen Daseins erklären?

Wir hatten zwar einiges an Informationsmaterial aus der Klinik mitbekommen und gelesen, doch die wahren Konsequenzen wussten wir zu diesem Zeitpunkt sicherlich nicht hinreichend einzuschätzen. Wir hatten viele negative Gefühle, und die Tatsache, dass Kevin Hörgeräte bekommen sollte, verstanden wir nicht so recht. Was sollte ein gehörloses Kind mit Hörgeräten?

In unserem Dorf lebte damals ein älterer, relativ hilfloser, taubstummer Mann, den ich schon seit meiner Kindheit kannte. Ich fürchtete damals, dass Kevin auch taubstumm werden und niemals ein selbständiges Leben führen könnte.

Es waren sehr schlimme Tage für uns, in denen viele Zukunftsträume reihenweise wie Seifenblasen platzten. Wir durchlebten wieder die erste Phase der uns schon von früher bekannten Trauerspirale mit Ohnmacht, Ärger, Wut und Resignation. Doch diese Phase war relativ kurz. Uns waren viele Gefühle schon sehr bekannt. Insbesondere meine Frau hatte sich durch den Tod unserer ersten Tochter sehr mit dem Thema „Trauer“ beschäftigt. Sie hatte viel darüber gelesen und immer versucht, auch mich zu informieren. Wir spürten erstmalig hautnah, dass wir durch unsere bisherigen bitteren Lebenserfahrungen auch einen Vorteil hatten. Dieser Vorteil war, dass die Realität uns schon innerhalb von nur ein bis zwei

Wochen wieder einholte, und wir begannen, uns konstruktiv mit dem Thema auseinander zu setzen.

Wir waren jetzt schon annähernd bereit, uns der Behinderung unseres Sohnes zu stellen und „in die Hände zu spucken", um das Beste aus unserer Situation zu machen. Nach nur wenigen Tagen vereinbarten wir bereits einen Termin in der Wechselgruppe der Gehörlosenschule Friedberg, um uns weitergehend zu informieren.

Es wurde uns mehr und mehr klar, dass Kevin schließlich „nur" gehörlos war, was nüchtern betrachtet im Vergleich zu dem Syndrom unseres ersten Kindes eigentlich nur eine Kleinigkeit ist. Wir hatten die Chance, mit diesem ansonsten lebhaften, glücklichen und gesunden Kind durch entsprechende Förderung wirkliche Fortschritte im praktischen Lebensalltag zu erzielen. Unsere Bemühungen, so hofften wir, würden schließlich belohnt werden - dies hat sich später auch wirklich bewahrheitet.

Bei unserem Termin in Marburg waren uns bereits zwei verschiedene Hörgerätetypen empfohlen worden. Wir sollten uns diese Hörgeräte von einem Akustiker unserer Wahl besorgen lassen und mit Kevin ausprobieren. Dies war alles neu für uns und schien im Alltag kaum zu bewältigen zu sein. Wir wussten weder, wie so ein Hörgerät funktioniert, noch wozu man erst ein so genanntes „Ohrpaßstück" besorgen musste. Unsere größte Angst zu diesem Zeitpunkt war, dass Kevin möglicherweise überhaupt kein Restgehör besitzen könnte. Außerdem fürchteten wir, dass so ein kleines Kind diese Fremdkörper ohnehin nicht an sich dulden und sofort herunterreißen würde. Wir hatten Angst davor, irgendwelche Zwangsmaßnahmen ergreifen zu müssen. Das war ein furchtbarer Gedanke.

An die Phase des Ausprobierens der Hörgeräte erinnere ich mich noch heute recht genau. Einerseits hatten wir einen sehr kleinen und unauffälligen Gerätetyp mitbekommen, das andere Paar war wesentlich größer und sollte auch etwas leistungsfähiger sein.

Wir wussten, dass die richtige Auswahl eines Hörgerätetyps sehr entscheidend für Kevins Zukunft sein würde und wollten dies nicht dem Zufall überlassen. Vom Gefühl her hätten wir uns gerne sofort für die kleineren Geräte entschieden. Schließlich war Kevin erst zwölf Monate alt und sein Kopf und seine Ohren entsprechend klein. Dennoch konnte dies nicht das alleinige Kriterium sein.

Unsere Aufgabe war, beide Gerätetypen über einige Wochen auszuprobieren und genau auf die Reaktionen unseres Kindes zu achten. Dabei, so hatte uns die freundliche Dame in Marburg erklärt, würden wir wahrscheinlich Unterschiede in Kevins Wahrnehmungen feststellen. Diese sollten uns letztlich zeigen, mit welchen Geräten er akustische Signale besser aufnehmen könnte.

Wir beteten und hofften, dass Kevin noch Hörreste hat und er mit Hilfe dieser Hörgeräte etwas hören würde!

Ich muss gestehen, dass wir heute nach fast sieben Jahren nicht mehr genau wissen, wie wir damals in diesen Tagen konkret bei unseren Versuchen vorgegangen sind. Eines weiß ich jedoch noch ganz genau: Da wir nicht so recht weiterkamen in unserer Entscheidung, machte ich einen Selbsttest. Mit einem Stethoskop hörte ich die verschiedenen Geräte ab und kam schließlich zum Schluss, dass Geräusche und Sprache beim großen Gerätetyp besser verständlich waren als beim kleineren Typ. Dies leuchtete mir auch technisch ein, denn ein räumlich größerer Lautsprecher hat einfach mehr Klangreserven als ein kleinerer.

Ich dachte mir, dass meine Höreindrücke auch auf Kevin übertragbar seien, denn wenn ich als Normalhörender schon Klangunterschiede feststellen würde, mussten diese bei Kevins eingeschränktem Gehör auch irgendwie bemerkbar sein.

Meine Frau und ich sprachen uns ab. Wir wollten Kevin das bestmögliche Klangbild bieten, um ihm nicht von vornherein schon Verluste mit auf den Weg zu geben. Wir wählten somit recht schnell den größeren Hörgerätetyp aus, der im Übrigen auch umfangreichere Feineinstellungsmöglichkeiten bot. Beim Akustiker bestellten wir auf eigene Kosten knallrote Hörgerätegehäuse. Unsere Absicht war, dass wir die Geräte einerseits bei einem möglichen Verlust möglichst schnell wieder finden würden, andererseits wollten wir, dass fremde Menschen schnell erkennen sollten, dass Kevin Hörgeräteträger ist und sich entsprechend auf ihn einstellen können. Auch hatten wir in unserem bisherigen Leben die Erfahrung gemacht, dass eine Behinderung - egal welcher Art - nicht versteckt werden soll.

Unsere erste Hürde hatten wir jetzt genommen, und wir machten erst einmal für 14 Tage Badeurlaub. Wir hatten es geschafft, Kevin wenige Tage vor seinem 1. Geburtstag mit Hörgeräten zu versorgen.

### 2.3.3 Kevin lernt hören und sprechen

Im Laufe der nächsten Tage wurde klar: Kevin konnte etwas hören! Wir freuten uns und waren erleichtert. Wir boten ihm allerlei verschiedene Geräusche an und konnten mehr und mehr Hörreaktionen feststellen. Es machte sich Hoffnung in uns breit.

Kurz nach unserem Urlaub hatten wir einen Info- und Schnuppertermin in der Wechselgruppe in Friedberg. Wir waren irgendwie erleichtert, dass wir nun eine Anlaufstelle ganz in unserer Nähe hatten, die uns helfen konnte. Außerdem war es eine Riesenberuhigung, dass wir jetzt einen kompetenten Menschen gefunden hatten, der bestätigen konnte, dass Kevin hört. Irgendwie hatte ich die ganze Zeit meinen eigenen Beobachtungen noch nicht so recht glauben können.

Wir erfuhren, dass es wichtig ist, Kevin ständig Geräusche und Ansprache zu bieten. Sein Gehör sollte auf diese Weise trainiert werden, und sein Gehirn musste lernen, die Informationen richtig zu verarbeiten. Er sollte unsere Stimmen kennen lernen, und er sollte lernen, bestimmten Dingen Begriffe zuzuordnen, z. B. Traktor, Kuh, Licht usw. Wir sollten zukünftig deutlich, rhythmisch und melodisch sprechen und stets darauf achten, dass möglichst keine Störgeräusche vorhanden sind.

Wieder zu Hause angekommen verteilte ich kleine Informationszettel der Wechselgruppe mit einigen wichtigen Punkten zum Thema „Umgang mit hörgeschädigten Kindern“ unter den Nachbarn und Verwandten. Wir wollten, dass möglichst alle Menschen in unserem Lebensumfeld schnell über Kevins Behinderung informiert werden und Tipps für den Umgang mit ihm erhalten. Dies hätte außerdem den Vorteil, so hofften wir, dass wir nicht ständig die gleichen Erklärungen abzugeben hätten.

Jetzt, wo wir einen „roten Faden“ in der Hand hatten, machten wir uns an die Arbeit. Es lastete ein großer Druck auf uns, und sowohl meine Frau als auch ich hatten (und haben heute noch) einen großen Anspruch an uns selbst. Wir wussten, dass wir als Eltern den Haupteinfluss auf Kevin haben, und Erfolg oder Misserfolg von uns abhängig sein werden.

Wenige Tage später hatten wir den ersten Besuch unserer neuen Hausspracherzieherin. Zunächst war Hörtraining angesagt. Es ging darum, dass Kevin lernen sollte, unterschiedliche Geräuschquellen voneinander zu unterscheiden und diese auch zuordnen zu können. Weiterhin wurden jede Woche wechselnde Themen mit ihm „besprochen“, z. B. Fahrzeuge, Spielzeuge, Möbel, Kleidung usw. Doch die angeordneten Unterrichtsstunden im Hochstuhl wichen im Laufe der Zeit mehr den lockeren Spielsituationen. Wir fanden immer mehr unseren Weg, die sicherlich gut gemeinten Ratschläge umzusetzen.

Es war wichtig, jede Gelegenheit zu nutzen für dieses Training, aber wir hatten schließlich noch mehr zu tun. Da gab es noch Michelle, die zu dieser Zeit in den Kindergarten ging und große Probleme machte, sich loszulösen. Sie spürte mit Sicherheit auch den Druck, der auf uns allen lastete. Sie musste zwangsläufig aufgrund der permanenten Termine, die wir immer irgendwo mit Kevin hatten, den Eindruck haben, weniger geliebt zu werden und nur noch eine Nebenrolle zu spielen. Außerdem gab es in unserem Leben noch Beruf und Haushalt, und jeder von uns beiden brauchte auch noch einen gewissen Freiraum für sich selbst, um einmal abzuschalten. Wir machten uns gegenseitig Vorwürfe, zu wenig zu tun! Unsere Partnerschaft litt auch darunter.

Doch trotz alledem gab es auch schon große Fortschritte zu verzeichnen. Mit 1½ Jahren reagierte Kevin auf seinen Namen und kannte Personen wie Mama, Papa, Michelle, Oma und Opa sowie Gegenstände wie Teddy, Hund, Ball, Auto, Lego, Licht usw. Er machte erstmals Tierstimmen nach, z. B. „wa-wa-wa“ für die Ente und „au-au“ für den Hund. Kurze Zeit später brachte er auch „Ma-Ma“ hervor und konnte gezielt „am“ (für „haben“) sagen. Ich erinnere mich, dass ich z. B. Spielchen mit dem Lichtschalter mit ihm machte, indem ich das Licht abwechselnd an- und ausschaltete und begleitend dazu „an - aus - an - aus - ...“ sagte. Was er auch sehr liebte, waren Tobespiele, z. B. mit der Sprachbegleitung „hoch - runter - hoch - runter - ...“.

Unsere anfänglichen Kontrolltermine in der Uniklinik Marburg waren ungefähr zwei- bis dreimonatig gelegt. Bei den Aufblähkurven, die jetzt immer ermittelt wurden, machte Kevin fast immer recht gut mit und hatte auch relativ gute Hörreaktionen von ca. 45 bis 60 dB über den gemessenen Frequenzbereich von 250 bis 4.000 Hz. Das beruhigte uns sehr und machte uns Hoffnung für die Zukunft.

Bei unseren Spaziergängen im Frühling 1990 machten wir Kevin immer wieder auf Vogelstimmen aufmerksam, die er offensichtlich auch hörte. Es war schön, zu wissen, dass er mit diesen schönen Naturklängen etwas anfangen konnte.

Die mit Abstand wichtigste Förderung für uns und für Kevin waren die frühzeitig beginnenden Aufenthalte in der Wechselgruppe der Gehörlosenschule in Friedberg. Unser erster Aufenthalt fand in Kevins 15. Lebensmonat statt, der letzte kurz vor seiner Einschulung. Die Abstände zueinander lagen bei ca. drei bis vier Monaten. In den meisten Fällen dauerte der Aufenthalt vier Tage von Montag früh bis Donnerstagnachmittag. Die ersten beiden Besuche machte meine Frau mit den Kindern (ich kam nur zu Besuch), später nahmen wir oft als komplette Familie teil, in den letzten beiden Jahren war ich auch einige Male mit Kevin alleine dort.

Es gab ein besonders interessantes und lehrreiches Umfeld in der Wechselgruppe. Ein riesiges Haus und eine Gruppe von Menschen waren nur für die Frühförderung betroffener Kinder und deren Eltern da - das alleine war schon atemberaubend. Die Kinder wohnten und übernachteten mit ihren Eltern (oft auch nur ein Elternteil) in eigenen Zimmern. Es gab eine große Gemeinschaftsküche mit Esszimmer, einen Spiel- und Aufenthaltsraum, einen großen „Spielflur“, mehrere Sanitärräume und genügend Platz für bis zu fünf Familien.

Im Vergleich zum täglichen Alltag zu Hause existierten in der Wechselgruppe einige besonders förderliche Bedingungen:
- Fachliche Betreuung jeder Familie durch erfahrene Erzieher.
- Orientierung an anderen Kindern und Eltern.
- Intensiver Erfahrungsaustausch mit anderen Familien.
- Überprüfung der Hörgeräte und Ermittlung der Aufblähkurve etc. im Haus obligatorisch.
- Volle Konzentration auf das Thema „Hör- und Spracherziehung“ möglich.
- Viele Anregungen für den Alltag in Form von Spielen, Basteln, Hörtraining, Rhythmik, Turnen usw.

Wir lernten sehr viel während dieser ersten Wechselgruppenbesuche, wir fanden Halt und Unterstützung, lernten viele Leute kennen und tauschten uns intensiv mit anderen Eltern aus. Meist waren Kinder unterschiedlichen Alters vertreten, so konnten wir auch einen Eindruck gewinnen, wie sich ältere hörgeschädigte Kinder entwickeln und verhalten. Es gab gute und schlechte Beispiele. Wir orientierten uns an den für uns „guten“ Beispielen und fanden mehr und mehr heraus, was uns gefiel und was nicht. Es zeigte sich auch sehr schnell, welche Spielsituationen förderlich für Kevin waren und welche eher nicht. Unsere beiden Kinder hatten großen Spaß an dieser Art „Urlaub“, für mich war es auch fast ausnahmslos positiv. Lediglich meine Frau verspürte auch hier großen Leistungsdruck und konnte sich nicht immer so recht wohl fühlen.

Etwa nach dem zweiten Wechselgruppenaufenthalt sprach Kevin seine ersten Zwei-Wort-Sätze „Mama am“ und „Oma aua“. Es ging aufwärts!

Wir wussten, dass ohne optimale Hörgeräte und Ohrpaßstücke Nachteile in der Hör- und Sprachentwicklung zu erwarten waren. Mehrfach reklamierte ich ungenau gearbeitete Ohrpaßstücke, z. B. extreme Verjüngungen oder Knicke im Schlauch. Es kam auch vor, dass der Schlauch mitten im Ohrpaßstück endete und nicht bis zur Öffnung durchgezogen war. Weiterhin kamen viel zu kurze Ohrpaßstücke vor. Oft arbeitete ich selber nach. Diese Dinger waren ein permanentes Ärgernis, am liebsten hätte ich angefangen, sie selbst herzustellen.

Am Ende seines zweiten Lebensjahres hörte und sprach Kevin in Bezug auf seine hochgradige Schwerhörigkeit vergleichsweise gut. Zu seinem Repertoire gehörten u. a. Mama, Abba (für Papa), Mell (für Michelle), Aan (für Kran), Üer (für Hühner) und einige mehr.

## 2.3.4 Weitere Fortschritte

Es kam eine neue Hausfrühförderin zu uns. Sie hatte eine völlig andere Methode und war sehr nett. Sie nahm sich sehr viel Zeit. Wir hatten nach kurzer Zeit schon viel Vertrauen zu ihr. Sie nahm uns sehr viel Druck, da sie uns zeigte, dass Kevin auch viel Spaß an ihrem Vorgehen hatte. Es gab immer wieder neue Anreize für Kevin, und er machte gerne mit. Wir lernten von ihr, dass man nicht jede Minute hinter seinem hörgeschädigten Kind her rennen muss, um es zu therapieren. Einige sinnvolle Situationen am Tag über - vielleicht zusammen eine Stunde - sind wesentlich effektiver als eine zwölfstündige Dauertherapie. Sie wurde mehr und mehr zu einer richtigen Freundin für uns und hatte immer noch Zeit für eine Tasse Kaffee und ein Gespräch mit uns oder mit meiner Frau alleine. Sie war ein sehr guter psychologischer Beistand für uns.

Es gab jetzt auch öfter Streit zwischen den Kindern. Kevin hatte jetzt ein Gefühl für das Wort „mein" entwickelt, und Michelle paßte höllisch auf, dass Kevin nicht an ihrem Besitzstand rührte. Sie zankten sich um jeden Papierschnipsel. Andererseits spielten sie jedoch auch sehr schön miteinander und bauten z. B. riesige Legotürme. Michelle verstand es in ihrer unbekümmerten Weise viel besser als wir, ihn für Dinge zu begeistern. Michelle und Kevin spielten manchmal stundenlang miteinander. Das war gutes Hör- und Sprachtraining für Kevin.

In den für uns weiterhin extrem wichtigen Wechselgruppenaufenthalten wurde jetzt auch das Thema „Tagebuch" aktuell. Das Ziel war, so wurde uns erklärt, bedeutende Alltagssituationen auf einem Blatt in Form von Fotos oder Zeichnungen festzuhalten und dazu eine kleine Gesprächssituation zu schreiben. Die Blätter sollten gesammelt und als „Tagebuch" immer wieder mit Kevin betrachtet und besprochen werden. Wir begannen damit, doch es fiel uns sehr schwer und war recht zeitaufwendig.

Kevin sollte viel Hörerziehung erhalten, also bemühten wir uns, das Mundbild zu vermeiden, so gut es ging. Dennoch stellten wir sehr frühzeitig fest, dass er mehr und mehr versuchte, Wörter vom Mundbild abzulesen.

In der Wechselgruppe wurden uns folgende wichtige Hinweise mit auf den Weg gegeben:

- Kevin immer den Satz vorsprechen, den er sagen müsste, z. B. „Mama, gib mir bitte den Ball" oder „Papa, ich habe Durst".
- Mundbild vermeiden, Kevin kann ausreichend gut hören.
- Ganze Sätze sprechen.
- Sprachrhythmus, Melodie und Betonung in unsere Sprache legen.

- Kleine, aber ganze Sätze von Kevin abverlangen.
- Kevins Deutlichkeit in der Sprache ist noch zweitrangig - Wortschatz ist wichtiger.
- Klare Linie in der Erziehung beider Kinder zeigen, das gibt den Kindern Sicherheit.
- Reime, Lieder und Gebete üben.

In einem Nachbardorf, wo wir vorher gewohnt hatten, wurde zu dieser Zeit von einigen uns bekannten Eltern eine Krabbelgruppe für 0- bis 3-jährige Kinder ins Leben gerufen. Freunde fragten uns, ob wir Kevin nicht auch bringen möchten. Zweimal pro Woche fuhr meine Frau Kevin für ca. drei Stunden vormittags dorthin. Es nahmen ca. zehn Kinder teil. Als Betreuungsperson war eine Erzieherin gefunden worden, die von den Eltern bezahlt wurde, weiterhin gab es einen Elterndienst, der rundumgehend wechselte. Die Betreuung fand in einem Nebenraum des Bürgerhauses statt, wo auch Turn- und Spielsachen untergebracht werden konnten.

Es war eine gute Möglichkeit für Kevin, Kontakte und Freundschaften mit anderen Kindern zu knüpfen und sich im Sozialgefüge einer Gruppe zurechtzufinden. Sehr schnell hatte er Spaß an der Sache. Für uns war es eine gute Gelegenheit, Kevins Entwicklung einordnen zu können und Defizite besser zu erkennen, um diese gezielt angehen zu können. Kevin kam zurecht. Er bemerkte schnell, dass er sich sprachlich äußern musste, wenn er ein Bedürfnis hatte. Natürlich gab es in dieser Gruppe wegen des permanent hohen Geräuschpegels kaum gute Gelegenheiten für Hör- und Spracherziehung, auch waren die Betreuungspersonen dazu nicht ausgebildet. Doch dies war zweitrangig für uns, unser erstes Ziel war die Integration Kevins in eine Gruppe normalhörender Kinder - und das gelang recht gut. Alle profitierten voneinander.

Bis zu seinem 3. Geburtstag machte Kevin weiterhin gute Fortschritte. Er sprach Zwei- bis Drei-Wort-Sätze spontan, und Sprache hatte er als Mittel der Kommunikation fest verankert. Sein Wortschatz war recht groß, wenngleich es an Deutlichkeit noch sehr mangelte. Was uns etwas Sorgen machte, war das letzte, relativ schlechte Audiogramm, welches von 2.000 Hz bis 4.000 Hz stark abfiel auf ca. 70 bis 80 dB mit Hörgeräten.

### 2.3.5 Die Zeit bis zum Kindergarten

Es gab einen privaten Elternstammtisch, den wir von nun an regelmäßig besuchten. Für einige Eltern stand nun das Thema Kindergarten an, so auch für uns. Wir überlegten schon seit einiger Zeit, was das Beste für uns und Kevin wäre. Es gab drei Möglichkeiten für uns:

1. Der Regelkindergarten unseres Heimatortes.
2. Der Kindergarten der Gehörlosenschule Friedberg.
3. Einige Eltern der Krabbelgruppe, die Kevin besuchte, wollten einen Verein ins Leben rufen und einen eigenen Kindergarten gründen und bauen. Dieser sollte als Integrativgruppe gestaltet werden und quasi als Anschlussprojekt an die Krabbelgruppe fortgeführt werden. Wir wurden gefragt, ob wir mitmachen möchten.

Nach langem Hin und Her entschieden wir uns für Version 3. Es war klar, dass wir hier eine Menge Zeit und Energie aufbringen mussten, die finanzielle Situation war auch noch völlig unklar, und der Erfolg stand in den Sternen. Die Vorteile wären jedoch, dass er in der jetzigen Kindergruppe bleiben könnte, und diese sollte maximal auf 15 Kinder (bei zwei behinderten Kindern) aufgestockt werden. Es war geplant, für jedes behinderte Kind eine zusätzliche Halbtagskraft einzustellen, dazu gab es ein besonderes Förderprogramm des Landeswohlfahrtsverbandes Hessen, der solche Maßnahmen finanziell unterstützte.

Wir hätten hier die Möglichkeit, so hofften wir, direkt Einfluss zu nehmen auf das Kindergartengeschehen. Außerdem sollten großzügige, schallgedämmte Räumlichkeiten entstehen, die auch Kevins Hör- und Sprachentwicklung unterstützen würden.

In den folgenden sechs Monaten wurde die alte Dorfschule von unserem Verein in einen hübschen Kindergarten umgebaut.

Wir nahmen in dieser Zeit auch an einem Wochenendseminar der „Bundesgemeinschaft der Eltern und Freunde schwerhöriger Kinder e.V.“ teil. Das Thema war „Frühförderung schwerhöriger Kinder“. Es war hochinteressant, außerdem hatten unsere Kinder großen Spaß daran, mit so vielen anderen Leuten einige Tage in einer Jugendherberge zu verbringen. Neben vielen Anregungen bezüglich Technik und Pädagogik nahmen wir die Anregung mit, eine FM-Anlage für Kevin zu beschaffen. Dies wurde von der Krankenkasse auch bewilligt. Kevin lehnte dieses Gerät jedoch ab, ihn störten die Kabel und das zusätzliche Kästchen, das er tragen musste. Also verschoben wir den Einsatz der FM-Anlage auf später.

Mit 3½ war Kevins Hör- und Sprachkompetenz schon recht gut entwickelt. Er sprach jetzt sehr spontan, auch mit sich selbst. Drei-Wort-Sätze brachte er ohne Probleme, Sechs-Wort-Sätze, wenn es von ihm abverlangt wurde, z. B. „Mach mal das Licht an, Papa“. Seine Aussprache und sein Wortschatz hatten sich auch verbessert, dennoch konnten fremde Leute ihn nach wie vor nicht verstehen.

Wir hatten uns an seine Sprache sehr gut gewöhnt und konnten ihn natürlich am besten verstehen. Er konnte jetzt auch das „k“ sprechen, z. B. in „kapu“ (= kaputt), oder ein Wort wie „elefonier“ (= telefonieren). Besonders freute uns, dass Kevin anfing, Dinge von sich aus zu erzählen, die er erlebt hatte und die ihn beschäftigten. Er fing an, ein richtiger kleiner Gesprächspartner zu werden.

Aufgrund der doch guten Erfolge, die wir zu verzeichnen hatten, wurden meine Frau und ich auch gelöster und standen nicht mehr so sehr unter Leistungsdruck. Wir konnten es mittlerweile aushalten, dass es auch Situationen im Alltag gab, die keine Sprachbegleitung hatten. Unsere Verkrampfung im Umgang mit Kevin löste sich langsam, und wir lernten, wichtige von unwichtigen Situationen zu unterscheiden.

Ein Vortrag der englischen Schwerhörigenpädagogin M. CLARK in Friedberg beeindruckte uns zutiefst. Auch sie vertrat die These, dass der Erfolg nicht erzwungen werden kann, sondern im lockeren Umgang und Gespräch in wenigen, aber effektiven Alltagssituationen zu erreichen ist. Sie machte Mut, geduldig zu sein und die „Flinte niemals ins Korn zu werfen“. Ihre höchste Devise war Natürlichkeit im Umgang mit hörgeschädigten Kindern. Dieser Vortrag bestärkte uns sehr in unserer Vorgehensweise, wie wir sie uns mittlerweile erarbeitet hatten.

Die Audiometrie in der Wechselgruppe hatte nun zum dritten Mal in Folge gezeigt, dass Kevin die hohen Frequenzen ab 2.000 Hz kaum oder gar nicht hört. Wir machten uns Sorgen, ob Kevins schlechte Aussprache möglicherweise doch darauf zurückzuführen sei, dass er viele Laute einfach nicht hören kann. Vom Personal der Wechselgruppe wurden wir jedoch nach wie vor ermuntert, mit dem Hörtraining konsequent weiterzumachen und ihm das Mundbild zu verwehren.

Von unserem achten Wechselgruppenaufenthalt hatte ich damals ein ausführliches Protokoll geschrieben, da es viele wichtige Dinge gab, die ich festhalten wollte. Dieses Protokoll möchte ich hier unverändert einflechten, da es die damalige Situation sehr genau beschreibt:

**Protokoll vom Wechselgruppenaufenthalt (23.03.1992 bis 26.03.1992)**

1. *Kevin befindet sich zur Zeit entwicklungsbedingt in einer Trotzphase, in der er häufig massiv ausprobiert, wo die Grenzen gesetzt werden für seine Versuche, Dinge durch lautstarken Protest und Provokationen zu erzwingen. In den letzten Wochen reagiert er auch vermehrt ablehnend auf Versuche, sich sprachlich mit ihm zu verständigen. Er zieht es öfter vor, sein Heil in der Flucht zu suchen, um unangenehmen Situationen*

*zu entgehen. Beispiel: „Papa, geh mal weg!" beim Bücherbetrachten oder bewusstes Ignorieren von Fragen und Aufforderungen.*

2. *Durch eine wiederholte massive Scharlacherkrankung (diesmal mit Erguss in beiden Ohren) im Januar/Februar 1992 hat Kevin sprachlich einen gewaltigen Rückschritt gemacht. Die Tatsache, dass er während dieser Zeit für ca. vier Wochen offensichtlich keinerlei Hörfähigkeit mehr hatte, führte dazu, dass er ganz massiv auf das Absehen vom Mund angewiesen war. Dadurch spezialisierte er sich so stark auf diese Informationsquelle, dass er seit dieser Zeit permanent das Mundbild sucht, und seine Bereitschaft zuzuhören enorm abgenommen hat. Wir haben außerdem den Eindruck, dass er das Hören regelrecht verlernt hat und durch konsequente Trainingssituationen erst wieder das Zuhören üben muss.*
3. *Kevin ist nach wie vor sehr gutmütig und zugänglich für Sprachsituationen, dies hauptsächlich in Momenten, die ihm wichtig sind und in denen er das Bedürfnis dazu hat. In Anbetracht seiner derzeit sehr sensiblen und trotzigen Phase müssen wir jedoch höllisch aufpassen, dass wir seine Bereitschaft zur Mitarbeit nicht zerstören oder schmälern und ihn somit nicht demotivieren. Künstlich von uns provozierte oder angebahnte Sprachsituationen meidet er und blockt ab bzw. tritt die Flucht an.*

   *Beispiel: Es ist nicht sinnvoll, ihn zum 287. Mal zu fragen: „Wie macht die Kuh?" oder bohrende bzw. sinnlose Fragen zu stellen, die keinerlei Natürlichkeit besitzen.*

   *Solche Situationen führen zur Ablehnung und zum Abblocken von Sprachsituationen, so wie es derzeit manchmal zu beobachten ist. Künstlich angebahnte Therapiesituationen liegen immer dann vor, wenn wir unbedingt etwas von ihm abverlangen wollen, woran er kein Interesse zeigt.*

   *Beispiel: „Komm mal her, Kevin. Wir schauen uns jetzt mal dieses Buch an!"*

   *Demgegenüber zeigt Kevin jedoch von sich aus sehr viel Interesse an vielen Dingen und ist sehr neugierig und wissbegierig. Solche Situationen bieten sich dann natürlich an, um ganz natürliche Sprachsituationen entstehen zu lassen und diese therapeutisch auszunutzen. Immer dann, wenn er das Bedürfnis nach Kommunikation und Informationsaustausch hat (sinnvolle Situationen des Alltags, die ständig und überall vorkommen), ist er entsprechend motiviert - diese Situationen, manchmal nur eine bis wenige Minuten lang, müssen unbedingt ausgenutzt werden. Der therapeutische Effekt ist dabei meist wesentlich höher als bei künstlich provozierten Sprachsituationen.*

*Beispiel: Kevin kommt und sagt „Ich habe Hunger". Daraus kann sich dann ein natürliches kurzes Gespräch entwickeln, z. B. „Was möchtest du essen?" ... oder möglicherweise auch eine Auseinandersetzung, z. B. Kevin schaltet unerlaubterweise das Fernsehgerät an, dann könnte folgen: „Nein, Kevin. Ich habe dir gesagt ..."*

4. *Das Ziel für die nächsten Wochen ist es, eine sprachliche Kompetenz für natürliche, ständig wiederkehrende Alltagssituationen zu entwickeln. Dabei müssen klare Sprachstrukturen erkennbar werden, die Kevin auch den Umgang mit anderen Leuten und Kindern eröffnen. Es ist wichtig, dass Kevin erkennt, dass es nötig ist, z. B. mehr als nur „Apfelsaft" zu sagen, nämlich „Ich möchte Apfelsaft trinken". Wir müssen ihm dazu deutlich zeigen, dass es nicht ausreichend ist, nur ein Wort zu sagen. Wir fragen in solchen Situationen nach: „Wer, Was, Wann, Wo ...", um ihm die restlichen Informationen zu entlocken. Auf diese Weise wird er allmählich lernen, von Anfang an alle wichtigen Informationen in Sprache zu kleiden.*
5. *Kevin ist im Alter von 3½ nach wie vor in einer sprachlich sehr lernfähigen Phase, welche unbedingt ausgenutzt werden muss. Dabei ist ein weiteres wichtiges Ziel, seine Sprechdeutlichkeit zu fördern, die im Moment noch sehr zu wünschen übrig lässt. Elementar wichtig hierbei ist das Training seines Gehörsinns.*

   *Da Kevin mittlerweile auf Ablesen fixiert ist, sollten unbedingt Situationen gesucht werden, in denen er zuhören muss (z. B. wenn er von hinten oder von der Seite angesprochen wird). Seine Sprechdeutlichkeit wird sich dann verbessern, wenn er richtig zuhört und dann seine Sprache verbessern kann.*

   *Gutes Beispiel: Seit einiger Zeit sagt Kevin „Mibell" anstatt „Mell" zu Michelle!*

   *Wir dürfen nicht nachlassen in unseren Bemühungen, ihm Sprache natürlich über das Ohr zu vermitteln, auch wenn zu vermuten ist, dass Kevin Schwächen mit den hohen Tönen hat.*
6. *Unser Hausspracherzieher weist darauf hin, dass wir streng darauf achten müssen, ausreichend viele Situationen zur Sprachförderung zu nutzen. Kritisch wird es dann, wenn Kevin regelmäßig in den Kindergarten gehen wird, und dadurch auch die ruhigen und zugänglichen Situationen am Morgen wegfallen - dann muss unbedingt ausreichend Ersatz, z. B. auch durch gezielte und sinnvolle Sprachsituationen im Kindergarten (siehe Integrativ-Kindergarten Friedberg), geschaffen werden! Denkbar ist auch ein freier Tag in der Woche, an dem Kevin zu Hause eine möglichst intensive Förderung erhält.*

Im Sommer 1992 wurde der Kindergarten planmäßig fertig gestellt, und Kevin ging von nun an für die nächsten drei Jahre in diese Einrichtung. Wir waren erleichtert, dass wir es geschafft hatten. Obwohl es anfangs natürlich für alle Beteiligten, inklusive den neu eingestellten Erzieherinnen, etwas turbulent war, fand die Gruppe recht schnell zueinander.

Es war eine altersgemischte Gruppe von 1 bis 4 Jahren und insgesamt 15 Kindern. Kevin war zunächst das einzige behinderte Kind in dieser Integrativgruppe. Es war auch gelungen, dass eine zusätzliche Halbtagskraft speziell für die Einzelintegration Kevins eingestellt werden konnte.

## 2.3.6 Kevin wird immer selbständiger

Nach zwei Jahren Pause waren wir wieder einmal in der Uniklinik Marburg zu einer Kontrolluntersuchung. Es bestätigte sich auch hier, dass Kevin sehr große Schwierigkeiten mit den hohen Frequenzen hat, und dass seine undeutliche Aussprache wahrscheinlich daher kommt. Es war ein großer Schock für uns, als uns empfohlen wurde, dass wir uns doch einmal mit dem Thema „Cochlear-Implant“ beschäftigen sollten. Kevin sei ein Grenzfall bezüglich seiner Hörfähigkeit, und man müsse eben überlegen, wie sein Hörvermögen möglicherweise noch verbessert werden könnte.

Ich war erschüttert. Obwohl uns seit einiger Zeit bewusst wurde, dass wir Kevins Restgehör anfänglich viel zu gut eingeschätzt hatten, war dies ein furchtbarer Gedanke für uns. Der Gedanke an eine Operation Kevins und einen völligen Neubeginn mit einem Cochlear-Implant war völlig fremd und beängstigend für uns.

Entsetzt fuhren wir wieder nach Hause. Im kurz darauf folgenden Wechselgruppenaufenthalt besprachen wir Kevins offensichtliche Hörprobleme mit dem Fachpersonal vor Ort. Wir beschlossen gemeinsam, dass Kevin neue, noch stärkere (die stärksten!) Hörgeräte bekommen sollte. Es gab eine entsprechende Neuentwicklung auf dem Kindersektor, und diese schien sinnvoll für ihn.

Mit 4½ Jahren erhielt Kevin seine neuen Hörgeräte. Erste Hörtests und Audiogramme lagen etwas günstiger als die Ergebnisse mit seinen alten Geräten. Doch der erhoffte große Sprung war zunächst nicht zu erkennen.

Die Sprechdeutlichkeit ließ weiter zu wünschen übrig. Wir forderten immer wieder von Kevin klar gesprochene Worte und ganze Sätze ab, was oft auch zermürbend für alle war. Kevin spürte unseren Druck und blockte immer häufiger ab. Es war sehr schwierig, den goldenen Mittelweg zu finden zwischen Unter- und Überforderung. Es war in dieser

Phase wichtig, die wirklich sinnvollen Alltagssituationen für Hör- und Sprachübungen zu nutzen, künstlich provozierte Situationen erkannte Kevin sofort und wich aus.

Im Kindergarten lief es gut. Unser Hausspracherzieher besuchte Kevin alle 14 Tage im Kindergarten. Die Erzieherinnen unterstützten ihn bei seiner Arbeit. Oft kam es vor, dass die Kinder sich drängten, um mit Kevin und ihm in einem Nebenraum in relativ ruhiger Umgebung zu spielen. Kevin war voll akzeptiert und integriert in der Gruppe, und sein Sozialverhalten entwickelte sich sehr gut.

Wir achteten jetzt darauf, dass bei Wechselgruppenaufenthalten jeweils auch eine der Kindergartenerzieherinnen für einen Tag hospitierte. Meine Frau hatte es darüber hinaus organisiert, einmal pro Monat mit den Erzieherinnen ein ca. einstündiges Gespräch zu führen, um wichtige Dinge zu besprechen.

Die Tatsache, dass Kevin nicht den ortsansässigen Kindergarten besuchte, erschwerte natürlich auch die Kontaktaufnahme zu anderen Kindern in unserem Dorf.

Im Sommer 1993 bekamen wir unsere ersten beiden Ziegen. Von nun an drehte sich sehr viel in unserer Familie um unsere Tiere, schließlich hatten wir noch Enten, Gänse und eine Katze. Opa Willi und Oma Kätha hatten zudem eine große Hühnerschar und ein Bienenhaus. Kevin und Michelle spielten sehr oft auf dem großen Grundstück bei den Tieren. Auch Michelles Freundinnen kamen häufig in Scharen dazu. Kevin profitierte davon auch sehr, zumal die großen Mädchen recht gut auf seine Schwerhörigkeit eingingen. Hin und wieder grenzten sie Kevin jedoch auch strikt aus (insbesondere von Michelle ausgehend), was uns sehr wehtat, zumal sich Kevin verbal überhaupt nicht wehren konnte.

Kevin wurde immer selbständiger. Er überquerte jetzt immer häufiger die unübersichtliche Kreisstraße vor unserem Hof und verschwand in der Umgebung. Er hatte Fahrradfahren gelernt und fuhr jetzt auch schon alleine oder mit Thomas über Nebenstraßen zum Spielplatz. Wir konnten seinen Freiheitsdrang nicht mehr bremsen, andererseits freuten wir uns über sein unkompliziertes Wesen. Es machte uns große Angst, dass er Autos oder Traktoren viel zu spät hören konnte und die Gefahr eines schlimmen Unfalls bestand. Es kam vor, dass Leute vom anderen Ende des Dorfes uns anriefen und mitteilten, dass Kevin dort gesichtet wurde. Ich fuhr daher selbst sehr häufig mit den Kindern Fahrrad und versuchte, insbesondere Kevin auf alle potentiellen Gefahren hinzuweisen.

In der letzten Wechselgruppe wurden die drei „großen" Kinder (Kevin und zwei etwa altersgleiche gutsprechende Mädchen) zu einer Gruppe zusammengefasst und mit ihnen „gearbeitet". Es klappte gut. Eine der

Therapiestunden dauerte über eine Stunde, und die Kinder machten alle gut mit. Auch die Unterhaltung unter den Kindern war großartig. Wir waren stolz, dies mit Kevin erreicht zu haben, wenngleich er auch wesentlich undeutlicher sprach als die Mädchen.

## 2.3.7 Kevin wird sich seiner Behinderung bewußt

Kevin bekam jetzt Logopädie-Unterricht. Einmal pro Woche fuhr meine Frau mit ihm für eine Stunde zu einer Logopädin. Es machte ihm Spaß, und er sprach auch zu Hause häufig davon. Zusätzlich bekam meine Frau von der Logopädin viele nützliche Tipps und Tricks bezüglich Deutlichkeit der Sprache mit auf den Weg.

Kevin machte weitere Fortschritte. Es war jetzt möglich, komplexere Dinge mit ihm zu besprechen. Spontane Sprache war ihm in Fleisch und Blut übergegangen, und er bildete mühelos Sechs- bis Acht-Wort-Sätze. Auch seine Aussprache hatte sich weiter verbessert. Dennoch war deutlich zu bemerken, dass ihm alle Zischlaute und das „t“ fehlten. Nur mit großem Nachdruck konnte er den einen oder anderen dieser Laute aussprechen.

Mehrfach schockierte uns Kevin jetzt, indem er uns erklärte, dass er schwerhörig ist und etwas einfach nicht verstehen kann. Er begriff mehr und mehr seine Behinderung und die Konsequenzen daraus. Es war furchtbar bitter für uns. Wir merkten, dass er sich nun sehr damit auseinander setzte und sich darüber klar wurde, wie anders er im Vergleich zu anderen Kindern doch ist. Eines Tages, nachdem er einfach nicht verstehen konnte, was meine Frau von ihm wollte, schrie er sie an: „Mama, weißt du - ich kann das nicht verstehen - ich habe Hörgeräte!“ Wir verstanden, welcher Druck und welche Frustration auf ihm liegen mussten.

Es kam nun auch öfter vor, dass er sich nach dem Kindergarten mit verschiedenen Kindern verabredete. Wir unterstützten dies, so oft es ging, und machten durchweg gute Erfahrungen damit.

Mit 5½ Jahren hatten wir wieder einen Wechselgruppenaufenthalt. Die Hörtests bestätigten abermals das gewohnte Bild, dass Kevin die hohen Frequenzen nicht hören kann.

In einem darauf folgenden Gespräch wurde uns mitgeteilt, dass es für Kevin aufgrund dieser Defizite vermutlich nicht möglich sein wird, die Lautsprache im umfassenden Sinn zu erlernen. Die Empfehlung lautete jetzt COCHLEAR-IMPLANT! Diese junge Technik, so erklärte man uns, sei jetzt ausreichend erprobt, und die Ergebnisse seien viel versprechend.

Wir hatten es schon lange geahnt! Es überraschte uns jetzt nicht mehr so wie damals in Marburg, hatten wir doch genug Zeit gehabt, darüber nachzudenken. Einerseits waren wir jetzt sehr besorgt, andererseits sprachen wir natürlich auch darüber, welche neuen Chancen sich für Kevin ergeben könnten (wir dachten z. B. an Regelschule).

Kevin war jetzt in einem Alter, in dem kein langer Zeitaufschub mehr für eine CI-Versorgung vertretbar war. Wir waren hin- und hergerissen und wollten dennoch keinesfalls überstürzt entscheiden. Die Empfehlung lautete, uns unverbindlich in der Uniklinik Frankfurt beraten zu lassen.

Es kamen viele Ängste der Vergangenheit in uns hoch. Dennoch vereinbarten wir einen ersten Gesprächstermin in der Klinik in Frankfurt. Wir sprachen mit Kevin über eine eventuelle Operation und ein neues Hörgerät. Er widersetzte sich und sagte: „Nein, das wollen wir nicht machen!“ Wir erklärten ihm, dass zunächst noch alles offen sei und nahmen den Termin wahr.

Es wurden (wieder!) verschiedene Hörtests durchgeführt, und wir wurden nach dem Grund unseres Vorsprechens befragt. Wir hatten außerdem ein Gespräch mit dem leitenden Professor der Abteilung. Dieser erklärte uns, dass trotz Kevins fortgeschrittenem Alter keine Eile nötig sei. Einerseits sollten noch weitere Untersuchungen folgen, um eine Beurteilung über Kevin abgeben zu können. Andererseits seien gerade neue CI-Entwicklungen probeweise im Einsatz, und die Ergebnisse kämen uns bei der eventuellen Auswahl eines CIs für Kevin zugute.

### 2.3.8 Das CI

Es folgten drei weitere Untersuchungs- und Gesprächstermine in den nächsten sechs Monaten. Am letzten Tag wurde uns in einem längeren Gespräch mitgeteilt, dass eine CI-Versorgung Kevins möglich und sinnvoll sei. Alle Untersuchungsergebnisse deuteten darauf hin, dass Kevin ein idealer Kandidat für ein CI sei.

Wir hatten dieses Ergebnis bereits erwartet und stellten all unsere Fragen, die wir bereits zu Hause notiert hatten. Wir hatten viele Fragen! Natürlich waren wir jetzt sehr aufgeregt, denn wir spürten, dass es jetzt alleine von unserer Entscheidung abhängen würde, ob Kevin operiert wird oder nicht. Dennoch einigten wir uns darauf, dass auch die pädagogische Seite in der Wechselgruppe Friedberg nochmals gehört werden sollte, um eine einvernehmliche Entscheidung herbeizuführen.

Von pädagogischer Seite war uns jetzt auch endgültig zur Operation geraten worden, nur wir hatten uns noch nicht entschieden. Wir hatten einfach Angst, einen schwerwiegenden und unwiderruflichen Fehler zu begehen. Es gab viele Pro- und genauso viele Contra-Argumente. Unsere schlimmsten Ängste bezüglich einer Operation waren:

- Werden wir Kevins Seele verbiegen?
- Was ist, wenn die Operation schief geht und Kevin stirbt?
- Es können irreversible Schäden zurückbleiben, z. B. eine Gesichtslähmung.
- Das Cochlear-Implant bringt möglicherweise überhaupt keine Verbesserung von Kevins Hörfähigkeit.
- Kevin wird es uns möglicherweise nie verzeihen, sollte sich ein Misserfolg ergeben.

Demgegenüber gab es aber auch viele befürwortende Argumente:

- Kevin hat gute Chancen, besser hören und sprechen zu lernen.
- Er kann wesentlich zufriedener werden (soziale Integration).
- Er kann dann vielleicht die Regelschule besuchen.
- Er kann bessere Berufschancen haben.
- Es existiert nur ein geringes OP-Risiko (angeblich ähnlich einer Mandeloperation).
- Wird uns Kevin später Vorwürfe machen, wenn wir ihn jetzt nicht operieren lassen?

Wir durchlebten wieder schlimme Tage und machten uns große Sorgen. Wir alleine waren jetzt voll verantwortlich und mussten entscheiden. Wie auch immer wir entscheiden würden - es könnte ein schlimmer Fehler sein!

Niemand würde uns diese Entscheidung jetzt abnehmen. Am liebsten hätten wir uns irgendwo vergraben, wo uns niemand findet und mit solchen Fragen behelligt. Erschwerend kam hinzu, dass Kevin abblockte und überhaupt nicht für eine Operation und ein neues „Hörgerät“ zu begeistern war. Dennoch wussten wir natürlich, dass wir die Entscheidung unmöglich ihm überlassen konnten. Meine Frau erklärte Kevin mit viel Mühe und Geduld und mit Hilfe von Kinderbüchern die Vor- und Nachteile der Operation. Kevin reagierte jedoch bei dem Gedanken an Krankenhaus und Spritzen weiterhin eher ablehnend.

Zwischenzeitlich hatte ich Gelegenheit, im neuen Cochlear-Implant-Centrum in Friedberg die Mutter des ersten in Frankfurt implantierten Kindes kennen zu lernen, welches mit einem CI versorgt worden war. Wieder sammelte ich viele Eindrücke und Informationen. Ich erinnere mich, dass ich besonders erschrocken über die doch große Narbe am Kopf des Jungen war. So groß hatte ich mir den Eingriff nicht vorgestellt.

Weiterhin nutzte ich die Möglichkeit, mit zwei Vertretern der in Frage kommenden CI-Hersteller zu sprechen. Jeder favorisierte natürlich sein Produkt. Dadurch war ich auch nicht schlauer.

Mit vielen Bauchschmerzen entschieden wir uns schließlich dazu, den CI-Weg weiterzugehen und den letzten Untersuchungstermin zur Durchführung einer Computertomographie wahrzunehmen.

Das Ergebnis war positiv, Kevins Cochlea war offen und eignete sich somit für eine Implantation. Wir hatten anschließend ein Gespräch mit dem Arzt, der Kevin operieren würde, hier wurden uns Einzelheiten (und auch Risiken!) erklärt. Wir konnten auch weitere Antworten auf unsere noch offenen Fragen erhalten.

Es war ein großer glücklicher Zufall, dass während dieser Woche in der Klinik gerade ein ebenso sechsjähriger Junge mit einem CI versorgt worden war. Meine Frau hatte die Mutter mit dem Jungen auf dem Flur der Station getroffen und angesprochen. So war es möglich, dass wir hautnah aus erster Hand erfahren konnten, wie der gesamte OP-Ablauf und die ersten Tage danach verlaufen waren. Es war alles komplikationslos vonstatten gegangen, und dem Jungen ging es sehr gut.

Kevin war begeistert von dem Jungen und von dem Besuch, den der Junge bekam - und von den Geschenken, die der Besuch mitbrachte! Seit diesem Zeitpunkt wollte Kevin auch operiert werden, er war jetzt doch wesentlich vertrauter mit dem Gedanken.

Mit großen Gewissensbissen entschieden wir uns letztlich für die Operation.

Kevin wurde am 11. Januar 1995 im Alter von 6 Jahren und 4 Monaten operiert. Die Operation verlief ohne Komplikationen, Kevin lebte, der Gesichtsnerv war nicht verletzt worden, und alle acht Elektroden konnten in der Cochlea platziert werden! Wir waren sehr, sehr erleichtert. Obwohl Kevin am Tag nach der Operation in einem ziemlich schlechten Zustand war, erholte er sich anschließend sehr rasch. Der Klinikaufenthalt dauerte sechs Tage. Am zwölften Tag wurden die Fäden gezogen, und vier Wochen nach der Operation erfolgte die Erstanpassung des CIs, das heißt die Aktivierung der Elektroden.

Kevin zeigte klare und deutliche Hörreaktionen - große Erleichterung machte sich in uns breit, das Implantat funktionierte. Wir machten einige kleine Hörspielchen, dann wurden wir vollbepackt mit allem nötigen Zubehör und konnten nach Hause fahren. Die ganze Technik und das nötige Drumherum waren völlig neu für uns. Wir mussten nun wieder von vorn anfangen, die richtigen Handgriffe herauszufinden.

So einfach es vorher mit den Hörgeräten zu sein schien, so umständlich und unhandlich kam uns nun alles vor. Aber wir waren jetzt erst einmal glücklich und zufrieden, die ersten großen Hürden genommen zu haben. Was in den nächsten Wochen folgte, war allerdings alles andere als zufrieden stellend. Wir hatten von den Eltern der beiden Kinder, die vor Kevin mit diesem CI-Typ versorgt worden waren, erfahren, dass es diverse technische Schwierigkeiten gegeben hatte. Unsere Erfahrungen waren leider nicht besser. Es gab aufgrund der noch wenig erprobten Neuentwicklung und der geringen Praxiserfahrung mit Kindern reihenweise Probleme.

Kevin zeigte mitunter erstaunliche Hörreaktionen, die uns auch viel Mut machten. Wir hatten in den ersten Monaten mehrere Einstellungstermine, zweimal sogar bei uns zu Hause durch Techniker des Herstellers. Kevin kam jetzt von Tag zu Tag besser mit dem CI zurecht, trug aber nach wie vor eines seiner Hörgeräte. Er legte großen Wert auf dieses Hörgerät und machte keinerlei Anstalten, darauf zu verzichten. Wir akzeptierten das, auch weil wir vermuteten, dass es ihm große Sicherheit gibt.

Im nächsten halben Jahr hatten wir kurz hintereinander mehrere Reha-Aufenthalte im neuen Cochlear-Implant-Centrum (CIC) in Friedberg. Meine Frau und Kevin nahmen diese Termine wahr, die fast immer mehrere Tage dauerten.

Die Aufenthalte waren wichtig für Kevins Hör- und Sprachtraining mit dem CI. Vor allen Dingen konnte er in vielen Situationen seine enorm gestiegenen Hörleistungen unter Beweis stellen, die uns sehr ermutigten. Kevin lag sechs Monate nach der Versorgung mit dem CI bei durchgängig 30 bis 35 dB Hörleistung - eine phantastische Steigerung!

Kevin machte uns immer wieder auf neue Geräusche aufmerksam, die er vorher nicht gehört hatte. Es war schön, zu sehen, dass sich ganz neue Türen für ihn auftaten. Auch Kevins Sprache wurde jetzt besser. Immer wieder bestätigten uns das Freunde, Bekannte und Verwandte, die ihn über einen bestimmten Zeitraum nicht gesehen hatten und ihn nun sprechen hörten. Uns selbst fiel es gar nicht so sehr auf, da wir ihn ja schließlich täglich hörten und Verbesserungen so nur schleichend mitbekamen. Was uns wunderte, war, dass Kevin nach wie vor nicht von selbst merkte, wenn die Batterien des Sprachprozessors leer waren oder wenn das Gerät aus war.

Kevin trug immer noch sein verbliebenes Hörgerät. Wir waren uns unsicher, ob wir es ihm lassen oder wegnehmen sollten. Wir merkten sehr schnell, dass Kevin ohne sein Hörgerät fast nichts über das Ohr verstand und ganz vom Mundbild abhängig war. Das machte uns sehr stutzig.

Andererseits wussten wir, dass ein CI völlig andere Höreindrücke liefert als ein Hörgerät. Wir vermuteten somit, dass Kevins Gehirn nach wie vor hauptsächlich die Informationen des rechten (Hörgeräte-)Ohrs und nicht die seines linken (CI-)Ohrs verarbeiten würde. Es war somit wichtig, ihn mehr und mehr mit dem CI alleine zu trainieren. Wir machten viele Hörspiele, z. B. Spielkarten ziehen und hinhören, um welche Karte es sich handelte. Innerhalb weniger Tage konnte Kevin jede Karte rein über das (CI-)Ohr verstehen, z. B. zwei, drei ... Bube, Dame ... Joker.

Es war ein „glücklicher“ Zufall, dass jetzt Sommer und somit Badesaison war. Kevin liebte baden und schwimmen über alles und bekam auch prompt wieder seine (uns schon bekannte) Gehörgangsentzündung. Wie schon in den vergangenen Jahren konnte er ab diesem Zeitpunkt kein Ohrpaßstück mehr vertragen und musste somit ab sofort auf sein Hörgerät verzichten. Von Stund an trug er nur noch sein CI. Innerhalb von 14 Tagen platzte der Knoten, und Kevin stellte sich voll um auf sein CI. Sein Gehirn wurde buchstäblich umprogrammiert, und er verstand jetzt immer besser.

Der bedeutendste und auffallendste Beweis dieser Umstellung war, dass er plötzlich absolut sichere Angaben machen konnte, wann das Gerät an oder aus bzw. die Batterien leer waren. Kevin hat seit dieser Zeit nie mehr wieder ein Hörgerät getragen oder danach verlangt. Als nach ca. vier Wochen die Gehörgangsentzündung abgeheilt war, lehnte er es ab, sein Hörgerät wieder anzuziehen. Er sagte: „Mama, ich kann jetzt gut hören. Ich brauche das Hörgerät nicht mehr. Wenn ich ein Mann bin und einen Bart habe, kann ich es wieder einmal anziehen.“

Es war eine große Erleichterung für uns, dass Kevin jetzt den Zustand seines Gerätes einwandfrei und ohne unser Zutun überwachen konnte. Der Technik-Stress, der uns so furchtbar viele Nerven gekostet hatte, war schlagartig um 80 % reduziert.

Eine sehr wichtige Frage, die wir im Frühling 1995 zu klären hatten, war die Schulfrage. An einem Informationsabend der Friedberger Schule für Hörgeschädigte erfuhren wir von den Möglichkeiten der Regelbeschulung hörgeschädigter Kinder mit ambulanter Förderung durch einen Stützlehrer. Wir waren erstaunt, wie viele Kinder doch diesen Weg bereits gehen. Der Austausch mit Eltern solcher Kinder war sehr interessant für uns.

Wir wussten zwar, dass es ein Wagnis mit offenem Ausgang wäre, wenn auch Kevin diesen Weg einschlagen würde, dennoch entschieden wir uns auch dafür. Kevin sollte die Regelschule besuchen!

Wir hatten ein Gespräch mit dem Rektor unserer Grundschule. Dieser war sehr offen, was Kevins Behinderung anging, und stimmte zu. Wir freuten uns, obwohl wir wussten, dass es viel zusätzliche Mühe für uns bedeuten würde. Doch die Vorteile lagen für uns auf der Hand:

- Integration in die Kinderschar unseres Dorfes.
- Michelle war auch in dieser Schule und könnte ihm die eine oder andere Hilfestellung geben (wenn sie wollte).
- Kein Transportproblem. Busse fahren regelmäßig.
- Erfahrungen mit einem hörgeschädigten Kind existierten bereits in der Schule.
- Die Möglichkeit für Kevin, in der hörenden und sprechenden Welt zurechtzukommen.
- Kein extrem frühes Aufstehen und späte Rückkehr, sondern normaler Schulkind-Tagesablauf.

Kevin machte die üblichen Tests vor der Einschulung und wurde schließlich zugelassen. Wir freuten uns.

### 2.3.9 Jetzt beginnt die Schulzeit

Im Sommer 1995 wurde Kevin eingeschult. Wir hätten weinen können, als Michelle und Kevin zusammen zur Bushaltestelle liefen. Wer hätte das für möglich gehalten, nach der anfänglichen Diagnose „Praktische Taubheit"?

Kevin war schon immer sehr selbständig und mutig, und es machte ihm keine Probleme, mit dem Bus zu fahren. Er freute sich riesig, obwohl auch er (wie seine Freunde auch) den Druck spürte, in eine fremde und ungewohnte Umgebung zu wechseln.

Thomas von nebenan und Jürgen, der einige Häuser weiter weg wohnte, gehörten schon einige Zeit zum Freundeskreis von Kevin. Die drei Buben gaben sich gegenseitig Unterstützung, wobei es anfangs sogar Kevin war, der den Aufpasser spielte.

Wir hatten großes Glück mit der Lehrerin, die Kevin bekam. Es war eine ältere, erfahrene Frau, die zwar streng, aber gerecht ist, und die sich sofort auf Kevins Behinderung einließ. Wir hatten einige gute Gespräche mit ihr, und wir gewannen den Eindruck, das große Los gezogen zu haben. Sie fragte viel und war bereit, einiges an Extraaufmerksamkeit für Kevin aufzubringen. Auch lud sie uns ein, öfter am Unterricht teilzunehmen, um uns selbst einen Eindruck zu verschaffen. Das haben wir bisher auch einige Male wahrgenommen.

Bild 1: Kevin am ersten Schultag

Kevins neuen Stützlehrer mussten wir erst kennen lernen, er kommt zur Zeit regelmäßig ein- bis zweimal die Woche in die Schule, und wir haben den Eindruck, dass das Dreigespann Stützlehrer - Lehrerin - Kevin ganz gut miteinander funktioniert. Der Stützlehrer leistet auch einiges an Logopädie-Arbeit.

Kevin hat im Laufe des jetzt vergangenen ersten Schulhalbjahres weitere gute Entwicklungsschritte gemacht. Sprache ist ihm nach wie vor und mehr denn je in Fleisch und Blut übergegangen. Er hat einigermaßen Lesen gelernt, es fehlen nur noch einige Buchstaben. Dennoch merken wir sehr wohl, wo zur Zeit noch große Schwächen liegen, z. B. hat er große Probleme mit „ch“ oder Buchstabenfolgen wie „st“ (z. B. Post). Auch fällt es ihm immer noch schwer, das „n“ vom „l“ über das Hören zu unterscheiden. Wir lesen sehr häufig mit ihm, um den Anschluss in der Klasse nicht zu verlieren. Das Lesen, so hoffen wir, wird ihm auch hoffentlich eine neue Welt erschließen, sowohl was Informationen als auch die Sprechdeutlichkeit angeht. Hier setzen wir große Hoffnungen hinein. Mit Rechnen hat Kevin keine Probleme, hier schätzen wir ihn sehr stark ein.

Kevin ist immer noch sehr laut. Wir hatten gehofft, dass sein deutlich höheres Hörvermögen mit dem CI seine Lautstärke reduziert, doch dies ist bis heute noch nicht der Fall. Offensichtlich kann er mit dem Richtmikrophon seine eigene Sprache nicht gut hören. Somit versuchen wir immer, ihn etwas zu dämpfen.

Seit einigen Wochen ist Kevin sehr bockig und zornig, wenn ihm etwas nicht paßt - er steckt wahrscheinlich neue Grenzen ab und probiert, wie weit er bei uns gehen kann. Doch dies beunruhigt uns nicht sehr, mit Michelle haben wir diese Erfahrungen auch gemacht. Er ist für uns in dieser Hinsicht ein ganz normales Kind.

Es gibt eine schöne Übung, die wir in letzter Zeit, so oft es geht, machen. Sie ist Übung und Erfolgskontrolle zugleich. Wir haben eine Türsprechanlage, mit der es gleichzeitig möglich ist, auch mit Oma und Opa im Nachbarhaus zu sprechen. Kevin ist mittlerweile recht gut geübt, diese Haussprechanlage zu benutzen. Mit ein bisschen Glück war kürzlich folgendes kleine Gespräch möglich (Kevin war bei Oma und Opa zum Abendessen und Fernsehen):

| | |
|---|---|
| Meine Frau: | „Kevin, komm jetzt rüber, du musst jetzt ins Bett!“ |
| Kevin: | „Aber wir haben noch nicht fertig gegessen!“ |
| Meine Frau: | „Dann beeil' dich, du musst auch noch Hasen füttern.“ |
| Kevin: | „Nein, das stimmt nicht, die Michelle ist heute dran.“ |
| Meine Frau: | „Na gut, dann beeil' dich trotzdem!“ |
| Kevin: | „O.K.!“ |

Heute Mittag klingelte es, und zwei Jungs aus seiner Klasse (vom anderen Ende des Dorfes) holten ihn ab zum Schlittenfahren. Die drei waren über zwei Stunden unterwegs, und gegen Dämmerung kamen sie hungrig und erschöpft zurück. Auch dieses Beispiel zeigt, dass die Integration Kevins in unsere Gesellschaft recht gut vorangeschritten ist. Wir hoffen, dass es so weitergehen wird.

Es waren bisher harte und anstrengende Jahre für uns mit unseren Kindern. Dennoch, so glauben wir, hat sich unser Einsatz bisher gelohnt. Kevin ist selbstsicher und frei geworden, und wir glauben, dass er eine gute Entwicklung nehmen wird.

Doch ein Wunsch, den ich schon bei der Diagnosestellung hatte, ist dennoch geblieben: Ich möchte in die Zukunft sehen können!

## 2.3.10 Drei Jahre später - Stand April 1999

Die letzten drei Jahre sind natürlich wie im Flug vergangen.

Kevin ist jetzt 10½ Jahre alt, ist im 4. Schuljahr der örtlichen Grundschule und steht auf dem Sprung zur weiterführenden Schule. Wir planen, ihn ab der 5.Klasse in die örtliche Gesamtschule gehen zu lassen, seine Schwester Michelle besucht dort bereits den Gymnasialzweig in der 7. Klasse.

Nun, die letzten drei Jahre sind alles in allem sehr gut verlaufen. Weder mit der Technik noch mit Kevins Gesamtentwicklung gab es größere Probleme.

In der Schule ist Kevin bisher gut mitgekommen. Er hat den Lernstoff gut verstanden, sein letztes Zeugnis lag im Schnitt bei Note 2 bis 3. Natürlich haben wir bisher immer versucht, Schwächen zu Hause „auszubügeln“. Dies ist insbesondere zur Zeit im Fach Deutsch nötig, hier hat Kevin verständlicherweise Schwierigkeiten mit Grammatik, Nacherzählungen, Aufsätzen und der Sinnerfassung von Texten.

Seit einigen Wochen bekommt er daher eine Stunde Nachhilfe pro Woche, wir hoffen, dass ihm das helfen wird, hier nicht den Anschluss zu verlieren. Wenn wir sehen, was Michelle in der 7. Klasse schulisch bereits bewältigen muss, wird uns Angst und Bange vor der Zukunft, doch sind wir dennoch optimistisch, schließlich ist Kevin den Ansprüchen noch immer gerecht geworden. Solange es gut geht, wollen wir auf jeden Fall versuchen, Kevin auf der Regelschule zu lassen.

Wesentliches Indiz für den Erfolg ist auch, wie er in der Klasse und im Freundeskreis eingebunden ist. Kevin ist nach wie vor offen und mutig im Umgang mit anderen. Er ist gut eingebunden im Sozialgefüge, hat Freunde und Freundinnen, spielt weiterhin Fußball in der Jugendmannschaft und ist in seiner Freizeit oft mit Freunden zusammen. Für uns sind keine nennenswerten Defizite diesbezüglich erkennbar, wir sind glücklich, dass er gut integriert ist.

Seine Sprache hat sich sicherlich weiterentwickelt, das ist für uns jedoch schwer zu beurteilen, da wir ihn täglich um uns haben. Einige Probleme sind aber bisher hartnäckig geblieben, er verschluckt nach wie vor gerne Endungen wie „s“ oder „ch“, z. B. bei „Fu_ball“ (Fußball) oder „do_“ (doch). Das macht seine Sprache oft undeutlich und verschwommen.

Trotz unserer häufigen Ermahnungen, ist ihm die Notwendigkeit der Sprachdeutlichkeit noch nicht bewusst genug, hier hoffen wir, dass er dies mit der Zeit erkennt und besser darauf achtet.

Kevin ist manchmal sehr starrköpfig und zornig, andererseits zeigt er ungern Gefühle, wie z. B. Trauer. Als kürzlich unsere Katze starb, hat er sich kaum getraut, in unserem Beisein zu weinen. Sein Verhalten gibt uns schon manchmal Rätsel auf. Wir fragen uns dann, ob es mit seinem Hör- und Sprachproblem zusammenhängt. Andererseits wissen wir, dass kein Kind wie das andere ist und dass auch dies völlig „normal“ ist.

Wir suchen dann das Gespräch mit ihm (manchmal finden wir es auch!), um Klarheit über seine Gefühle zu bekommen. Letztlich gelangen wir immer wieder zu der Erkenntnis: DAS IST EBEN KEVIN!

Ein weiterer Silberstreif ist am Horizont erkennbar: Im Sommer 1999, so prophezeit der CI-Hersteller, soll der Sprachprozessor als HdO-Gerät erhältlich sein. Das wäre prima, dann wäre die ganze Hardware nochmals wesentlich kleiner und das Handling mit Gürteltasche, Kabel etc. einfacher.

Wir freuen uns auf diesen technischen Fortschritt!

# 3 Vorklasse

## 3.1 Förderung in einer Vorklasse

CORNELIA SCHMALBROCK

Trotz verbesserter Möglichkeiten und guter Erfolge bei der Integration hörgeschädigter Vorschulkinder gibt es nach wie vor eine Anzahl von Kindern, die die Vorklasse der Sonderschule für Hörgeschädigte in Friedberg besuchen. Sie können in diesem Rahmen oft besser gefördert werden als unter den Bedingungen im Regelkindergarten.

Die Kinder in den Vorklassen der Schulen für Hörgeschädigte in Hessen sind in der Regel vier bis sieben Jahre alt. Das Entwicklungsalter der Kinder entspricht nicht immer ihrem tatsächlichen Alter. Ihre Sprach- und oft auch die Allgemeinentwicklung sind verzögert, manche Kinder haben zusätzliche Beeinträchtigungen.

An der Friedberger Schule sind die Vorklassen (wie die Schulklassen auch) nach *Sprachlerngruppen* zusammengestellt (vgl. WISNET).

In jeder Vorklasse arbeiten eine Lehrerin und eine Erzieherin zusammen. Sie betreuen ca. acht Kinder in der Zeit von 8.00 Uhr bis 14.30 Uhr. Einige Kinder fahren am Ende des Vormittags nach Hause. Aufgrund der verschiedenen Arbeitszeiten von Lehrerinnen und Erzieherinnen ist die Gruppe meist nur am Vormittag doppelt besetzt. Nachmittags findet für die Kinder, die dann noch in der Vorklasse bleiben, eine gruppenübergreifende Betreuung statt.

Zum Pädagogenteam gehören noch eine Sonderschullehrerin, die gruppenübergreifend eine gezielte Einzelförderung anbietet, Motopäden, die eine Einzel- oder Gruppenförderung für Kinder mit Bewegungsproblemen durchführen, und Sportpädagoginnen, die einmal pro Woche mit den Kindern turnen oder schwimmen.

### 3.1.1 Die Kinder der Gruppe

Die Gruppe, auf die sich dieser Beitrag bezieht, bestand aus sechs Kindern, die relativ altershomogen waren (vier bis fünf Jahre). Sie konnten Geräusche und Sprache mit ihren Hörgeräten wahrnehmen und verfügten über gute Grundlagen in der Lautsprachentwicklung. Kleine Gespräche über alltägliche, anschauliche Begebenheiten waren möglich.

Aufgrund des Hörverlustes waren nach Definition bis auf eine Ausnahme alle Kinder als gehörlos zu bezeichnen: Ihr mittlerer Hörverlust (mHv) lag über 90 dB.

Mit Hörgerät bzw. Cochlear-Implant stellte sich die Situation folgendermaßen dar: Von den sechs Kindern hatten drei ein CI, alle waren postnatal aufgrund einer Hirnhautentzündung im frühen Kindesalter ertaubt. Ein Mädchen verfügte vor der Ertaubung bereits über etwas Sprache. Zwei Jungen waren von Geburt an „gehörlos" (mHv über 100 dB) und trugen Hörgeräte, ihre Hörkurve damit lag im Sprachbereich. Ein Mädchen war nur leichtgradig hörbehindert, in ihrer Sprachentwicklung aber weit zurück. Sie war im Laufe ihrer ersten Lebensjahre aufgrund der wechselnden familiären Bezugspersonen mit drei verschiedenen Sprachen konfrontiert worden. Auch ihre Allgemeinentwicklung war verzögert, vor allem hatte sie zusätzlich extreme Schwierigkeiten im Bereich der visuellen Wahrnehmung und Verarbeitung und zeigte große Verhaltensauffälligkeiten.

Die Kinder mit Hörgeräten verfügten über Hörreste bis 4.000 Hz, die mit Hörgeräten gut verstärkt werden konnten, so dass die Kinder Sprache über das Gehör wahrnehmen konnten. Bei den postnatal ertaubten Kindern, die ein CI erhalten hatten, verlief die Sprachentwicklung sehr rasch, so dass beide nach ca. einem Jahr Aufenthalt in unserer Vorklasse eine integrative Kindergartengruppe in Wohnortnähe besuchen konnten. Auch die anderen Kinder konnten Sprache schon im kommunikativen Sinn verwenden als sie in die Vorklasse kamen, zum Teil erst mit Einzelwörtern, zum Teil auch mit Zwei- oder Drei-Wort-Sätzen.

### 3.1.2 Pädagogische Rahmenstrukturen des Alltags in der Vorklasse

Der Alltag in unserer Vorklasse umfasst im Wesentlichen vier Elemente: *Rituale*, *Spiel*, *Projekte* und *Elternarbeit*. Diese Handlungselemente greifen im Alltag ineinander, beeinflussen sich inhaltlich und bilden die Basis für die Hör-Sprach-Erziehung.

#### 3.1.2.1 Alltägliche Rituale

Ein hörgeschädigtes Kindergartenkind braucht - wie jedes andere Kind auch - einen verlässlichen äußeren Rahmen, in dem es sich entwickeln kann. Von daher sind täglich wiederkehrende Rituale im Tagesablauf sinnvoll. Sie bieten dem Kind Sicherheit. Es kann sich daran orientieren, weiß, was auf es zukommt, was von ihm erwartet wird und entwickelt darüber ein Zeitgefühl und eine Vorstellung vom Tagesablauf.

Dazu gehören z. B. ein gemeinsamer *Morgenkreis*, in dem man sich gegenseitig begrüßt, am Kalender nachschaut, welcher Wochentag gerade ist und welcher Monat gerade ist, ein Lied singt und für die Kinder wichtige Ereignisse besprochen werden; die täglichen gemeinsamen *Mahlzeiten*; das gemeinsame *Einkaufen und Zubereiten* des Frühstücks einmal in der Woche.

Dabei muss der Gefahr, dass in der alltäglichen Routine alles schematisch abläuft und wenig Sprache verwendet wird, begegnet werden. Gerade die täglich wiederkehrenden Situationen bieten die Möglichkeit zur sprachlichen Gestaltung, immanenten Wiederholung und Festigung.

**Beispiel 1:**

Jeden Tag decken zwei andere Kinder den Tisch für das Frühstück. Der Pädagoge begleitet diese Tätigkeit und initiiert dabei ein Gespräch, z. B.: „Wir wollen jetzt gleich unsere Milch trinken, da müssen wir Gläser auf den Tisch stellen. Jedes Kind braucht ein Glas, und ich möchte eine Tasse für meinen Kaffee."

Sehr wichtig ist es, dass diesem Ritual genügend Zeit eingeräumt wird und das Gesagte aus der Situation und von den Gegenständen her veranschaulicht wird. Fast noch wichtiger ist es, den Kindern Zeit zu eigenen Äußerungen zu geben und immer wieder darauf einzugehen. Die Kinder lernen so jeden Tag ein bisschen mehr dazu.

Zu den alltäglich wiederkehrenden Ritualen können Pädagogen und Kinder noch einige hinzu erfinden. In unserer Gruppe bestimmte eine Zeit lang jeden Tag ein anderes Kind den Finger, den sich alle Kinder reichten, um sich guten Appetit zu wünschen.

**Beispiel 2:**

Pädagoge: „Welchen Finger nehmen wir heute?" Kind: „Ich Mifi, Mifi." Pädagoge zu den anderen Kindern: „Aha, du willst den Mittelfinger nehmen. Gut, dann fassen sich alle Kinder mit dem Mittelfinger an und sagen dann guten Appetit."

Auf diese Weise konnte nach einer gewissen Zeit ein großer Teil der Kinder die verschiedenen Finger benennen.

**Beispiel 3:**
In unserer Gruppe sagten eine Zeit lang die Kinder beim Frühstück und beim Mittagessen statt guten Appetit „attekattenova“. Das hatten sie in einem Lied gelernt und absoluten Gefallen an diesem Unsinnswort gefunden. Es bei den Mahlzeiten zu verwenden, bereitete ihnen eine Zeit lang jedes Mal großen Spaß. Die Initiative zur phantasievollen Abwandlung des Grußes beim Essen ging von den Kindern aus und wurde von uns Pädagoginnen aufgenommen.

Rituale dürfen im pädagogischen Alltag jedoch nicht überhand nehmen. Im Sinne einer Erziehung, die die Phantasie und die Erfahrungswelt der hörgeschädigten Kinder bereichert, muss eine zu starke Fixierung auf Rituale auch immer wieder durchbrochen werden, es müssen alternative Spiel- und sonstige Aktivitäten angeboten werden.

#### 3.1.2.2 Das Spiel

Ein zweites Element ist das *Spiel.* Die Kinder in diesem Alter verlangen - über den Tag verteilt - bestimmte Phasen des *Freispiels*, in denen sie von Erwachsenen ungestört ihren eigenen Ideen und Phantasien nachgehen können. Manche Kinder, die von zu Hause her sehr reglementiert sind, regen wir oft auch bewusst zu phantasievollen Spielen an und nehmen uns dann wieder zurück, um den Kindern den Raum zur eigenständigen Weiterentwicklung zu geben.

Es ist pädagogisch nicht sinnvoll, jede Spielsituation für die Hör- und Sprachentwicklung oder für Lernfortschritte ausnutzen zu wollen. Umgekehrt heißt das nicht, dass in dieser Zeit mit den Kindern nicht gesprochen und gelernt werden darf. Vielmehr entscheiden die Kinder, inwieweit sie die Pädagogen mit in ihr Spiel einbeziehen und sich dann auch sprachlich mit ihnen auseinander setzen wollen. Wollen sie lieber allein oder ungestört mit anderen Kindern spielen, so respektieren wir das.

Wir stellten in unserer Gruppe fest, dass die Kinder auch in den Zeiten des freien Spiels oft von sich aus den Kontakt zu den Pädagogen suchen und diese mit in ihr Spiel einbeziehen wollen. Dann besteht hier die Möglichkeit der sprachlichen Begleitung des gemeinsamen spielerischen Handelns durch den Erwachsenen, der Entwicklung von Dialogen im Rollenspiel, der gezielten Weiterentwicklung des Vokabulars in Regelspielen, die die Kinder gerne spielen. Das Prinzip muss ein sprachliches Angebot vonseiten des Pädagogen sein, auf das die Kinder nach ihren

Möglichkeiten eingehen können. Die spielerische Aktivität sollte immer im Vordergrund stehen.

Das Spiel hörbehinderter Kinder miteinander wird zum Teil in der Literatur charakterisiert als weitgehend konkret, sich häufig wiederholend, nicht-symbolisch, in großen Teilen nicht sozial gerichtet, unzusammenhängend: „*Während man z. B. gehörlose Kinder beobachtet, die an einem imitativen Rollenspiel beteiligt sind oder adäquaten Gebrauch von Spielzeugen machen wie Teegeschirren, Föhnen und Autos, treten Symbol- oder Repräsentativspiele, in denen Gegenstände und Spielzeuge für einen phantasievolleren oder ausgedachten Gebrauch benutzt werden, selten auf (wie z. B., dass ein Kind eine Bürste als ein Pferd oder eine Streichholzschachtel als ein Auto verwendet). Das gehörlose Kind tendiert dazu, mehr für sich allein zu spielen als ein gleichaltriges hörendes Vorschulkind, und alle Interaktionen mit Gleichaltrigen, die Vorstellungen, Verhandlungen oder Spielthemen, die nicht direkt mit dem Hier und Jetzt zu tun haben, beinhalten, sind von geringem Interesse)*“ (WOOD, WOOD, GRIFFITHS, HOWARTH, 1995, 25).

Es stellt sich bei solchen Beobachtungen, die sicher durchaus der Realität entsprechen können, die Frage, ob das oben beschriebene Verhalten ein naturwüchsiges Verhalten hörgeschädigter Kinder kennzeichnet, oder ob es nicht vielmehr Resultat eines Erziehungsprozesses ist, den das Kind erlebt hat. Aufgrund meiner Erfahrungen in der Arbeit mit hörgeschädigten Kindergartenkindern beurteile ich solche Aussagen mit großer Skepsis. Das Verhaftetsein im „Hier und Jetzt“ kann nämlich aus einem pädagogischen Umgang mit dem hörgeschädigten Kind resultieren, der der Welt der Phantasie und der Vorstellung zu wenig Raum gegeben hat. Oft denken Eltern, aber auch Pädagogen, dass das hörgeschädigte Kind Dinge, die über die unmittelbare Anschauung hinausgehen, sowieso noch nicht verstehen könne.

Wir stellten in unserer praktischen Arbeit hingegen immer wieder fest, dass selbst die Kinder, die im Vorschulalter noch am Anfang der Sprachentwicklung standen, in gemeinsamen Spiel- oder auch sonstigen kommunikativen Situationen immer wieder Phantasien entwickelten und ihre Vorstellungen auch mimisch, gestisch, bildlich, rudimentär-sprachlich, zu vermitteln verstanden. Wichtig ist, dass dem Kind Raum und auch Impulse für einen phantasievollen Umgang mit den Dingen gegeben werden. Ein solches „vorgestelltes“ Tun stellt auch für die Sprachentwicklung eine ganz wichtige Basis dar. Die Entwicklung der Phantasie wird zwar durch die Beherrschung der Sprache erleichtert, ist aber davon nicht abhängig und kann auch mit anderen Mitteln gefördert werden (gestisch, mimisch, pantomimisch, bildlich).

#### 3.1.2.3 Projektorientiertes Vorgehen

Das dritte Element in unserer Vorklassenarbeit stellen *Projekte* dar, die gemeinsam mit den Kindern geplant und durchgeführt werden. Auch die Eltern können hier einbezogen werden (vgl. zur Projektarbeit den interessanten Artikel von ZIMMER: *Projekte - Lebensnahes Lernen in ganzheitlichen Zusammenhängen.* In: Kindergarten heute 3/96. 18 - 23).

Die gemeinsame Tätigkeit im Rahmen dieser Projekte kann sich über mehrere Tage oder auch Wochen erstrecken. Diese Projekte können aus einem bestimmten Erlebnis heraus entstehen: Einmal brachte ein Mädchen von zu Hause einen Igel mit in die Gruppe. Dieses spannende Ereignis war der Ausgangspunkt dafür, uns mit dem Leben der Igel näher zu beschäftigen, und gipfelte darin, dass alle Kinder sich mit einfachen, selbstgebastelten „Kostümen" als Igel verkleideten.

Ein Projekt kann auch aus einer Idee der Pädagogen entstehen, wenn sie Bedürfnisse, die sie bei den Kindern beobachten, aufnehmen und ihnen einen Rahmen schaffen möchten. So entwickelte sich bei uns ein Projekt „Wahrnehmen mit allen Sinnen", in dem wir Pädagoginnen mit den Kindern zusammen die verschiedenen Möglichkeiten, Dinge mit allen Sinnen (Schmecken, Fühlen, Riechen, Hören, Sehen) wahrzunehmen, ausprobierten und am Ende gemeinsam eine „Wahrnehmungsstraße" gestalteten.

Während des Projektes versuchten wir, den Tagesablauf der Vorklassenarbeit (Aufteilung des Tages durch feste Rituale, Spielphasen) im Großen und Ganzen beizubehalten. Natürlich ist das nicht immer möglich und erwünscht. So wird aber z. B. ein Tag draußen mit Picknick zu einer Ausnahme vom Gewohnten, während ansonsten die gewohnte Struktur eingehalten und nur teilweise inhaltlich neu gefüllt und erweitert wird.

Zur eingehenderen Anschauung möchte ich hier noch zwei weitere Projekte, die wir mit unseren Kindern durchführten, etwas ausführlicher darstellen:

**1. Das Dschungelbuch:**

Für ca. drei Wochen war das „Dschungelbuch" in unserer Gruppe ein übergreifendes Thema. Ein Mädchen hatte das Bilderbuch mitgebracht. Wir betrachteten es gemeinsam. Es stellte sich heraus, dass fast alle Kinder das Buch und den dazugehörigen Film kannten und sehr großes Interesse an der Geschichte hatten. Wir beschlossen, die Geschichte zu spielen.

Die Kinder suchten sich die Rollen aus, die ihnen am liebsten waren. Über mehrere Tage hinweg spielten wir immer wieder verschiedene Episoden aus dem Buch. Es entwickelten sich, unterstützt durch die Pädagoginnen, kleine Dialoge zwischen den Kindern. Die Kinder hielten sich anfangs an die vom Buch vorgegebene Handlung, entwickelten nach einiger Zeit diese aber auch spielerisch weiter.

Da gerade Fasching war, äußerten einige Kinder den Wunsch, sich entsprechend zu verkleiden. Wir Pädagoginnen entwickelten ein einfaches Lied (nach der Melodie der Vogelhochzeit), in dem jeder Charakter besungen wurde. Dieses Lied sangen wir einige Zeit im Morgenkreis. Die ganze Aktion fand ihren Abschluss in einem Spiel der gesamten Handlung mit Verkleidung, das wir auf Videoband aufnahmen. Zum Schluss wurde dieses Videoband dann von allen gemeinsam angeschaut.

**2. Wir bekommen ein Hochbett:**

Aufgrund einer Elternspende beschlossen wir, eine Hochebene zum Spielen für unseren Gruppenraum zu kaufen. Aus Kostengründen entschlossen wir uns für ein großes Hochbett von einer preiswerten Möbelfirma. Die Kinder wurden von Anfang an mit in diesen Plan einbezogen. Wir zeigten ihnen die entsprechenden Bilder im Katalog, fuhren gemeinsam zum Möbelgeschäft, um das Bett anzuschauen.

Nachdem das Bett bei uns angekommen war, wurde es von Schulhausmeistern aufgebaut. Die Kinder durften dabei sein und - unter Aufsicht - auch helfen. Einige zeigten sich dabei von einer ganz anderen Seite. Sie waren sehr selbständig, handwerklich geschickt und sehr motiviert, sich in diesem Zusammenhang auch sprachlich auszudrücken.

Anhand von Fotos und Tagebuchblättern von dieser gemeinsamen Aktion konnten die Kinder ihren Eltern davon erzählen, und alles konnte in der Gruppe noch des Öfteren nachbesprochen werden.

### 3.1.3 Überlegungen zum hörgerichteten Spracherwerb in der Vorklasse

#### 3.1.3.1 Die Förderung des Hörens

**Tägliche Kontrolle des Hörgerätes bzw. des CIs**

Der hörgerichtete Spracherwerb in der Vorklasse baut auf einer wichtigen Grundlage auf: Die Kinder verfügen alle über Hörreste, die mit Hilfe von Hörgeräten verstärkt und durch eine rechtzeitig einsetzende Stimulation (frühe Höreindrücke) aktiviert wurden.

Die objektive Voraussetzung für akustische Wahrnehmungen sind beim hörgeschädigten Kind funktionierende Hörgeräte bzw. ein funktionierendes CI. Wichtig ist deshalb eine tägliche Kontrolle der Hörgeräte oder des CIs.

Viele Kinder kommen morgens recht verschlafen in die Vorklasse, oft ist zumindest ein Hörgerät noch nicht angestellt, im Hörschlauch befindet sich Kondenswasser, die Batterien sind nicht mehr in Ordnung. Ist das Hörgerät ausgeschaltet, dringt überhaupt kein Schall mehr in den Gehörgang, da das Ohrpaßstück ihn abdichtet. Wir haben bei der Vorklassenarbeit immer wieder die Erfahrung gemacht, dass viele Kinder, wenn sie morgens kommen, einen Defekt ihres Gerätes gar nicht wahrnehmen. Sie sind noch unausgeschlafen und erleben ihre Umgebung von daher noch eingeschränkt. Erst wenn es etwas zu hören gibt, an dem sie interessiert sind, bemerken sie plötzlich, dass ihr Gerät nicht funktioniert.

**Hör-Sprech-Anlage**

In jeder Vorklasse sollte eine drahtlose Hör-Sprech-Anlage zur Verfügung stehen, die mittels Audioschuh an die individuellen Hörgeräte angeschlossen wird. Diese bietet sich für intensivere Gruppenaktivitäten (z. B. eine gemeinsame Bilderbuchbetrachtung) an. Durch diese Anlage wird die Distanz zum sprechenden Gegenüber, sei es Kind oder Erwachsener, überbrückt, der Höreindruck verstärkt, störende Nebengeräusche ausgeschaltet. Entsprechend dem Alter der Kinder sollte diese Anlage zwar regelmäßig, aber zeitlich befristet und nur in eng umgrenzten Gruppensituationen benutzt werden. Eine sinnvolle Kommunikation in Handlungssituationen ist auch mit dem Hörgerät möglich.

**Hörerziehung im Alltag**

Während des Tages gibt es in der Vorklasse die unterschiedlichsten Geräusche zu hören: Draußen fliegt ein Hubschrauber vorbei, dessen Lärm durch das offene Fenster hereindringt; auf dem Flur klingelt das Telefon; die Kinder bauen etwas, es hämmert und klopft; ein Kind hat seinen neuen Vogel mitgebracht, der verängstigt im Käfig sitzt und piepst. Für normalhörende Kindergartenkinder ist die Wahrnehmung dieser Geräusche eine Selbstverständlichkeit, die untrennbar mit bestimmten Situationen verbunden ist und der sie keine bewusste Beachtung mehr schenken, es sei denn, das Geräusch hat einen Signalcharakter für ein spannendes Ereignis oder etwas, was mit Interesse erwartet wird.

Die Pädagogen in der Vorklasse „überhören" oft viele ihnen vertraute akustische Ereignisse. Sie müssen sich bewusst werden darüber, dass die Kinder diese Geräusche um sich herum nicht wahrnehmen, weil sie sie noch nicht kennen und sie nicht mit einer Bedeutung verbinden. Wenn sie den Kindern in der Gruppe Höreindrücke vermitteln wollen, müssen sie erst selbst wieder darauf achten, was es in der Umgebung der Vorklasse alles zu hören gibt. Erst dann können sie die Kinder auf das, was es zu hören gibt, aufmerksam machen, ihnen die Bedeutung davon erklären und sie so an die akustischen Ereignisse heranführen.

Wir gehen in unserer Vorschularbeit davon aus, dass die Kinder mit ihren Hörgeräten fähig sind, die verschiedenen Schallereignisse und auch die Sprache wahrzunehmen, wenn sie ihnen in der adäquaten Form angeboten werden, auch wenn am Anfang oft noch keinerlei spontane Reaktion erfolgt. Die stellt sich oft erst nach häufig wiederholten und mit Bedeutung belegten Hörerlebnissen ein. Man darf sich nicht so schnell entmutigen lassen.

Die fatale, sich selbst erfüllende Prophezeiung: „Das Kind hat zwar Hörgeräte, aber richtig hören kann es damit nicht, also spreche ich vorwiegend die anderen Sinne an und biete gesprochene Sprache und Geräusche sowie Musik erst in zweiter Linie an", kann dazu führen, dass Kinder nur ansatzweise hören und sprechen lernen, weil ihnen die Hör- und Spracherfahrungen und -vorbilder dazu fehlen.

Förderung aller Sinne heißt bei hörgeschädigten Kindern gerade auch eine umfassende Förderung des Hörens. Hörerziehung in der Vorklasse heißt zum einen, das Kind während der gemeinsamen Aktivitäten auf akustische Ereignisse seiner Umgebung aufmerksam zu machen und auch, je nach Situation, akustische Eindrücke mit den Kindern gemeinsam zu produzieren. Damit ist nicht ein wahlloses Deuten auf und Produzieren von allen möglichen Geräuschen gemeint. Vielmehr soll angestrebt werden, den Kindern die wesentlichen Geräusche, die bei den gemeinsamen Handlungen entstehen, bewusst zu machen, ihre Quelle zu zeigen, ihre Bedeutung zu erklären und ihnen so die akustische Umwelt zu erschließen. Ebenso sollen die Kinder in der Wahrnehmung von interessanten, plötzlich von außen auftretenden Geräuschen unterstützt werden. Was in jedem Kindergarten mit hörenden Kindern die Regel ist - z. B. draußen ertönt eine Sirene, alle Kinder rennen zum Fenster, um zu schauen, ob da ein Feuerwehrauto, ein Krankenwagen oder die Polizei fährt -, ist in einer Gruppe mit hörgeschädigten Kindern erst das Resultat eines Erfahrungs- und Lernprozesses, den es zu initiieren gilt. Bei uns in der Gruppe geschah das mehr und mehr auch durch die Initiative der Kinder, die sich gegenseitig auf akustische Phänomene aufmerksam machten, so dass wir diesen Prozess nur unterstützen mussten.

Wenn hörgeschädigte Kinder gelernt haben, das Geräusch wahrzunehmen und entsprechend einzuordnen, laufen sie auch von sich aus zum Fenster und versuchen, herauszufinden, was da wohl vor sich geht. Bei hörgeschädigten Kindern muss eine Sensibilisierung der auditiven Wahrnehmung sowie die Entwicklung auditiver Bedürfnisse und der aufmerksamkeitssteuernden Funktion des Gehörs vom Pädagogen gefördert werden.

**Gezielte Hörübungen in der Gruppe**

Im Rahmen des Spielens und Lernens in der Vorklasse ergeben sich vom Thema her auch immer wieder Möglichkeiten, Geräusche und Musik selbst zu produzieren. In unserer Gruppe stehen Orff-Instrumente zur Verfügung, mit denen man kleine Lieder begleiten, ein Theaterspiel klanglich gestalten und auch phantasievoll improvisieren kann. Hiermit können auch gezielte Hörübungen gemacht werden. Hörspiele können immer wieder in den Alltag eingebaut werden. Beispiel: Alle Kinder machen die Augen zu, ein Kind macht ein Geräusch, und die anderen raten, was es war; oder das bekannte Spiel „Hänschen piep mal“.

### 3.1.3.2 Die Förderung des Spracherwerbs

**Der sprachliche Umgang mit den Kindern**

Spracherwerb geschieht auf der Basis von Aktivitäten, die die Kinder wirklich interessieren und von ihnen mit initiiert werden. Diese Aktivitäten bilden die Basis für eine gemeinsame Kommunikation. Für das Kind ist der *Inhalt* der Kommunikation wichtig. Dieser wird im Vorschulalter noch sehr stark durch die gemeinsamen Handlungen geprägt (vgl. PIAGET, 1973; WYGOTSKI, 1981; BRUNER, 1987). Die pädagogischen

Inhalte im Alltag des hörgeschädigten Vorschulkindes wurden oben bereits diskutiert. Daneben spielt aber auch die *Art* der Kommunikation eine nicht unmaßgebliche Rolle.

### Wie gehe ich sprachlich mit dem Kind um?

Der Pädagoge sollte sich seiner Sprache und Sprechweise bewusst werden, Sprachinhalte und -form müssen dem Entwicklungsstand und dem Interesse der Kinder entsprechen. Die Kinder müssen für sich die gehörte Sprache mit dem Gegenstand oder der Handlung, über die gesprochen wird, in Verbindung bringen können. Sprachliche Inhalte müssen so veranschaulicht werden, dass sie von den Kindern nachvollzogen werden können.

Dabei sollte die vom Pädagogen verwendete Sprache nicht zu stark vereinfacht und reduziert werden, damit die Kinder ein sprachliches Vorbild haben. Die Sprache sollte gut verständlich, aber nicht überartikuliert, sowie rhythmisch und melodisch sein. Die Satzstrukturen sollen nicht zu lang sein. Gleiche Sachverhalte sollten den Kindern in verschiedenen sprachlichen Variationen dargestellt werden (z. B.: Hier fehlt noch ein Glas auf dem Tisch. Der Peter, der hier sitzt, will auch Milch trinken. Wer holt ein Glas für den Peter aus dem Schrank? Dann kann er aus dem Glas Milch trinken!) (vgl. VAN UDEN, 1977).

Der Pädagoge soll gemeinsame Handlungen mit den Kindern gezielt sprachlich begleiten und immer wieder den Dialog mit dem einzelnen Kind aufnehmen.

### Doppelrolle und Auffangen (VAN UDEN)

Im Rahmen des hörgerichteten Spracherwerbs ist mit „*Doppelrolle*“ das Vorsprechen von Dingen, die das Kind ausdrücken möchte, und mit „*Auffangen*“ das Erweitern des vom Kind nur rudimentär Gesagten gemeint (VAN UDEN, 1977).

Dieses ist sicher wichtig, um dem Kind ein sprachliches Vorbild zu geben. Ich denke aber, dass man das von VAN UDEN empfohlene Vorgehen in der Kommunikation sehr differenziert anwenden muss. Vor allen Dingen ist gut zu überlegen, was man von dem Kind an aktiver sprachlicher Rückmeldung erwartet. Gerade die Doppelrolle sollte kritisch betrachtet werden und ist sicher altersgemäß zu modifizieren, das heißt, sie ist bei Kindern, die sich ganz am Anfang des Spracherwerbs befinden, von größerer Wichtigkeit als bei sprachlich kompetenteren Kindern. M. CLARK (England) bemerkte während eines Aufenthaltes in Friedberg, dass sie ein Vorgehen im Sinne der Doppelrolle, bei dem dem Kind das, was es sagen will, in der Ichform vorgesprochen wird, als unnatürlich und im Rahmen eines dialogischen Spracherwerbs als wenig sinnvoll ansieht.

Wir verwenden die Doppelrolle nur in Situationen, wo das Kind z. B. etwas Bestimmtes haben möchte, seinen Wunsch sprachlich aber noch nicht artikulieren kann, oder wenn explizit ein Satz eingeübt werden soll. In solchen Zusammenhängen halte ich es für sinnvoll, dem Kind die sprachlichen Mittel durch direktes Vorsprechen zur Verfügung zu stellen. Die Erzieher sollten sich aber bewusst sein, dass das dann eine *Übungs-* und *keine* Gesprächssituation ist.

**Das Gespräch**

Im Idealfall tauschen in einem Gespräch zwei *gleichberechtigte* Partner ihre Gedanken aus. Für den Gesprächsfluss ist es unerlässlich, dem Anderen zuzuhören, zu versuchen, seine Äußerungen zu verstehen, wenn nötig, nachzufragen und sich in den eigenen Antworten darauf zu beziehen. Diese Merkmale eines Gespräches sollte man sich beim Umgang mit Kindern immer wieder ins Gedächtnis rufen. Wesentlich für ein Gespräch mit dem Kind ist es vor allem, den Dialog so zu führen, dass man selber einen sinnvollen Beitrag zum kindlichen Gesprächsthema leistet und das Kind damit anregt, von sich aus noch mehr dazu zu erzählen.

In einem Gespräch ist es daher der Kommunikation hinderlich, wenn man die kindlichen Äußerungen zwar verstanden hat, dennoch alles noch einmal in grammatikalisch korrekter Form vorspricht und das Kind zur Wiederholung auffordert. Meine Erfahrungen in der praktischen Arbeit zeigen: Das Kind sollte in einem Gespräch nicht ständig zum Nachsprechen aufgefordert werden. Hierdurch kann ein Verständnis und eine aktive Aneignung des dialogischen Prinzips durch das Kind verhindert werden.

Korrekturen der kindlichen Sprache können implizit stattfinden, indem der Erwachsene am gemeinsamen Thema der Konversation mit seinen eigenen, korrekten Äußerungen teilnimmt. Auf diese Weise erhält das Kind ein implizites sprachliches Vorbild.

Wenn das Kind z. B. sagt: „Einmal schlafen - Geburtstag“, kann der erwachsene Gesprächspartner das aufgreifen und erweitern, indem er sagt: „Stimmt, morgen hast du Geburtstag“ (vielleicht auch noch in erweiterter Form: „Da essen wir dann Kuchen zusammen, und du bekommst Geschenke.“). Es ist wichtig, dass dem Kind ein korrekter Satz als sprachliches Material angeboten wird, und es einen Impuls erhält, seine Gedanken weiter auszuführen.

Es ist nicht grundsätzlich abzulehnen, Kinder auch einmal aufzufordern, ganze Sätze nachzusprechen. Man sollte sich nur darüber im Klaren sein, dass das eine Übungssituation darstellt und kein Gedankenaustausch zweier gleichberechtigter, kommunizierender Partner ist.

**Beispiele für zwei verschiedene Interaktionsstile:**

Hier zwei Beispiele von zwei verschiedenen Interaktionsstilen. Das erste Beispiel zeigt ein sehr dominantes Verhalten, das dem Kind wenig Raum für eigenständige Äußerungen einräumt und ein sehr eingeschränktes sprachliches Vorbild gibt:

| | |
|---|---|
| Pädagoge: | Hallo, Lena! |
| Lena: | Hallo! |
| Pädagoge: | Schau mal, was ist das? |
| Lena: | Rad. |
| Pädagoge: | Das ist ein Fahrrad. |
| Lena: | Das ein Rad. |
| Pädagoge: | Das ist ein Fahrrad. |
| Lena: | Das ein Fahrrad. |
| Pädagoge: | Das ist ein Fahrrad. Welche Farbe hat das Fahrrad? |
| Lena: | Grün. |
| Pädagoge: | Genau, das Fahrrad ist grün. Und was ist das da am Fahrrad? |
| Lena: | Klingelingeling. |
| Pädagoge: | Das ist eine Schelle. |
| Lena: | Klingelingeling. |

Hier das zweite Beispiel, das dem Kind ein lebendiges sprachliches Vorbild bietet und ihm Raum lässt, seine eigenen Gedankengänge sprachlich zu artikulieren:

| | |
|---|---|
| Lena: | Was das, mmmh, das? |
| Pädagoge: | Lass mich mal sehen. |
| Lena: | Guck ma da! |
| Pädagoge: | Oh, das sind deine Augenbrauen. Über den Augen wachsen kleine Haare, das sind die Augenbrauen. |
| Lena: | Auebraue. |
| Pädagoge: | Ja, du hast zwei Augenbrauen. Ich fasse sie an. Da ist die eine und da ist die andere Augenbraue. |
| Lena: | Du au. |
| Pädagoge: | Ja, ich habe auch Augenbrauen, meine sind braun, genau wie meine Haare. Guck hier! |
| Lena: | Mein nicht so. |

| | |
|---|---|
| Pädagoge: | Nein, deine Augenbrauen sind nicht braun, deine sind blond. Deine Haare sind ja auch blond. |
| Lena: | Komm, schau Timm. |
| Pädagoge: | Ja, komm, wir gehen zum Timm und schauen mal seine Augenbrauen an. |

In der Vorklasse sollte man sich bemühen, immer wieder während des Tages ein intensiveres Gespräch mit jedem Kind zu führen. Grundlage dafür kann eine gemeinsame Tätigkeit im Rahmen des allgemeinen Gruppenthemas oder im Rahmen eines täglich wiederkehrenden Rituals sein. Oft ergeben sich auch spontane Situationen, z. B. bringt das Kind etwas von zu Hause mit, es zeigt ein Tagebuchblatt, das die Mutter erstellt hat, es interessiert sich für ein bestimmtes Bilderbuch u.v.a.m.

**Die Interessen und Aktivitäten des Kindes fördern die Sprachaneignung**

Für uns bedeutet hörgerichteter Spracherwerb im Vorschulalter eine bestimmte Art der sprachlichen Kommunikation mit dem Kind, die versucht, auf das Kind adäquat einzugehen. Das bedeutet gerade im Vorschulalter, dass die Richtung der Kommunikation so weit wie möglich vom Kind bestimmt wird. Wir bemühen uns, den Gedankengängen des Kindes zu folgen und darauf angemessen sprachlich zu reagieren.

In unserem Umgang mit den Kindern konnten wir immer wieder feststellen, wie sehr der Erwerb der Sprache vom Interesse des Kindes geleitet wird. Nicht möglichst einfache Wörter werden zuerst gelernt (die Wirklichkeit verläuft eben nicht nach den Regeln eines systematischen Sprachaufbaus), sondern solche, die das Kind interessant findet. So überlegten wir lange Zeit, ob wir das Eskimolied „Attekattenova, attekattenova, emissa, demissa, dullamissade“ mit den Kindern singen sollten, oder ob sie von diesen Nonsenswörtern vielleicht überfordert wären. Wir versuchten es, die Kinder fanden es sehr spannend und konnten den Text bald alle auswendig.

Die optimale Grundlage für den Spracherwerb ist eine für das Kind interessante Kommunikationssituation, in der es als Gegenüber, dessen Interessen relevant sind, ernst genommen wird.

Ganz am Anfang der Sprachentwicklung ist es wichtig, die Aufmerksamkeit, die das Kind auf eine gemeinsame Handlung oder vorsprachliche Kommunikationssituation lenkt, zu teilen und in eine sprachliche Handlung einzubetten. Je älter das Kind ist, über je mehr eigenständige Sprache es verfügt, umso wichtiger ist es, dass der Pädagoge ihm genau zuhört, zu ihm spricht, Erläuterungen gibt und diskutiert. Er stellt sinnvolle, die Kommunikation tragende Fragen, z. B. fragt er das Kind nach seiner Meinung und nach seinen Beweggründen. Er versucht, die Gefühle und das Denken des Kindes nachzuvollziehen. Er paßt sich den Gedankengängen und Äußerungen des Kindes an und versucht nicht, das Kind zu zwingen, dem begonnenen Gesprächsgegenstand zu folgen. Er bietet ein angemessenes, immer ein bisschen dem Sprachstand des Kindes vorangehendes sprachliches Vorbild.

In Gesprächssituationen wird das Kind nicht immer wieder zu sprachlichen Imitationen aufgefordert. Hier geht es nicht um möglichst umfassende und grammatikalisch korrekte Sätze, sondern um die Formulierung von Gedanken und spezifische Mitteilungen. Das heißt nicht, dass dies überhaupt nicht passieren darf, es darf nur nicht bestimmend für die Kommunikation werden.

Zwar stellt der Erwachsene ein sprachliches Vorbild dar, er darf aber nicht der selbstverständliche Initiator aller Wendungen in der Kommunikation sein. Die Aktivität des Kindes sollte immer unterstützt und gefördert werden.

Bei einem möglichst natürlichen sprachlichen Umgang mit den Kindern ist es selbstverständlich, dass auch dann mit den Kindern gesprochen wird, wenn sie das Mundbild nicht verfolgen können. Das ergibt sich während der Aktivitäten in der Vorklasse immer wieder durch die Handlungssituation. Wenn ein Kind das Gesagte nicht versteht und die Unterstützung durch das Mundbild braucht, sollte diese ihm nicht verweigert, aber dabei stets in einer natürlich akzentuierten Sprache gesprochen werden.

### Probleme eines Spracherwerbs in der Vorklasse für Hörgeschädigte

Nun stellt die Vorklasse hinsichtlich des Spracherwerbs eine besondere Situation dar. Hier sind Kinder zusammen, die voneinander nur sehr wenig Sprache lernen können. Zudem haben Hörgeschädigte - und das trifft für Erwachsene, aber vor allem auch für Kinder zu, die sich noch am Anfang ihrer Sprachentwicklung befinden - große Schwierigkeiten, in einer Gruppe, wo ja zwangsläufig sehr viele Nebengeräusche entstehen, Sprache zu verstehen. Die Gruppensituation ist also sicherlich keine optimale Basis für den Spracherwerb.

Welches hörende Kind lernt in einer Gruppe seine Muttersprache? Wenn hörende Kinder in den Kindergarten kommen, ist der Spracherwerb in der Regel schon sehr weit vorangeschritten.

Das normalhörende Kind lernt seine Muttersprache zu großen Teilen in einer engen Eltern-Kind-Interaktion. Das, worüber gesprochen wird, ergibt sich aus dem Ablauf des Alltags und den gemeinsamen Aktivitäten, wobei das Kind oft die Initiative übernimmt. WELLS (1979) zeigt, dass dreijährige Kinder drei viertel aller verbalen Interaktionen mit ihren Eltern initiierten. Worüber gesprochen und nachgedacht wurde, ging von ihnen aus (vgl. WOOD, WOOD, GRIFFITHS, HOWARTH, 1995, 46).

In unserer Tätigkeit in einer Vorklasse mit hörgeschädigten Kindern haben wir immer wieder die Erfahrung gemacht, dass Gruppensituationen - wie z. B. eine gemeinsame Bilderbuchbetrachtung oder ein gemeinsames Gespräch über ein Erlebnis, oft durch Fotos, rasch an die Tafel gemalte Zeichnungen oder Tagebuchblätter unterstützt - von großer sozialer Wichtigkeit sind, im Rahmen des Spracherwerbs aber zunächst nur eine untergeordnete Bedeutung haben. In solchen Situationen kommt vorwiegend die beherrschte Sprache zur Anwendung, neu hinzugelernt werden nur wenige sprachliche Begriffe, die zentral sind. Insgesamt aber kann auf das einzelne Kind zu wenig individuell eingegangen werden, was ja auch nicht der Sinn dieser gemeinsamen Aktivitäten ist.

Das hörgeschädigte Kind im Vorschulalter braucht zur Entwicklung seiner Sprache immer wieder die ungeteilte Zuwendung des kompetenten Sprechers, es braucht das direkte Gespräch von Person zu Person. Der Spracherwerb in der Vorklasse für Hörgeschädigte sollte den natürlichen Bedingungen des Spracherwerbs für hörende Kinder folgen. Das heißt, Sprache wird dem Kind am besten in engen Interaktionssituationen vermittelt, in der Vorklasse im direkten Dialog zwischen Pädagoge und Kind. Grundlage für den Dialog bildet die gemeinsame Aktivität, in der das Kind die Gelegenheit erhält, sowohl von der Handlung als auch von der Sprache her die Initiative zu übernehmen. Gerade der Kindergarten/die Vorklasse mit ihren pädagogischen Freiräumen bietet hierzu Raum. Auf Basis der gemeinsamen Aktivitäten in der Gruppe sucht der Pädagoge einen Dialog mit dem Kind, der an sein Interesse anknüpft und über einen längeren Zeitraum durchgehalten wird.

Wichtig ist dabei ein echtes Gespräch, nicht nur eine kurze sprachliche Begegnung. Dies kann durchaus im Gruppenrahmen stattfinden, das Kind braucht nicht immer von der allgemeinen Gruppenaktivität isoliert zu werden. Es hat sich aber in unserer Praxis gezeigt, dass auch ein zeitweiliges Verlassen des Raumes mit einem Kind sinnvoll sein kann, wenn die Störgeräusche im Raum zu groß sind. Günstig ist es, wenn die begonnene Handlung in einem ruhigen Rahmen fortgeführt werden kann und das Kind Interesse hat, mit dem Erwachsenen zu „spielen“. Dann sind die Kinder auf jeden Fall zum Mittun und zum Gespräch motiviert.

Bei unserer Arbeit war es organisatorisch so geregelt, dass jedes Kind jeden Tag eine Einzelförderung außerhalb des Gruppenrahmens erhielt. Das wurde von allen Kindern gern angenommen. Für die Kinder bedeutsam ist ein kontinuierliches Stattfinden der Einzeltherapie, so dass sie diese in ihren Zeitplan integrieren können.

### 3.1.4 Elternarbeit

Wenn das Kind in die Vorklasse kommt, leisten sowohl die Familie als auch die Pädagogen in der Institution die Erziehungsarbeit. Eine gute Zusammenarbeit fördert das gegenseitige Verstehen und wirkt sich positiv auf die kindliche Entwicklung aus. Die Elternarbeit in der Vorklasse für Hörgeschädigte hat mehrere Aspekte.

**Austausch von Informationen zwischen Pädagogen und Eltern**

Im Unterschied zu gleichaltrigen Kindern können hörgeschädigte Kinder ihren Eltern nur in eingeschränkter Form berichten, was sie in der Gruppe erlebt haben und welche Ereignisse das Gruppengeschehen gerade bestimmen. Umgekehrt können sie auch in der Gruppe wichtige Erlebnisse von zu Hause nur sehr eingeschränkt darstellen. Erschwerend kommt außerdem noch hinzu, dass die Kinder mit Bussen gebracht werden und nicht - wie das im Regelkindergarten oft der Fall ist - von ihrer Mutter abgeholt werden. Kurze, informelle Kontakte und Gespräche zwischen Eltern und Pädagogen kommen also selten zustande.

**Das Mitteilungsheft**

Mit einem Mitteilungsheft versuchten wir, einen kontinuierlichen Kontakt zwischen Elternhaus und Vorklasse herzustellen. Die Eltern teilten uns schriftlich wichtige Erlebnisse, Veränderungen oder auch Wünsche und Probleme mit. Wir teilten wichtige Ereignisse in der Gruppe, Bitten, Termine etc. mit.

**Das Tagebuchblatt**

Man muss sich aber bewusst sein, dass das Mitteilungsheft - ähnlich wie ein Telefongespräch - über die Köpfe der Kinder hinwegläuft.

Gerade in der Hörgeschädigtenschule ist es wichtig, eine Form des Austausches zwischen Elternhaus und Institution zu finden, an der sich die Kinder aktiv beteiligen können. Da sehr viele Kinder dabei sprachlich noch Schwierigkeiten haben, und bei solchen Erzählungen die Erwachsenen oft die Zusammenhänge nicht nachvollziehen können, kann das Tagebuch hier eine gute Unterstützung sein.

Die Eltern fertigen in den Abständen, die sie subjektiv für sinnvoll halten, ein Tagebuchblatt von Erlebnissen an, die für das Kind in seiner häuslichen Umgebung von Bedeutung waren. Hier wird das Erlebnis so aufgezeichnet, dass das Kind die Bilder versteht und daran das Erlebte nachvollziehen kann. Dieses Blatt bringt es mit in die Gruppe. Wenn das Kind es wünscht, wird es allen Kindern gezeigt und mit ihnen besprochen, manchmal auch nur mit dem Pädagogen. Auf diese Weise kann das Kind leichter von seinen Erlebnissen erzählen.

Umgekehrt fertigten wir selbst auch Tagebuchblätter von Ereignissen in der Gruppe an, die die Kinder mit nach Hause nahmen. So konnten sie ihren Eltern vom Gruppenalltag berichten. Diese Tagebuchblätter wurden sowohl individuell mit einem einzelnen Kind zusammen erstellt (z. B. in einer Einzelfördersituation) als auch von gemeinsamen Erlebnissen für alle Kinder zusammen.

### Der Elternbrief

Um einen regelmäßigen Austausch zwischen Eltern und Institution zu gewährleisten und die Eltern mit in die Arbeit einzubeziehen, schrieben wir wöchentlich einen Elternbrief, den die Kinder am Freitag mit nach Hause nahmen. Hier wurden die Ereignisse, Themen und wichtigen Spiele der Woche noch einmal kurz dargestellt. Gleichzeitig gab es einen kurzen Ausblick auf die geplanten Inhalte der kommenden Woche. Auch spezielle Anliegen unsererseits wurden auf diese Weise mitgeteilt.

So erreichten wir, dass alle Eltern - auch die ausländischen - in die gemeinsame Arbeit einbezogen wurden.

### Regelmäßige Elternabende und Elterntreffen

Regelmäßige Elternabende zu speziellen Themen, aber auch Treffen, bei denen das gemeinsame Feiern im Vordergrund steht, tragen dazu bei, der Vereinzelung der Eltern entgegenzuwirken und sie praktisch mit in die Aktivitäten der Vorklasse einzubinden. Die Eltern unserer Gruppe lernten sich so näher kennen, und aus diesem Zusammensein entstanden einzelne gemeinsame Unternehmungen verschiedener Eltern. Beispielsweise beschlossen einige Eltern, ihre Kinder einmal bei der jeweils anderen Familie übernachten zu lassen. Von einer Familie erhielten wir das Angebot, dass alle Kinder der Gruppe einmal bei ihnen übernachten könnten, was wir gerne aufnahmen, und woraus sich ein Tagesausflug mit anschließender Übernachtung entwickelte.

Unsere Erfahrungen zeigen, dass die Eltern unserer Kinder ein Interesse an den Geschehnissen in der Gruppe entwickelten. Das kann vielleicht nicht als Regel angesehen werden, sicher gibt es je nach Familiensituation große Unterschiede. Oft kann ein Desinteresse oder eine offensichtliche Passivität aber auch Resultat eines mangelnden Austausches und Kontaktes zwischen Institution und Eltern sein, den zu fördern eine pädagogische Aufgabe ist.

## Literatur

BRUNER, J. (1987). *Wie das Kind sprechen lernt.* Bern.

CLARK , M. (1982). *Language through living.*

COLBERG-SCHRADER, H. (1991). *Soziales Lernen im Kindergarten.* München.

GÜNTHER, K.-B. (1995). *Schreibenlernen mit LEGO.* In: Hörgeschädigte Kinder 3. 102-104.

KRENZ, A. (1991). *Der „Situationsorientierte Ansatz" im Kindergarten.* Freiburg/Breisgau.

NITZ, C.; HENNING, E. (Hrsg.) (1992/3). *Praxis der Vorschulerziehung.* Bd. 1-3. Seelze-Velber.

OERTER, R.; MONTADA, L. (Hrsg.) (1995/3). *Entwicklungspsychologie.* Weinheim.

PIAGET, J.; INHELDER, B. (1973). *Die Psychologie des Kindes.* Freiburg/Breisgau.

SCHMID-GIOVANNINI, S. (1993). *Lesen - der wichtigste Teil des Unterrichts hörgeschädigter Kinder.* Broschüre des Internationalen Beratungszentrums für Eltern hörgeschädigter Kinder in Meggen/Schweiz.

UDEN, A. VAN (1977). *A world of language for deaf children. Part I: Basic Principles. A maternal reflective method.* Lisse.

WOOD, D.; WOOD, H.; GRIFFITHS, A.; HOWARTH, I. (1995). *Teaching and Talking with Deaf Children.* Chichester (UK), New York, Toronto, Singapore.

WYGOTSKI, L. S. (1981). *Denken und Sprechen.* Berlin.

ZIMMER, R. (1996). *Projekte - Lebensnahes Lernen in ganzheitlichen Zusammenhängen.* In: Kindergarten heute 3/96. 18-23. 4/96. 36-41.

## 3.2 Erziehung in Problemfällen

ELEONORE DIETZ

Hörerziehung und Vermittlung der lautsprachlichen Kommunikationsfähigkeit sind auch bei spät erfassten Kindern, selbst dann, wenn zusätzliche Probleme vorliegen, ein lohnender Weg.

Viele Probleme können mit der Entwicklung des Hörens kompensiert oder stark gemildert werden, weil die Informationen aus der Umwelt, die bisher nur über den visuellen Kanal aufgenommen werden konnten, durch die auditive Wahrnehmung zum Beispiel von Geräuschen, Rufen oder Musik wesentlich erweitert und ergänzt werden. Über das sich entwickelnde Hören wird natürlich ebenfalls das Erkennen und Verarbeiten der Lautsprache erleichtert. Oft wird im Laufe der Zeit das Hören zum führenden Wahrnehmungsträger und entlastet damit Funktion und Zusammenspiel der anderen Sinnessysteme. So lassen sich beispielsweise allgemeine Ängstlichkeit, Versagensangst, Dyspraxien, Hyperaktivität, Hypotonie, Wahrnehmungsstörungen, Störungen des Gleichgewichtes oder Störungen im Verarbeiten von Raum-Lage-Beziehungen positiv beeinflussen. Die Kinder werden fröhlich und selbstbewusst, aufgeschlossen gegenüber anderen Personen und allem Wissenswerten. Das Leben im sozialen Miteinander wird erleichtert.

Der folgende Artikel bezieht sich auf die Erfahrungen mit der hörgerichteten Zugehensweise bei „schwierigen" Kindern in einer Vorklasse der Johannes-Vatter-Schule. Wesentlich sind für uns genaue Beobachtung und darauf basierende konsequente hörgerichtete Erziehung im Rahmen einer ganzheitlichen Förderung der Kinder.

### 3.2.1 Aspekte, die das Hörenlernen erschweren

In der angesprochenen Vorklasse (VK) sind Kinder, die während ihrer Kleinkindzeit keine ausreichende Hörfähigkeit und Lautsprachkompetenz entwickelt haben. Alle Kinder sind hochgradig hörgeschädigt und haben ein rudimentäres, oft vorsprachliches Kommunikationsverhalten. Sie haben zusätzliche Störungen und Entwicklungsretardierungen. Besonders auffällig ist hierbei in den letzten Jahren die Zunahme von Wahrnehmungs- und Verarbeitungsstörungen, Aufmerksamkeitsdefiziten, Hyperaktivität und Dyspraxien. Solche Probleme, sehr oft durch ungünstige

Lebenssituationen erworben und nicht angeboren, erschweren jegliche Lernprozesse, auch das Hörenlernen. Wir können die Kinder erst nach Vollendung ihres vierten Lebensjahres in die VK aufnehmen. Nicht selten sind Kinder bereits fünf Jahre oder älter. In dieser Phase der beginnenden Abnahme der Hirnplastizität ist das Nachholen von Lern- und Entwicklungsschritten nur mit viel Geduld und Konsequenz möglich.

Die Ursachen für die geringe Entwicklung des Hörens sind vielschichtig.

Eine Addition der unten angeführten Ursachen erschwert verständlicherweise die Situation eines Kindes erheblich.

#### 3.2.1.1 Äußere Ursachen

Diese können sein:

- Kinder aus Aussiedler- und Asylantenfamilien haben in ihren Heimatländern weder Hörgeräteversorgung noch Frühförderung erfahren. Sie sind zum Zeitpunkt des Vorklassenbesuches oft bereits älter als vier Jahre und haben erstmals in Deutschland Hörgeräte bekommen.
- Trotz zunehmender Information über Hörschädigung, Diagnostik und Hörgeräteanpassung werden immer wieder Kinder mit nicht gut angepassten Hörhilfen versorgt. Eltern sind mit der Beurteilung von Hörgeräten, die im Auswahlverfahren angepasst werden, meist überfordert. Fachleute führen eine ausbleibende Hörentwicklung des Kindes zu oft auf ein falsches Erziehungs- und Sprachverhalten der Eltern zurück, statt die Hörgeräteversorgung erneut zu überprüfen.
- Innerfamiliäre Konflikte, Gewalt, Partnerprobleme, wirtschaftliche Probleme und damit Reduzierung des Selbstwertgefühls der Erziehungspersonen erschweren oder verhindern eine Förderung des Kindes.
- Die Eltern können die Hörbehinderung ihres Kindes nicht ausreichend verarbeiten. Überbehütung oder unangebrachte Leistungsanforderung, Verunsicherung der Eltern bezüglich des „richtigen“ Erziehungsverhaltens oder das beständige Abgeben der Erziehung an „Fachleute“ beeinträchtigen das Eltern-Kind-Verhältnis. Überängstlichkeit, Versagensangst oder tyrannisches Verhalten gegenüber den Eltern können beim Kind die Folge sein und das Hörenlernen erschweren.
- In Familien mit Gebärdenkommunikation lässt sich bei hörgeschädigten Kindern auch während einer Frühbetreuung nur schwer eine Lauschhaltung - trotz zum Teil guter Hörfähigkeit - aufbauen. Oft akzeptieren die Kinder zudem ihre Hörgeräte nicht, wenn die Eltern auch keine tragen. Bedingt durch die Gebärdenkommunikation entwickeln

diese Kinder kein Lautieren oder „Babbeln“ und müssen erst mühsam lernen, ihre Stimme zu gebrauchen

#### 3.2.1.2 Kindbedingte Ursachen

Kinder mit hochgradigem Hörverlust lernen sehr viel schwerer, ihre Hörreste auszunutzen, wenn sie in ihrer Entwicklung durch weitere Probleme zusätzlich beeinträchtigt sind, z. B. durch:
- Störung des Gleichgewichtssinnes,
- Störungen im Verarbeiten von Raum-Lage-Beziehungen,
- Wahrnehmungsstörungen im taktilen und/oder visuellen Bereich,
- Integrationsstörungen beim Verarbeiten aller Sinneseindrücke,
- Dyspraxie,
- Hyperaktivität, meist verbunden mit Störungen in der Aufmerksamkeitssteuerung,
- Hypotonie, oft verbunden mit Kontaktproblemen,
- Fehlverhalten innerhalb sozialer Beziehungen aufgrund von Reizverarbeitungsstörungen,
- psychische Störungen wie Versagensangst, allgemeine Ängstlichkeit, Aggressionen,
- Lernbehinderung oder geistige Behinderung.

#### 3.2.1.3 Die konkrete Situation in der Vorklasse

Um anschaulich zu machen, mit welchen Eingangsvoraussetzungen die Kinder in unsere Einrichtung kommen, hier einige Beispiele:
- Zwei kurdische Asylantenkinder, Zwillinge, 4;1 Jahre alt; laut BERA sind keine Potentiale bis 100 dB ableitbar. Die Hörgeräteversorgung erfolgte mit 3;4 Jahren. Der Vater stellt den Lautheitsregler immer zurück, da wegen schlechter Otoplastiken die Hörgeräte pfeifen. Es ließen sich wegen Ängstlichkeit und mangelndem Aufgabenverständnis der Kinder bisher keine Hör- und Aufblähkurven erstellen. Das Lebensalter bei Aufnahme ist 4 Jahre, das Entwicklungsalter 2½ Jahre, das Höralter ca. ein Dreivierteljahr. Bei einem Zwilling ist in Ansätzen Geräuschehören zu beobachten, aber noch kein Sprachehören. Beide Kinder sind dyspraktisch, die Händigkeit ist noch nicht festgelegt. Sie zeigen Probleme bei Wahrnehmung, Selbständigkeit, Spielverhalten und sozialem Verhalten. Eine Lernbehinderung ist zu diesem Zeitpunkt nicht auszuschließen. Die Kinder leben in einer Großfamilie in einem Asylantenheim. Weitere ältere Geschwister sind ebenfalls hörbehindert. In der Familie wird nur Kurdisch gesprochen; die anderen

Kinder und Jugendlichen mit Hörschaden sprechen Kurdisch, zum Teil gebrochen Deutsch und benutzen Gebärden.

- Ein polnisches Kind hat infolge einer schweren Meningitis einen an Taubheit grenzenden Hörschaden, eine rechtsseitige Lähmung des Körpers, ist inkontinent, hat eine Spitz-Klumpfußstellung und lernt nach einer entsprechenden Operation gerade das Laufen. Es hat ein Lebensalter von 4½ Jahren, ein Entwicklungsalter kognitiv von 3 Jahren, sozial und körperlich von 1½ Jahren. Es war 4 Jahre lang in einem Waisenhaus untergebracht und saß dort ohne ausreichende soziale Zuwendung taub in einem großen Schlafsaal im Gitterbett. Seit kurzem lebt es in einer deutschen Pflegefamilie. Es trägt seit wenigen Monaten Hörgeräte. Die Daten für Hör- und Aufblähkurve sind noch nicht sicher. Hörreaktionen sind nicht beobachtbar; es hat Förderbedarf in allen Bereichen.
- Ein deutsches Kind mit einem Lebensalter von 4;2 Jahren kommt nach unregelmäßig durchgeführter Frühförderung in die VK. Die Eltern lassen ihr Kind in vier verschiedenen Kliniken untersuchen, weil sie nicht glauben können, dass ihr Kind einen Hörschaden hat. Die Hörgeräteversorgung erfolgt im 2. Lebensjahr, Hörreaktionen sind nicht beobachtbar, audiometrische Ergebnisse liegen nicht vor. Es hat ein Entwicklungsalter von 3 Jahren, ist überängstlich, klammert sich an alle Gegenstände, die es von zu Hause mitbringt, ist gesundheitlich labil mit Neigung zu Verstopfung und Essensproblemen. Die Eltern sind sehr unsicher, überbehütend, in der Kommunikation ratlos. Nach vielen negativen Erfahrungen mit „Fachleuten“ erwarten sie von der Sondereinrichtung Hilfe und fühlen sich dennoch hilflos ausgeliefert. Sie haben keine Perspektive für die Entwicklung ihres Kindes und sind ebenso unsicher wie dieses.

### 3.2.2 Feststellung des Entwicklungsstandes

Vor der gezielten Förderung eines Kindes ist es notwendig, alle schon vorhandenen Daten seiner Vorgeschichte zu sammeln und neue Informationen durch genaue Beobachtung hinzuzunehmen.

So erhält man einen ersten Überblick über den bisherigen Entwicklungsverlauf sowie über die Probleme und Stärken des Kindes. Es wird ein Förderplan erstellt, der die ersten Fördermaßnahmen in der Vorklasse ebenso umfasst wie eine eventuell sofort oder später notwendig werdende interdisziplinäre Zusammenarbeit mit Ärzten, Akustikern, Krankengymnastinnen, Motopäden, Logopäden, Ergotherapeuten etc.

So kann z. B. bei einem Meningitis-Kind die Aufmerksamkeit auf einen eventuell progredient verlaufenden Hörverlust gerichtet werden und eine Beratung zur CI-Versorgung empfehlenswert sein.

Oder nicht selten gelingt es, gerade erst neu angepasste Hörgeräte in Zusammenarbeit mit der Akustikerfirma umzutauschen, wenn sich nach der Hörkonditionierung des Kindes mit anderen Hörgeräten bessere Aufblähkurven erzielen lassen.

#### 3.2.2.1 Anamnese

Die notwendigen Daten zur Beurteilung der bisherigen Entwicklung und Förderung eines Kindes sind in den meisten Fällen nur lückenhaft oder gar nicht vorhanden.

Durch Akteneinsicht, Elterngespräche, Kontaktaufnahme zu Klinik und/oder Akustiker, zum Frühförderer oder anderen beteiligten Institutionen kann die Vorgeschichte des Kindes zusammengestellt werden.

Falls das Kind bereits durch eine Frühförderstelle betreut wurde, wäre eine Sammlung aller vorhandenen Arztberichte, Audiogramme, Entwicklungsgutachten und -prognosen, Förderempfehlungen, Adressen von bisher beteiligten Kliniken, Ärzten, Akustikern und Therapeuten zwecks Nachfrage hilfreich.

An dieser Stelle mag ein Beispiel zeigen, wie wichtig die Kenntnis aller anamnestischen Daten ist:

Es erfolgte die Aufnahme eines Kindes, welches seit etwas über einem Jahr mit einem CI versorgt war. Die Hörentwicklung war unbefriedigend, Sprache (außer Mama und Papa) nicht vorhanden. Alle weiteren Faktoren waren positiv und sollen hier nicht geschildert werden. Das Kind lernte sehr schnell in allen Bereichen, hatte ein herausragendes Interesse an Schrift, kam aber über das Geräuschehören nicht hinaus und hatte aktiv nur Lautmalereien zur kommunikativen Verfügung. Nach anderthalb Jahren Förderung durchforschten wir gezielt alle Ursachenvarianten und erhielten dann durch die Eltern einen vergessenen Arztbrief, der den Grund der Hör- und Sprachstagnation offenbarte. Bereits mit 2;6 Jahren wurde eine perinatale Schädigung der Heschelschen Windung festgestellt, d. h., eine Sprachdekodierung und -kodierung war aufgrund dieser zentralen Störung trotz guter Hörentwicklung gar nicht möglich. Die weitere Förderung erfolgte mit visuellen Zeichensystemen, die das Kind gut aufschlüsseln konnte.

**Fragen, die für die Hör-Sprachentwicklung bedeutend sein können:**

- Ist das Kind seit Geburt hörgeschädigt oder seit wann?

- Ist die Ursache des Hörschadens bekannt? (Meningitis!)
- Wann und von wem wurde der Hörschaden erkannt?
- In welcher Klinik erfolgte die Erstdiagnose und nach welcher Methode: BERA, ERA, Notched-Noise-BERA, subjektive Audiometrie? - Ergebnisse?
- Wie war die Information der Eltern über den Hörschaden ihres Kindes?
- Wie verläuft die Hörkurve?
- Wie verläuft die Aufblähkurve?
- Welche Hörgeräte trägt das Kind jetzt?
- Wie ist die Einstellung?
- Wie sind Beschaffenheit und Sitz der Otoplastiken?
- Gibt es Elternaussagen zum Verlauf der Diagnose, der Hörgeräteanpassung, zur Akzeptanz der Hörgeräte, zur Hörentwicklung (falls schon etwas zu beobachten war), zu eigenen Wünschen, Problemen?
- Wie ist das soziale Umfeld (Geschwister, Kommunikation im Elternhaus, Familienprobleme etc.)?
- Wurden eine Frühförderung oder Wechselgruppenaufenthalte angeboten? - Ab wann, von welcher Einrichtung?
- Wie ist der Informationsstand der Eltern bezüglich Hörgerätepflege, Hörgeräteüberprüfung, Wichtigkeit der regelmäßigen Kontrolle der Gehörgänge und Trommelfelle mittels Ohrenspiegel? (entsprechendes gilt für ein CI)
- Erfolgte die Frühförderung unter hörgerichteten Prinzipien?
- Welche Aussagen liegen über die Entwicklung des Kindes seitens der Frühförderung vor?
- Gab es einen Wechsel in der Frühförderung und wenn ja, warum?
- Neigt das Kind verstärkt zu Infekten im Nasen-Rachen-Raum mit Beteiligung des Mittelohres?
- Wurden Polypen oder Mandeln entfernt?
- Wurde schon einmal eine Parazentese (Trommelfellschnitt) durchgeführt?
- Trägt das Kind Paukenröhrchen?
- Sind weitere medizinische oder soziale Bedingungen zu berücksichtigen (Absencen, motorische Besonderheiten, Schluckprobleme etc.)?
- Trägt das Kind eine Brille?
- Trägt das Kind ein CI und seit wann?
- Welche weiteren Therapiemaßnahmen wurden durchgeführt (Ergotherapie, Krankengymnastik etc.)?

### 3.2.2.2 Beobachtung des Kindes

Standardisierte Testverfahren zur Ermittlung von intellektueller Entwicklung, Sprachverständnis oder motorischer Entwicklung sind als Unterstützung zur Beurteilung eines Kindes im Rahmen einer „Eingangsdiagnostik" hilfreich; sie sind jedoch auf eine kooperative Haltung des Kindes angewiesen. Bei neu aufgenommenen vierjährigen Vorklassenkindern sind deshalb in vielen Fällen aussagekräftige Testergebnisse kaum zu erhalten.

Deshalb ist gerade bei so jungen Kindern eine differenzierte Beobachtung sehr wichtig. Sie erfolgt nach bestimmten Kriterien in verschiedenen Kategorien während des Alltags in der Vorklasse: in freien oder gelenkten Spielsituationen, beim Anziehen, Frühstücken usw.

Diese „Kategorien" sind in der Praxis natürlich nicht voneinander abgegrenzt und bedingen sich gegenseitig. Um die Stärken und Probleme des Kindes beurteilen zu können, müssen sie jedoch getrennt beobachtet werden:

- körperliche Entwicklung, Grobmotorik, Feinmotorik,
- Hören,
- Kommunikation/Sprache,
- Sprechen/Artikulation,
- Arbeitsverhalten,
- Kognition,
- Persönlichkeit, Sozialverhalten,
- Spielverhalten,
- Wahrnehmung.

Zu Beginn der Arbeit mit einem Kind fallen naturgemäß nicht alle Fähigkeiten oder Probleme auf. Zuerst entsteht ein Grobraster, wonach sich auch die Angebote an das Kind richten. Diese wiederum ermöglichen weitere, genauere Ermittlungen von Parametern zur Beurteilung.

Überprüfsituationen, die dem Kind seine Probleme durch das Empfinden des „Nicht-Könnens" überhaupt erst bewusst machen, werden vermieden. So z. B. werden nicht vor den Augen des Kindes auf einer Liste Phonemverbindungen abgehakt oder ihm vor dem Spiegel gezeigt, dass es Lippenstellungen nicht nachahmen kann. Es hat sich gezeigt, dass es für jede Fragestellung eine kindgemäße Beobachtungssituation gibt.

Die unten angeführten Beobachtungskriterien zu einigen Kategorien sollen als Beispiel dienen.

Weitere Schwierigkeiten, die über eine reine Beobachtungsdiagnostik nicht zu klären sind, lassen sich über eine fundierte ärztliche Differentialdiagnostik feststellen. Sie stellt eine wesentliche Voraussetzung dar, „auch hochgradig hörgeschädigten Kindern mit Teilleistungsstörungen und neurogenen Lernstörungen frühzeitig Rehabilitationswege für eine hörgerichtete Erziehung aufzuzeigen" (KUKE, 1995).

Im Folgenden sollen am Beispiel einiger Kategorien die Beobachtungsmöglichkeiten aufgezeigt werden.

#### 3.2.2.2.1 Beurteilung der augenblicklichen Hörfähigkeit

Die Beurteilung der Hörreaktionen des Kindes wird durch die Erstellung einer Hörkurve und einer Aufblähkurve mittels subjektiver Audiometrie wesentlich unterstützt. Nur so lassen sich genauere Aussagen machen, ob das Kind adäquat technisch versorgt ist. Oft ist aufgrund der mangelhaften Mitarbeit des Kindes oder seiner Unsicherheit eine genaue Hörangabe noch nicht möglich. Eventuell hat das Kind noch nie begriffen, was ein akustischer Reiz überhaupt ist, oder die Vermittlung des erwünschten Reaktionsverhaltens ist bisher nicht gelungen. In diesem Fall wird zuerst eine Konditionierung des Kindes bezüglich eindeutiger Reaktionen auf akustische Reize mittels Musikinstrumenten durchgeführt. Zeigt sich nach mehrmaligem Audiometrieren mit Hörgeräten, dass die Angaben sicher sind, wird eine Hörverlustkurve über Kopfhörer ermittelt. Die Ergebnisse von Beobachtung und Audiometrie müssen zueinander passen! Hat das Kind eine Aufblähkurve gut platziert im Sprachbereich und zeigt keine Reaktionen auf Rufen, Pfeifen o. Ä., so ist das Messergebnis anzuzweifeln!

Sollte das Kind durch sehr große Ängstlichkeit oder generell mangelnde Mitarbeitsmöglichkeit (z. B. wegen autistischer Symptome) keine subjektiven Angaben zum Hören machen können, erfolgt eine Beratung der Eltern bezüglich der Durchführung einer frequenzspezifischen objektiven Hörmessung (z. B. Notched-Noise-BERA).

**Bei der Beurteilung der Hörfähigkeit können folgende Fragen eine Rolle spielen:**

- Reagiert das Kind auf Geräusche, Sprache, Musikinstrumente?
- Wie deutlich ist die Reaktion? Sind es evtl. nur Fühlwerte (Trommel, Türenschlagen, Klangstäbe) oder auch hochfrequente Geräusche (Zischen, Triangel, Rassel)?
- Wie verhält es sich beim Audiometrieren?
- Dreht es sich bei Rufen oder Pfeifen um?
- Hört es auf seinen Namen?
- Ist schon eine Lauschhaltung zu beobachten?

- Zeigt es Richtungshören?
- Hört es im Freien?
- Hört es auch Geräusche von Kassette?
- Kann es Höreindruck, Bedeutung und Handlung kombinieren?
- Hört es Lautmalereien, rhythmisches „Babbeln“ (bababa), Worte oder sogar Teile von Sätzen?

#### 3.2.2.2.2 Beurteilung der Sprachentwicklung und der Kommunikation

Die Sprachentwicklung ist nicht nur in Abhängigkeit zur Hörentwicklung zu sehen, sondern wird von der Persönlichkeit des Kindes, seinem Mitteilungsbedürfnis, seinem Temperament und seiner bisherigen Entwicklung bestimmt. Störende psychische oder körperliche Einflüsse, wie z. B. Ängstlichkeit oder Hypotonie, müssen berücksichtigt werden.

**Hier sind folgende Beobachtungskriterien angebracht:**

- Wie kommuniziert das Kind mit seinen Eltern, mit anderen Kindern?
- Geht es aktiv auf andere zu oder beobachtet es nur?
- Lautiert es (auch beim Spielen); babbelt es; versucht es, sich auf eine andere Art sprachlich mitzuteilen?
- Imitiert es Geräusche?
- Benutzt es einfache Worte (z. B. Mama oder den eigenen Namen) in Ansätzen?
- Wie viel Sprache benutzt es spontan?
- Ist es antlitzgerichtet?
- Ahmt es allein oder nach Aufforderung Laute, Worte oder Satzphrasen nach?
- Wie schnell behält es neue Worte und wendet sie an?
- Spricht es vielleicht Worte in seiner Muttersprache?
- Welche nonverbalen Ausdrucksformen benutzt es (natürliche Gebärden, konventionelle Gebärden, Zeigen, Zerren, Pantomime, welche Gestik und Mimik)?

#### 3.2.2.2.3 Beurteilung der Artikulation

Die Sprechfertigkeit ist eine wesentliche Voraussetzung zur Sprachverständlichkeit und damit zur sprachlichen Interaktion. Zudem lässt sie Rückschlüsse auf die Hörfähigkeit zu, auf Verkrampfungen, pathologische Atmung oder Dyspraxie.

Der erste Eindruck ist die Art, wie ein Kind mit oder ohne Aufforderung nachspricht, ob es spontan mit Stimme spricht und wie die Mundbewegungen nachgeahmt werden. Letzteres ist nicht nur ein Hinweis auf die Sprechfertigkeit, sondern auch auf die Fähigkeit, das Mundbild des Gegenübers aufzuschlüsseln und zu begreifen. Kinder z. B. mit visuellen Wahrnehmungsstörungen oder Verarbeitungsproblemen bewegen ihre Lippen oder die Zunge irgendwie. Entsprechend haben sie lange Probleme, Gesagtes über Hören und Mundbild zu verstehen. Zusätzliche Förderung der Wahrnehmung bringt bei solchen Kindern gute Fortschritte.

**Zur Kategorie „Sprechen/Artikulation" ist zu fragen:**

- Wie ahmt es gehörte Laute oder Wörter nach (Steuerung und Koordination der Lippen-/Zungenbewegungen)?
- Wie ist der Zustand der Artikulationsorgane (Zahnstellung, Gaumen etc.)?
- Gibt es Probleme mit der Luftführung (Gaumensegel, häufige Infekte)?
- Kann das Kind schnäuzen, pusten, mit einem Strohhalm trinken?
- Kann es einen Rhythmus lautierend beibehalten, überhaupt einen Rhythmus beim Klatschen, Klopfen oder irgendwie nachahmen oder vorgeben?
- Wie ist die Stimmlage (hochtonig, gepresst, nasal, normal)?
- Hat es Probleme mit der Stimmgabe?
- Benutzt es Ersatzgeräusche, die in Sprache nicht vorkommen (Schmatzen, Schnalzen, Grunzen)?
- Wie ist der Muskeltonus: schlaff, verspannt, normal?
- Welche Phoneme und Phonemverbindungen kann es bereits sprechen?
- Wie verständlich spricht es spontane Worte?
- Wie reagiert es auf Sprechverbesserungen über das Ohr?

#### 3.2.2.2.4 Beispiel einer Verhaltensbeobachtung

Um möglichst schnell einen Überblick zu erhalten, hat sich die Erstellung eines „Ich-Plakates" bewährt. Die Situation ist ganzheitlich, alle Beobachtungsbereiche sind enthalten, das Kind hat Spaß an der Tätigkeit, weil sein Lebensumfeld und seine Person im Mittelpunkt stehen.

Das Kind muss bereits mit der Umgebung und den Personen in der VK vertraut sein und gerne mit zur Einzelarbeit kommen; die Eltern haben Fotos von dem Kind in verschiedenen Situationen mitgegeben, ebenso von sich, den Großeltern, wichtigen Verwandten oder Freunden, von Haustieren, dem Kinderzimmer; alles Abbildungen, die dem Kind wertvoll und vertraut sind.

Wir schauen uns zuerst die bereits an der Wand hängenden Plakate der anderen Kinder an. Schon hier lassen sich Aussagen über die Hörreaktion des Kindes machen. Das Besprechen der Fotos, auf denen ein anderes Kind der Gruppe zu sehen ist, erfolgt neben dem Ohr des Kindes. Dabei kann beobachtet werden, ob das Kind sich dem Sprecher zuwendet, ob es ihm auf den Mund sieht, ob es ein Wort wiederholt, ob es eine Lautmalerei (z. B. „Miau“ beim Betrachten einer Katze) nur aufgrund des Höreindrucks wiederholt?

Zeigt das Kind schon zu Beginn, dass es über das Hören ansatzweise zu erreichen ist, richtet sich das weitere Vorgehen danach aus. Die Hörangebote werden nach Rhythmus, Prosodie, Lautmalerei, Sprache in Form von Namen, Aufforderungen oder kurzen Sätzen gesteigert, um den Hör- und Sprachstand einschätzen zu können. Reagiert das Kind nicht oder nur unsicher, wird auf einer niedrigeren Ebene fortgefahren.

Dem Kind wird sein eigenes, noch leeres Plakat gezeigt. Um das Ausmalen seines Namens zu ermöglichen, werden die Buchstaben (große Druckbuchstaben) doppelt geschrieben. Falls nicht schon bekannt, lässt sich erkennen, ob Schrift für das Kind gleich zu Beginn der Förderung ein unterstützendes Medium sein kann oder ob das Erkennen von Formen oder die inhaltliche Verknüpfung schwierig sein wird. Erkennt das Kind seinen Namen über das Hören oder nur über die Schrift, indem es auf sich zeigt? Läuft es gar zu seinem Stuhl und zeigt dort auf seinen Namen (gute Schriftzuordnung; erstes ideovisuelles Lesen)?

Gibt das Kind keinen Laut von sich, wird ihm sein Name erst auditiv angeboten und dann darf es absehen. Durch das Ohr-Hinhalten (Lauschhaltung) wird das Kind zum Nachsprechen oder zumindest Lautieren motiviert. Begreift es die Aufforderung (Hinweise zum Aufgabenverständnis und Mitarbeitsbereitschaft)? Es sollte in jedem Fall zu einer Lautäußerung gebracht werden (notfalls durch Abfühlen der Stimmvibrationen), um dies positiv bestätigen zu können! Wie hört sich seine Stimme an (Hinweise auf sprechmotorische Probleme, Luftführung, Verkrampfung)? Ist der Name akustisch zu verstehen (Aussagen über rhythmisches Empfinden, Umsetzen in Sprechrhythmen, Realisierung von Phonemverbindungen)?

Während der Beschäftigung mit dem Kind sollte es ebenfalls unbedingt gelingen, irgendeine Hörreaktion zu provozieren, wenn nicht durch die Stimme des Erwachsenen, dann möglicherweise durch Hilfsmittel (z. B. Klanginstrumente).

Das Kind wird nun aufgefordert, die Buchstaben seines Namens farbig auszumalen. Die hierbei zu beobachtende feinmotorische Leistung lässt Rückschlüsse auf das Entwicklungsalter zu, zeigt Entwicklungsverzögerungen durch Wahrnehmungsprobleme, lässt Aussagen über die Auge/Hand-Koordination oder auch Dyspraxie und über die Lateralität zu. Hyperaktive oder wahrnehmungsgestörte Kinder wissen nicht, wie sie beim Ausmalen ihre Körperhaltung optimieren können; sie verändern ständig ihre Lage, bemalen sich oder ihre Kleidung und sind mit dem Ergebnis ihrer Bemühung schnell unzufrieden. Manchmal liegt lediglich ein Förderdefizit vor, was sich aber erst während der weiteren Arbeit mit dem Kind zeigt.

Die Auswahl der Farbstifte zum Ausmalen gibt ein weiteres Mal Gelegenheit, im Gespräch das Vorhandensein von Farbbegriffen und die visuelle und/oder akustische Zuordnungsfähigkeit einzuschätzen. Kinder lieben im Allgemeinen bunte Farben; entwicklungsretardierte Kinder greifen auch zu Braun und Grau oder wollen zwei Buchstaben hintereinander mit der gleichen trüben Farbe ausmalen.

Die Fotos werden gemeinsam betrachtet und bieten wieder genug Gesprächsanlass, um die Kommunikationsfähigkeit des Kindes auf allen Ebenen wahrzunehmen.

Das Kind hilft anschließend mit, einige auszuwählen und auf dem Plakat festzukleben. Dann werden die Namen der Personen unter die Fotos geschrieben, verpackt in eine kommunikative Form; z. B. „Das ist mein lieber Onkel Jörg. Jörg ist schon sooo groß“. Manchmal aber einfach auch nur „meine MAMA“, um dem Kind endlich ein klares Angebot zu machen, was es so dringend benötigt.

Auch hier können wiederum Sprach- und Sprechvermögen, Hörentwicklung, das Begreifen von Schrift, die Nachahmungsfähigkeit, die Selbständigkeit, die feinmotorische Entwicklung, das Aufgabenverständnis, die Aufmerksamkeitssteuerung, die Konzentration und Ausdauer festgestellt werden.

Zum Schluss werden Hand und Fuß im Umriss umzeichnet und das Kind malt ein Selbstportrait. Besonders an letzterem können der Entwicklungsstand und weitere die Entwicklung erschwerende Faktoren beurteilt werden.

**Beispiel:**

Das Kind ist bereits fünf Jahre alt. Es ist schmal, blass und hat leichte Schatten unter den Augen. Es schaut konzentriert und freut sich über jedes Lob. Es verfolgt begeistert die Entstehung des Plakates. Die Mundbewegungen beim nachahmenden Sprechen sind ungezielt, die Stimmlage hochtonig und gepresst, die Nasenatmung deutlich behindert. Spontan sagt es nichts. Hörreaktionen sind kaum beobachtbar. Es benötigt viele zusätzliche Hinweise, um Arbeitsaufträge zu verstehen. Es kann MAMA und PAPA nicht selbst benennen, sondern hat nur eine Geste als Ersatz und zeigt vage in die Ferne. Im Gegensatz dazu ist das Ausmalen des Namens sehr farbenfroh und exakt, der Name wird sofort als der eigene erkannt. Die Namen der Personen auf den Fotos können über Schrift sofort diesen zugeordnet werden. Die feinmotorischen Bewegungen sind zielgerichtet, jedoch leicht zitterig; beim Ummalen der Hände werden diese frühzeitig weggenommen, aber gleich wieder hingelegt. Das Eigenbildnis zeigt ein gutes Körperschema; die Hände haben fünf Finger, auch die Ohren werden als zusätzliches Detail gemalt. Das Selbstbildnis wird klein in einer Ecke angesiedelt.

**Beurteilung:**

Dieses Kind ist zutiefst verunsichert, ob es alles richtig macht und richtig verstanden hat. Es hat nur die Informationen des visuellen Kanals; Hören ist nicht beobachtbar (trotz gerade reparierter Hörgeräte, beide waren defekt). Die schlechte Nasenatmung lässt auf Polypen schließen oder eine Verkrümmung der Nasenscheidewand. Schrift kann bereits als Informationsträger erkannt werden und hilft ein wenig weiter. Das hochtonige Lautieren ist vorsprachlich, arhythmisch, verkrampft. Das Kind erscheint normal intelligent, die Sinnesleistungen deuten (bis auf die hochgradige Schwerhörigkeit) nicht auf Wahrnehmungsstörungen hin. Die Eigendarstellung ist ausreichend detailliert, das Kind malt sich dabei sehr klein, was auf seine Unsicherheit und sein geringes Selbstwertgefühl schließen lässt.

**Maßnahmen:**

Dringend muss in Zusammenarbeit mit einer HNO-Klinik ein medizinischer Befund über den Zustand des Nasen-Rachenraumes eingeholt werden. Falls der Hörstatus sich dadurch und durch eine verbesserte Einstellung der Hörgeräte nicht anheben und entwickeln lässt, sollte bei diesem Kind sehr bald über eine Versorgung mit CI nachgedacht werden. Zwischenzeitlich wird die Arbeit mit Tagebuchblättern intensiviert. Das Schriftangebot über Buchstaben mit Lautkoppelung wird differenzierter angeboten und damit als Hilfsmittel schneller verfügbar gemacht. Handlungsorientierung soll dem Kind im situativen Verständnis mehr Sicherheit geben. Mit Musikinstrumenten, rhythmisch-musikalischen Angeboten und Lautmalereien wird die Hördifferenzierung und rhythmische Nachahmungssicherheit in der Übergangszeit eingeleitet.

## 3.2.3 Rahmenbedingungen zur Förderung

Wie fühlt sich ein Kind, das noch über kein funktionierendes Kommunikationssystem verfügt, wenn es neu in die Vorklasse kommt? Es hat außer visueller Wahrnehmung, vielleicht noch dem Registrieren von wenigen lauten Geräuschen, kaum Möglichkeiten der Situationseinschätzung. Es ist umgeben von fremden Menschen in einer fremden Umgebung.

### 3.2.3.1 Orientierung und Vertrauen

Unter diesen schwierigen Anfangsbedingungen sind die Kinder angewiesen auf möglichst viele Maßnahmen, die Orientierung ermöglichen und Vertrauen schaffen. Dies sind eindeutige Situationen und Handlungsanweisungen, eine liebevolle und dennoch konsequente Zugehensweise, unterstützende Körpersprache und Mimik und, ganz wichtig, das Vorbild der nicht mehr neuen Kinder in der Gruppe. Das Kind fühlt sich angenommen und eingebunden in das soziale Miteinander, in dem es sich an den Regeln orientieren kann.

Die Förderung erfolgt ganzheitlich und nicht ausgerichtet an den Defiziten. Es wird versucht, das Kind in seiner Entwicklung, mit seinen Interessen und Fähigkeiten in Bezug zu seinem sozialen Umfeld zu erfassen und ihm gerecht zu werden. Chancen zu eröffnen durch eine möglichst umfassende Sinnesförderung, ist dabei ein wesentlicher Aspekt. Die Bandbreite der Tätigkeiten reicht hier vom Malen, über Erfahrungsvermittlung mit Knete, Schere und Papier, Klebstoff, Naturmaterialien, das Riechen, Fühlen, Schmecken und Wiedererkennen durch diese Wahrnehmungsförderung bis hin zum Erlernen von Regelspielen oder dem kreativen Umgang mit Spielsachen.

Weiterhin hilfreich ist ein Vermitteln von Bezugspunkten in der Gruppe. So sind fest zugewiesene und mit Namen versehene Plätze (für Tasche und Jacke, ein bestimmter Stuhl im Morgenkreis und am Frühstückstisch, ein eigenes Handtuch und ein bestimmtes Waschbecken) sowie ein möglichst immer gleicher Tagesablauf hilfreich.

Sicherheit vermittelt ein anschaulich dargebotener Wochenplan mit Fotos von vertrauten und neuen Personen, die für Psychomotorik, Rhythmik, Audiometrie oder zusätzliche Therapien (z. B. Krankengymnastik) verantwortlich sind. Handlungs- und Sprachrituale können schnell nachgeahmt werden und geben Halt. Viele unterschiedliche Anschauungsmaterialien helfen beim Erklären von noch Unverstandenem und erweitern so das Wissen und den Überblick.

Die grobmotorische Entwicklung der Kinder, ihr Geschick, die Förderung des Gleichgewichtes, ihr Selbstvertrauen werden zusätzlich durch Angebote in Sport und Psychomotorik gefördert. Die rhythmisch-musikalische Bewegungserziehung hat einen besonderen Stellenwert. Hörangebote, rhythmische Bewegungselemente, Tanz und Einbeziehen von Instrumenten ergänzen die jeweiligen Vorklassenthemen. Rhythmik so verstanden erweitert den Bereich des „sich selbst Darstellens", die Kreativität in der rhythmischen Bewegung und die Neugierde auf Hörerlebnisse durch Instrumente und Musik.

Auf dieser Basis kann das Kind die angebotenen Förderungen aufnehmen Es zeigt seine Entwicklungsmöglichkeiten, seine Vorlieben, aber auch die Bereiche, in denen es Hilfe benötigt. Es nimmt das beständige Hör- und Sprachangebot wahr und begreift langsam die Zusammenhänge.

#### 3.2.3.2 Einbeziehung der Eltern

Wie fühlen sich die Eltern, wenn sie ihr Kind mit all seinen Problemen in eine Sonderschule „geben"?

Außer vagen Zeichen und meist unverstandener Sprache konnten die Eltern nichts zur Erklärung der zukünftigen Situation beitragen. Sie vermitteln dem Kind oft, bedingt durch eigene Unsicherheit, eher Angst als Zuversicht.

Gleich zu Beginn der Aufnahme in die Vorklasse wird versucht, die Eltern möglichst umfassend über die Vorklassenarbeit zu informieren. Viele Eltern hatten noch nie die Anleitung durch eine Frühförderung. Ihr Informationsbedarf ist oft so umfassend, dass er nicht in einem Gespräch erschöpfend behandelt werden kann. Die bisherige Entwicklung des Kindes, Erwartungen und Sorgen der Eltern werden besprochen. Das Vertrauen der Eltern in die Arbeit des Vorklassenteams ist ebenso wichtig wie die Einsicht in die Notwendigkeit einer engen Zusammenarbeit.

Als Information gibt es u. a. ein täglich geführtes Mitteilungsheft. Darin steht, was am Vormittag in der Vorklasse getan wurde, besondere Auskünfte über die Verhaltensweisen oder Fortschritte des Kindes werden festgehalten. Auch die Eltern tragen oft Beobachtungen, Fragen oder besondere Geschehnisse ein. (Bei Verständigungsschwierigkeiten wird das Heft evtl. übergangsweise in Englisch/Deutsch geführt). Alle Eltern nehmen diese Form der Mitteilung gerne an. Weniger Schriftkundige werden zum Anrufen aufgefordert. Den Kindern ist die Bedeutung des Mitteilungsheftes klar. Der Inhalt des Geschriebenen kann Grundlage für ein Gespräch sein oder die Äußerungen eines Kindes erklären. Kurze Sequenzen werden einem Kind, wenn es bereits etwas Sprachverständnis entwickelt hat, auch vorgelesen. So erlebt es den Kontakt zwischen Elternhaus und Schule.

Tagebuchblätter mit Zeichnungen oder Fotos verdeutlichen vom Kind erlebte Ereignisse und dienen insbesondere bei kommunikationsarmen Kindern als Gesprächsgrundlage. Oft gibt es erhebliche Probleme, dass Eltern zusammen mit ihren Kindern ebenfalls Tagebuchblätter anfertigen. Viele Eltern trauen sich nicht zu, solch ein Blatt zu gestalten; Auswahl der Sprache, optische Gliederung und Lesbarkeit der (Druck-)Schrift in Großbuchstaben fallen ihnen schwer. Es bedarf großer Geduld und vieler Beispiele, bis auch von zögerlichen Eltern der Versuch gewagt wird. Anfangs wird diese Art der Mitteilung über Geschehenes nur einseitig von der VK zum Elternhaus geleistet. Analphabetische Eltern können diesen Bereich leider nicht übernehmen.

Ergänzend werden Kopien von Bilderbuchseiten, Texte und Bilder von Liedern und Fingerspielen mit nach Hause geschickt.

Regelmäßige Elternabende dienen der allgemeinen Information und geben den Eltern Gelegenheit, Erfahrungen und Probleme auszutauschen.

Eltern/Kind-Nachmittage bieten die Möglichkeit, das Verhalten der Eltern mit ihren Kindern zu beobachten. Die Art, wie Hörangebote und Sprech-/Spracherwartungen von uns an das jeweilige Kind herangetragen werden, können von den Eltern übernommen werden. Die Erwachsenen lernen auch die anderen Kinder kennen (und nicht zuletzt die Probleme der anderen Eltern mit ihren Kindern).

Darüber hinaus werden Kontakte intensiviert durch

- abendliche Hausbesuche, um besondere Probleme zu besprechen oder die Entwicklung eines Kindes anhand von Videoaufnahmen zu dokumentieren. Das weitere Vorgehen wird einvernehmlich festgelegt.
- Hausbesuche der gesamten Vorklassengruppe bei den einzelnen Kindern. Hier kann das Kind den anderen sein Zimmer, seine Spielsachen, eben sein „Zuhause“ zeigen (weil das sprachlich noch nicht möglich ist).
- regelmäßig mitgeschickte Videoaufnahmen von gemeinsamen Aktivitäten der Gruppe oder Einzelförderungen. Die Eltern erhalten so einen ganz anderen Einblick in die Tätigkeiten der Vorklasse. Sie sehen die Entwicklung ihres Kindes, begreifen eher Lieder, Fingerspiele und Tänze und können diese auch zu Hause mit den Kindern spielen. Die Kinder selbst sehen sich gerne diese Aufnahmen an; sie haben dann eine andere Grundlage, den Eltern etwas verständlich zu machen.
- Hospitationen der Eltern in der Vorklasse. Der jeweilige Elternteil (manche kommen auch zu zweit) erlebt den Ablauf eines Vormittages, wird in jede Tätigkeit einbezogen, kann den sprachlichen Umgang und

das Einbeziehen des Hörens üben. Eltern begreifen, dass das Hören und die Kommunikation nicht am Tisch stattfinden, sondern in jeder Situation!

Es gibt leider auch Eltern, die viele Angebote der Zusammenarbeit nicht nutzen. Manchmal lässt sich ihre Haltung dennoch verändern, wenn sie die Entwicklung ihres Kindes positiv erleben.

#### 3.2.3.3 Stellenwert der Hörhilfen beim Kind

Die tägliche Kontrolle der Hörhilfen (Hörgeräte und CI) hat bei den Kindern, die bisher noch kein Hören in ausreichendem Maß erlernen konnten, neben der technischen Kontrolle einen weiteren Effekt.

Oft ist das Kind an das regelmäßige Tragen der Hörgeräte gar nicht gewöhnt, meist, weil es keinen Nutzen davon hatte. Während der Kontrolle der Hörhilfen aller Kinder (anfangs müssen die Hörgeräte manchmal erst aus der Tasche geholt werden) realisiert das neue Kind, dass offensichtlich das Tragen der Hörgeräte wichtig ist. Da nachahmendes Lernen im Vorklassenalter noch ausnutzbar ist und kein Kind ein Außenseiter sein will, werden die anderen Kinder in ihrem Verhalten bei der Hörgeräteprüfung genau beobachtet. Die Hörgeräte erhalten einen neuen Stellenwert. Bei Kindern, die mit CI versorgt sind, gibt es diese ablehnende Haltung gegenüber der Hörhilfe nur in seltenen Fällen, meist verursacht durch Probleme bei der Anpassung des Sprachprozessors.

Die Beobachtung der Hörreaktionen des Kindes seitens des Erwachsenen muss das Korrektiv sein zu den vorliegenden Aufblähkurven und damit zu der Einstellung der Hörgeräte. Entsprechendes gilt für Kinder mit CI. Oft stimmen vorliegende Audiogramme mit den beobachteten Hörreaktionen des Kindes nicht überein! Ursache hierfür ist meist eine Fehlinterpretation der Reaktionen des Kindes während der subjektiven Audiometrie. Nur Untersucher mit einem großen Erfahrungsschatz erkennen bei Kindern, die noch nicht hören gelernt haben, ob eine akustische Wahrnehmung vorliegt oder andere Dinge die Reaktion ausgelöst haben (u. U. genügt schon ein Blick des Untersuchers oder das unbewusste Nicken der anwesenden Mutter).

Zurück zum VK-Alltag: Jeder Handgriff, jede Maßnahme wird dem Kind genau gezeigt. Muss Ohrenschmalz vom HNO-Arzt entfernt werden (Otoskopie erfolgt einmal wöchentlich), wird dies mittels Tagebuchblatt aufgezeichnet, angekündigt, in einem Buch angeschaut. Das Kind soll sich auch in diesem Bereich auf jede Aussage des Erwachsenen verlassen können. Dieses Vertrauen stellt für die weitere gemeinsame Arbeit eine wichtige Grundlage dar.

Ein Ziel der Erziehung zum Hören ist der bewusste Umgang des Kindes mit seinen Hörhilfen. Es kann schon nach kurzer Zeit viele „Pflegehandgriffe" selbst vornehmen.

Da sich nach der technischen Kontrolle sofort Hören und Sprechen anschließen, erkennt das Kind den unmittelbaren Zusammenhang zwischen Hörhilfe, Höreindruck und Sprechen. Es möchte dem Erwachsenen eine Freude machen und ist glücklich über dessen positive Reaktion, wenn es etwas gehört und gesprochen hat. Es ist nun hochmotiviert und lernt schnell, dem anderen etwas an das Ohr zu sprechen oder selbst genau zu lauschen. Es „spricht" dem Erwachsenen etwas in das hingehaltene Hörgerät beim Abhören mittels Stetoclip und lernt so gerne, seine Stimme zu gebrauchen. Durch dieses lustvolle miteinander Babbeln und Hören lassen sich Mitarbeitsbereitschaft und Ausdauer für Hörübungssituationen nachhaltig positiv beeinflussen. Das Kind lernt, dass das Hören mittels Hörhilfen ein Teil seiner Persönlichkeit ist.

### 3.2.4 Prinzipien der hörsprachgerichteten Arbeit bei noch nicht hörgerichteten Kindern einer Vorklasse

Wie nun sieht eine hörsprachgerichtete Arbeitsweise bei Kindern aus, die das Hören erst noch erlernen müssen? Wie führt man Gespräche mit Kindern, die spontan kein oder kaum ein Wort sprechen? Ihr spontanes Kommunikationsverhalten besteht aus fragendem Schauen, Zeigen, Antippen und einigen natürlichen Nachahmungen von Tätigkeiten oder meist unverständlichem „Babbeln".

Man muss anfangs sehr bescheiden sein in den Erwartungen bezüglich Hör- und Sprachentwicklung. Dennoch darf man die eigentliche Zielsetzung nicht aus den Augen verlieren: Erreicht werden soll eine maximal mögliche Hörwahrnehmung der Umwelt, das Hören von Sprache und Eigenkontrolle des Sprechens durch das Hören. Bei einigen Kindern gelingt dies noch während ihres Vorklassenbesuches, bei anderen erst während der Grundschulzeit. Doch in der VK werden die Grundlagen gelegt.

Die Bescheidenheit zeigt sich anfangs im Umfang des Sprach- und Hörangebotes. Und sie zeigt sich im anfänglichen Zufriedensein mit den kleinsten Erfolgen, die erfahrungsgemäß die Basis bilden für alle weiteren.

Die Kinder dieser Vorklasse lernen Hören und Sprechen nicht „automatisch“ und nicht „nebenbei“. Der hörgerichtete Ansatz ist deshalb umso konsequenter zu verfolgen. Zumindest in der Anfangsphase benötigen die Kinder in verstärktem Maße aufbauende und strukturierende Hilfen, denn der Einstieg in die hörsprachgerichtete Förderung ist z. T. sehr schwierig und auf so natürlichem Wege wie bei ganz jungen Kindern nicht mehr möglich.

In kleinen, wohl überlegten Schritten muss versucht werden, das Hören und Sprechen im Rahmen der Gesamtentwicklung in Gang zu setzen.

Beim Lesen der folgenden Abschnitte mag daher der Eindruck entstehen, das pädagogische Konzept der Vorklassen entspräche dem früher praktizierten systematischen Sprachaufbauverfahren. Auf die entscheidenden Unterschiede soll an dieser Stelle kurz hingewiesen werden:

- Die Förderung eines jeden Kindes setzt auf der Entwicklungsstufe ein, auf der es sich gerade befindet, was ein stereotypes Vorgehen nach einem bestimmten Muster bereits ausschließt.
- Lernsituationen mit starkem Übungscharakter sind zwar notwendig, sind aber immer nur Teil einer pädagogischen Erziehungshaltung: So ist Hörtraining eingebettet in Hörerziehung; Sprechtraining ist ein Aspekt der Gesprächserziehung. Das Üben von Einzelbegriffen geschieht im Rahmen eines vollständigen, der Entwicklung des Kindes angemessenen Sprachangebotes.
- Musikalisch-rhythmisches Tun als Element der Arbeit in den Vorklassen und als Fach begleitet und unterstützt die Förderung.
- Grundlage jeglicher kommunikativer Förderung ist das Erlebnis des Kindes und die aktuelle Situation.

Das Wissen um Struktur und Aufbau von Lernsequenzen und um artikulatorische Lernabläufe sollte in den Köpfen der Pädagogen sein, muss sich jedoch organisch in die genannten Prinzipien der Vorklassenarbeit einfügen. Die Fortschritte der Kinder in Hörerfahrung und Sprachkompetenz müssen immer wieder durch Beobachtung nachprüfbar sein.

#### 3.2.4.1 Hören

Wenn ein Kind nicht hörgerichtet ist, heißt das nicht, es kann nicht hören. Es hat nur noch nicht gelernt, Höreindrücke spontan wahrzunehmen. Eventuell waren die technischen Voraussetzungen ungenügend, oder es hat ihm noch niemand gezeigt, dass das Hören etwas Interessantes sein kann.

Es gilt, ein „Hörklima“ in der Gruppe zu schaffen, d. h., Hören wird nicht nur durch das sprachliche Verhalten der Erwachsenen in der Gruppe ermöglicht, sondern Hören als Erschließen vorhandener Informationsquellen aus der Umgebung wird gezeigt, vorgemacht; es wird auf Hören aufmerksam gemacht. Wenn es klopft, will jemand hereinkommen; wenn der Stuhl umfällt, ist es laut; wenn der Löffel an die Tasse schlägt, gibt es ein Geräusch; wenn man ruft, dreht sich der andere um ...

Die *Hörerziehung* muss unmittelbar und für das Kind einsichtig sein. Hierbei gilt das Prinzip „von nah zu fern“. Das gespannte Lauschen und anschließende Suchen einer Geräuschquelle, die schon verschwunden ist (Flugzeug), kann sich auf die Hörerziehung nachteilig auswirken, wenn das Kind ein Höranfänger ist. Man sollte nur dann auf Höreindrücke aufmerksam machen, wenn sie lange genug zu hören sind, wenn sie laut genug sind und der Verursacher schnell zu finden ist (z. B. Klopfen an der Tür, Telefonklingel, Rasenmäher vor dem Haus). Geräusche, die bei Tätigkeiten zu hören sind, sollten dem Kind durch Aufmerksamkeitssteuerung hörbar gemacht werden (z. B. Rauschen von Wasser, Knacken einer Möhre beim Abbeißen, das Klappern von Geschirr beim Tischdecken). Insbesondere alle Sprachangebote müssen für das Kind gut hörbar sein, d. h. ausreichend laut und mikrophonnah (zu lautes Sprechen in unmittelbarer Nähe des Mikrophons verursacht allerdings Verzerrungen!). Wenn das Kind noch nicht auf das Rufen seines Namens reagiert, kann Pfeifen ebenfalls eine Reaktion hervorrufen. Hier ahmen Kinder meist spontan nach, indem sie mit gespitztem Mund hochtonige Geräusche produzieren.

Trotz „Hörklima“ in seiner Umgebung, benötigt ein Höranfänger gezielte Hörübungen. Hier kann man leicht eine unmittelbare Einsicht von Hören schaffen. Das lustvolle Betätigen von Musikinstrumenten (Mundharmonika, Flöte, Glockenspiel) oder Geräuschemachern (Knack-Krokodil, Muh-Dose, Ratsche, Hupe, Fahrradklingel) zeigt dem Kind gut den Zusammenhang zwischen Tätigkeit und auditivem Reiz. Die Hörreaktion und die Differenzierungsfähigkeit werden relativ bald überprüft, damit Sicherheit besteht, ob und was das Kind hören kann.

Ist die Hörentwicklung eines Kindes eindeutig, wird, bevor man handelt, in möglichst vielen Situationen erst einmal Gelegenheit zum Hören gegeben: Rufen des Namens, Aufforderung zu einer Tätigkeit, Lautmalereien in Spielsituationen (Tierlaute, Fahrzeuggeräusche); oder beim Hörtraining: Differenzieren unterschiedlicher Phoneme und Phonemverbindungen z. B. beim Schreiben eines Erlebnisblattes (Mama, Sososo).

Die Beispiele zeigen, dass, trotz flexibler, kind- und interessenorientierter Zugehensweise, der Aufbau des Hörens gezielt erfolgt, um „Hörerfahrung“ aufzubauen.

### 3.2.4.2 Sprache

Alle Sprachangebote müssen für das Kind hörbar sein. Das klingt seltsam, aber es gibt nicht wenige Menschen, die mit hörgeschädigten Kindern stimmlos sprechen oder plötzlich zu flüstern beginnen!

Sprache muss rhythmisch gegliedert sein, melodisch, mit gut zu hörenden prosodischen Merkmalen. Die Sätze sollen weder langatmig noch verschachtelt sein, mit guter Sprechdynamik und langsamerem (nicht unnatürlichem) Sprechtempo. Unterschiedliche Lautstärken und Tonhöhen werden gezielt angeboten. Nuscheln, etwas nebenbei sagen, zu leise oder gar flüsternd sprechen (außer, wenn genau dies dem Kind vermittelt werden soll), unvollständig oder eintönig sprechen, durch Überartikulation verzerrt sprechen gibt dem Kind gar keine Chance zum Hörenlernen von Sprache.

Beim Sprechen kann das Kind selbstverständlich den Erwachsenen anschauen, um mit Hilfe von Mimik, Körpersprache und Mundbild eine Grundlage zur Nachahmung zu bekommen. Das Sprachangebot muss in der Situation treffend sein. Die Bedeutung des Gehörten, Gesehenen und Nachgeahmten ergibt sich aus der Situation, der Handlung, dem Anschauungsmaterial.

Jeder Kommunikationsversuch des Kindes, auch Gestik, Mimik oder Körpersprache, wird vom Erwachsenen „aufgefangen“ und lautsprachlich verstärkt.

Aus dem angebotenen Satz muss sich eine kleinere Sequenz (oder auch nur ein Wort) sinnvoll herauslösen lassen, die das Kind nachsprechen kann. So wird zusätzlich zum Hören unterstützend das kinästhetische Gedächtnis aufgebaut. Das Kind begreift die Funktion von Lautsprache und speichert die Sprechbewegungsabläufe. Diese Sequenz wird immer in der jeweiligen Situation, erst mit Vorsprechen, dann allein, von dem Kind abgefordert, bis es spontan die Sprache selbst benutzt.

Die Bestätigung und die Handlung müssen unmittelbar auf den Nachsprechversuch des Kindes folgen. Sprechverbesserungen sind hier unangebracht und verwischen den Zusammenhang Sprache - Handlung!

Das Sprachangebot kann anfangs nicht das Lebensalter des Kindes berücksichtigen, sondern muss sich am Höralter und dem „Spracheverstehalter“ (durch eventuell bereits vorhandene Ablesefähigkeit) orientieren.

- Ein Sprachangebot ohne die Aufforderung zum Nachsprechen hat bei diesen Kindern keinen Lerneffekt.

**Beispiel:** Das Kind will, dass man ihm die Jacke zumacht, schubst den Erwachsenen an, zeigt den Reißverschluss.
Erwachsener: „Mach die Jacke zu."
Erwachsener kniet sich vor Kind und spricht ihm eindringlich vor: „mach zu" (manchmal mehrmals)
Kind: „ma uuu"
Der Erwachsene verstärkt die Äußerung: „Ja, ich mach deine Jacke zu."
Er hilft.

- Sprachverhalten, das nicht zum Sprechen veranlasst.

**Beispiel:** Das Kind kann bereits Sprache in wesentlichen rhythmischen Elementen hören, ist aber noch zögerlich in seiner Sprachanwendung.
Erwachsener: „Willst du Apfelsaft haben?" (hält dabei die Flasche in der Hand)
Das Kind nickt, lächelt, sagt nichts.
E. (spricht für das Kind): „Ich will Apfelsaft haben."
Kind nickt, lächelt, schweigt.
E. will daraufhin eingießen.

- Sprachverhalten, das zum Sprechen veranlasst.

**Beispiel:** Die Getränke (Apfelsaft und Wasser) stehen auf dem Tisch.
Das Kind zeigt auf die Flaschen.
Erwachsener: „Was willst du haben?"
Das Kind zeigt auf die Flaschen.
Erwachsener: „Willst du Apfelsaft haben oder Wasser?" (berührt dabei erst die eine, dann die andere Flasche, macht ein fragendes Gesicht, wartet, wiederholt die Frage)
Kind: „Apela"
Erwachsener: „Du willst Apfelsaft haben? Hör mal!" Spricht dem Kind an das Ohr: „Ich will Apfelsaft haben."
Kind: „I- will Apela haben."
Erwachsener: „Ja! Du willst Apfelsaft haben." Das Kind bekommt das Gewünschte.

- Sprechverbesserungen erfolgen beim spontanen Nachsprechen lediglich, wenn der Wortrhythmus falsch ist.

  **Beispiel:** Sagt ein Kind: „Gu Mor" statt „Guten Morgen", wird es verbessert.
  Sagt es: „Gu-en Mo-en", wird es bestätigt.

  Durch nochmaliges Vorsprechen rein auditiv, anschließend unter Hinzunahme des Mundbildes mit rhythmischer Unterstreichung, z. B. durch Kopfnicken, wird dem Kind die rhythmische Wahrnehmung erleichtert. Das anfängliche Speichern der rhythmischen Struktur eines Wortes oder einer Satzphrase ist der Beginn des differenzierten Sprechens und unterstützt wiederum die Hördifferenzierung und Sprachdekodierung.

- Nicht in jeder Situation ist die Aufforderung zum Nachsprechen eines vollständigen Satzes sinnvoll, wohl aber das Bestätigen seitens des Erwachsenen.

  **Beispiel:** Kind sitzt am Tisch und hat ein Puzzle beendet.
  Kind ruft Erwachsenen: „Pomm, (winkt mit der Hand, der Erwachsene soll kommen) fefe."
  Erwachsener: „Ach, du bist fertig. Moment, ich komme."

  Zu Beginn des selbständigen Anwendens von Sprache werden neben „Babbelstrukturen", emotionale Laute (oh-oh, ei) und Lautmalereien zuerst spontan benutzt. Anschließend entwickelt sich eine Kleinkindersprache, die deutlich auf das sich entwickelnde Hören hinweist. Verbesserungen in Gesprächen, die die falsch ausgesprochenen Worte noch einmal aufgreifen und so auditiv anbieten, genügen den Kindern dann meist schon.

- Mit zunehmender Sicherheit gelingt das Sprachverständnis auch ohne situativen Hintergrund.

  **Beispiel:** Man bittet ein Kind: „Hol die Schere", ohne dass etwas zum Schneiden sichtbar ist. Erst stutzt es, dann fragt es vorsichtig: „Sche-e?", macht zur Absicherung auch eine nachahmende Schneidbewegung, bei erneuter verbaler Bestätigung „Ja genau, hol die Schere" holt es das Gewünschte.

- Erziehung zum Sprachehören heißt nicht, sich unnatürlich zu benehmen, z. B. den Mund verdecken oder sich vom Kind abwenden, damit es das Mundbild nicht sieht. Das Hören von Sprache entwickelt sich durch Begreifen. Hierbei helfen Ritualisierung, Emotionalität und das Einbinden aller Wahrnehmungsebenen.

**Beispiel:** „**1, 2, 3** - der Stuhlkreis **ist vorbei**." (Alle zählen mit und zeigen dazu die Finger, sprechen „vorbei".)
„**Alle** Kinder gehen **Händewaschen.**" (Händewaschen wird pantomimisch von den Kindern nachgeahmt und z. T. mitgesprochen.)

Alle im Beispiel fett gedruckten Worte werden von den Kindern schnell aufgefasst und auch bald aktiv gebraucht. Die Anwendung in anderen Situationen gelingt rasch. Das rhythmische Zählen im Reim führt zum Interesse an Ziffern und Mengen. Die Kinder schauen selbstverständlich den Erwachsenen bei diesem Abschlussritual an während sie mitsprechen. Natürliche Bewegungen, hier das Mitzählen mit den Fingern, fördern die Wahrnehmung, die Körperkoordination, die Bewegungsplanung und unterstützen damit die kognitive Entwicklung.

**Beispiel:** Ein Kind zeigt eine kleine Verletzung. Der Erwachsene schaut sich mitfühlend die verschorfte Wunde an.
E.: „O weh, hast du dir da wehgetan? Ach, ein kleines Aua."
Kind schaut den Erwachsenen an. Dieser wiederholt: „Ein Aua!"
Kind: „Aua!"
E.: „Ja, ein Aua. Aber das ist nicht so schlimm (entsprechende Mimik). Das Aua ist bald vorbei."
Kind macht eine abwinkende Handbewegung: „Vorbei."

Hier ahmt das Kind ein neues Wort in der Situation nach, benutzt ein schon bekanntes Wort aus einem anderen Zusammenhang und begreift intuitiv die Bedeutung des Gesagten. Schon bald, weil solche Gespräche öfter geschehen, sind „Aua" und auch „nicht schlimm" im aktiven und Hörwortschatz des Kindes.

– Die Konzentration auf die rein auditive Diskrimination von Sprache erfolgt besser in Hörtrainingssituationen, die die Kinder als solche kennen und akzeptieren, oder in der Einzelförderung.

Zum Ende des Stuhlkreises, wenn noch Zeit ist, kündigt der Erwachsene eine Hörübung an; dann ruft er die Kinder beim Namen, ohne dass diese den Mund sehen können. Sie stehen auf, kommen vor und sprechen noch einmal nach: „Händewaschen". Ein falscher Rhythmus wird, je nach Kind, über das Ohr oder mit Mundbild korrigiert.

Auch in der Einzelförderung wird eine unisensorische Vorgehensweise mit „Hör mal" eingeleitet, damit ein Höranfänger sich konzentrieren kann. Da der Erwachsene neben dem Kind und nicht ihm gegenüber sitzt, zeigt dieses durch Hochschauen von einer Tätigkeit und Kopfwenden oder später Nachsprechen ohne Blickkontakt, wie seine Hörentwicklung voranschreitet.

- Während der möglichst täglichen Einzelförderung ist Raum für Hörtraining, Hörerziehung, Erweiterung des Sprachschatzes durch Spiel oder didaktisches Material, Sprechverbesserungen, Erstellen von Tagebuchblättern, Einbeziehung von Schrift und „Lesen" von Einzelbuchstaben oder den ersten Worten.

Kinder brauchen genau diesen „Schonraum", um etwas auszuprobieren oder Fehler zu machen. Vor anderen Kindern kann man nämlich „sein Gesicht verlieren"; Übungen werden verweigert oder es wird herumgekaspert, wenn andere Kinder zuschauen.

Die Angebote müssen motivierend sein, damit die Kinder gerne zur Einzelförderung kommen. Insbesondere im Anschluss etwas stolz vorzeigen zu können, entweder ein Tagebuchblatt oder eine neu gelernte Fähigkeit, ist ihnen sehr wichtig.

#### 3.2.4.3 Zusätzliche Hilfen

Hat ein Kind anfangs Probleme, sich sprachlich zu äußern, so haben wir die Erfahrung gemacht, dass dies nie ein separates Problem ist, welches sich durch Spiegel, Artikulation oder Ersatzzeichensysteme beheben lässt. In der Regel haben solche Kinder einen schlechten Förderstatus; sie können Stifte nicht richtig halten, nicht schneiden, müssen bei Fingerspielen ihre Finger sortieren, können nicht 1:1 Bilder zuordnen oder gar aus Einzelteilen zusammensetzen, haben keine Vorstellung von Problemlöseschritten, leiden unter mangelnder Bewegungsplanung, um nur einige der Möglichkeiten aufzuzeigen, die wir immer wieder beobachten. Und vor allem leiden sie unter einem geringen Selbstwertgefühl.

Die vielen Details, die zu Beginn des Artikels aufgezählt wurden, um zu zeigen, wie wichtig das Wahrnehmen des gesamten Kindes und seiner sozialen Umgebung ist, können nun in die Förderung einfließen.

Was für Kinder zufällig und spielerisch erscheint, ihnen Freude macht und sie merken lässt, was sie bereits alles können und wie viel es noch zu lernen gibt, weil Lernen Spaß macht, all das ist gezielte Förderung. Bewegungserziehung unterstützt durch Motopädie, Einbeziehung der Erkenntnisse der Edukinestetik, Wahrnehmungsförderung, rhythmisch-musikalische Angebote, soziale Erziehung und Entwicklung der Kognition unterstützen das Ziel der Hörerziehung und der Hinführung zur lautsprachlichen Kommunikation. Ich sage bewusst nicht „Förderprogramm", denn die Angebote schränken nicht ein und legen nicht auf vorgegebene Wege fest. Sie nehmen die Kinder als Cotherapeuten, die selbst ihr Lerntempo bestimmen oder sich gegenseitig helfen. Wir beobachten und bieten an.

Hier möchte ich darstellen, was wir nicht machen, weil es sich im Konzept der hörgerichteten Arbeit mit den Vorklassenkindern nicht als hilfreich herausgestellt hat.

Mit PMS (Phonemgestütztes Manualsystem) wird nicht gearbeitet, denn dieses manuelle System bekommt in der Kommunikation ein Eigenleben. Die Erfahrung zeigte, dass die PMS-Zeichen als Ersatz für Lautsprache benutzt wurden und vom Hören sowieso ablenken. Sprechverbesserungen lassen sich auch sehr gut ohne ein visuelles Zeichensystem durchführen, z. B. über das sich entwickelnde Hören.

Benutzt ein Kind aus hörgeschädigtem Elternhaus GMS (Graphemgestütztes Manualsystem), so wird dies lautsprachlich aufgefangen genau wie eine Geste, eine Gebärde oder eine Lautäußerung. Die Begründung für dieses Vorgehen ist die gleiche wie beim PMS .

Es erfolgt keine Artikulationsübung mit Artikulationsbesteck, was jedoch nicht bedeutet, dass mit zunehmendem Sprachumsatz Sprechfehler nicht gezielt verbessert werden. Dies gelingt am besten über das Ohr mit zunehmender Hördifferenzierung, durch Aufbau eines rhythmischen Empfindens und durch Schrift.

Alle wichtigen „Übungen" zum Benutzen der Lautsprache sind im täglichen Umgang enthalten und bedürfen keiner herausgehobenen Trainingssituation. Beim Spiel mit Autos benutzt man die Lippenvibration (Lippenübung), Kerzen bläst man bei den reichlich vorhandenen Geburtstagen oder nach dem gemütlichen Frühstück aus (Blasübung), nach den Geschmackstests beim „Hasenfrühstück" leckt man sich die Lippen oder täuscht beim Frühstück einen dicken Brocken in der Wange vor (Zungenübung), beim gegenseitigen Befühlen des Kehlkopfes wird geschluckt oder tief und hoch gesprochen, beim Tagebuchblatt entdeckt man alle A und O, die dann auch noch gezählt werden. Die Liste könnte noch endlos erweitert werden.

Das Hören hat hierbei einen zentralen Stellenwert, denn es ist die natürlichste Art der Lautsprachwahrnehmung. Dies ist besonders auffällig bei dyspraktischen Kindern. Sie haben große Schwierigkeiten, Informationen (meist rhythmische Wortgestalten) über das Mundbild zu entnehmen. Ihnen hilft die einkanalige Hilfe über das Hören meist besser. Auch entgleitet ihnen ein gehörter Wortrhythmus, wenn man auf eine häufige Wiederholung des Wortes in einer Hörübung drängt. Gerade bei ihnen sind natürliche Situationen, das Achten auf eine differenzierte Hörentwicklung und Schrift als unterstützendes Medium die besten Hilfen.

Hierbei wird versucht, über ideovisuelles und später technisches Lesenlernen auch eine echte Informationsentnahme von schriftlichen Sprachinhalten anzubieten.

Parallel wird das Schreiben geübt, denn so prägen sich Buchstaben und Schriftbilder besser ein. Geschrieben und „gelesen" wird anfangs mit großen Druckbuchstaben; je nach individuellem Lernverhalten wird mit Gemischtantiqua weitergearbeitet.

Rhythmusbögen unter einzelnen wichtigen Worten und eine gute Aufteilung von Schrift und dazugehörigem Bild erleichtern die Anschaulichkeit. Sprechblasen verdeutlichen, dass auch auf dem Papier die Menschen miteinander reden können.

### 3.2.4.4 Hören, Sprechen, Erleben, Wissen

Eine wesentliche Voraussetzung für die Kommunikationsbereitschaft der Kinder sind die Inhalte, die durch ihre alltäglichen Erfahrungen und Erlebnisse im Tages-, Wochen- und Jahresrhythmus bestimmt werden.

Weiterhin orientieren sich Inhalte und Tätigkeiten an den Plänen der Regelkindergärten und -vorklassen.

Noch konsequenter als bei hörenden Kindern muss der persönliche Bezug des Kindes berücksichtigt werden. Handlung und Sprache müssen eng miteinander verknüpft sein; so lassen sich die behinderungsspezifischen Erfahrungsdefizite am ehesten verringern.

Im Vorklassenalter umfasst Förderung einen breiten intellektuellen Spannungsbogen vom Einüben lebenspraktischer Fertigkeiten (Anziehen, selbständig auf die Toilette gehen) bis zu den ersten Lese- und Schreibanfängen.

Körperbeherrschung und bewusstes Wahrnehmen von Sinnesleistungen (fühlen, hören, riechen, schmecken, sehen) fördern die zentrale Verarbeitung von Informationen.

Lieder, Fingerspiele, Rollen- und Regelspiele gehören ebenso zum Repertoire wie Bewegungsangebote.

Gezielte Bilderbuchbetrachtungen sind, anders als im Regelkindergarten, „sprachgeführt". Das heißt, zuerst wird der Inhalt in kleinen Sequenzen nur lautsprachlich dargeboten, um die Konzentration, die Spannung auf die Sprache zu lenken und ein intuitives Mitsprechen der Kinder einzuleiten. Unterstützend werden Mimik, Lautmalereien und das Spiel mit der Stimme beim Erzählen eingefügt. Inhalte werden kindgemäß formuliert, komplexe Situationen somit überschaubarer gemacht. Durch Wiederholung werden Satzstrukturen für die Kinder ergreifbarer. Das zusätzliche Aufschlüsseln eines Inhaltes durch das Bild erfolgt erst im Anschluss an das Sprachangebot und bildet den Übergang zur nächsten Sequenz der Geschichte. Diese Form der Erzählung findet man oft schon vorgegeben in den Bilderbüchern; z. B. in „Das Bärenhaus" von TOLSTOJ: „Wer hat auf meinem Stuhl gesessen?", rief der große Bär. „Und wer hat auf meinem Stuhl gesessen?", rief der mittlere Bär. „Und wer hat auf meinem Stuhl gesessen und ihn ganz und gar zerbrochen?", rief der kleine Bär.

Der Einsatz von Bewegung und rhythmisch-musikalischen Elementen geschieht regelmäßig während der Erarbeitung eines Themas.

Am Beispiel des Fingerspieles und Liedes „Steigt ein Büblein auf den Baum" lässt sich leicht erkennen, wie mit rhythmischen, anschaulichen und bewegungsorientierten Sprachangeboten Hörerziehung stattfindet und die Kognition somit gefördert wird.

**Beispiel:** Das Fingerspiel „Steigt ein Büblein auf den Baum" wurde mit einem Playmobilpüppchen und einem Holzbaum, auf dem ein Nest mit Deko-Vogel lag, eingeführt. Bei „hoch, so hoch, man sieht es kaum" wurde mit der Hand an der Stirn nach oben geschaut. Diese natürlichen Nachahmungen gehören zu jedem Spiellied, ergänzen und erklären den Inhalt. Bei „hüpft von Ast zu Ästchen" konnten die Kinder auf die eigenen Hüpf-Erfahrungen zurückgreifen; sie hüpften selbst und riefen dazu „hüpf, hüpf, hüpf"; zudem sahen sie ja, was das Büblein machte. „Schaut ins Vogelnestchen" war ihnen von der Tätigkeit (Püppchen schaute ins Vogelnest) in Verbindung mit dem Wort „schau" klar. Bei „Ei, da lacht es" konnten sie auf Kenntnisse durch ein oft gesungenes Lied zurückgreifen und lachten laut. „Oh, da kracht es" war ihnen durch den emotionalen Ausruf und die vorgeführte Tätigkeit sofort klar. Bei „Plumps, da liegt es unten" wurde nach dem Fall des Püppchens schmerzerfüllt geschaut und mit „Au, au" der Po gerieben.

Durch die häufige Wiederholung und beständige Nachahmung erweiterte sich das Sprachvolumen der Kinder. Insbesondere sehr emotionale Sequenzen wurden zuerst nachgeahmt: das Lachen, „Oh", „plumps", „Au, au!“; dann: „hoch, hoch“ und „ei, da lacht es“; dann noch ergänzend Einzelworte: „Baum“, „Ast“, „schaut - Vogel--“.

Die Kinder wussten genau den Inhalt des Liedes und was sie da sprachen.

Kinder, die spontan nichts äußerten, wurden zum Sprechen über die auffordernde Mimik angehalten, zumindest „Oh“ und „Au“ zu sagen.

Den Abschluss bildete ein Rollenspiel, das die Elemente des Fingerspiels enthielt.

Aus solchen spielerischen Angeboten über Lied, Reim und Tätigkeit ergibt sich oft eine Möglichkeit, Wissen auch sehr sachbezogen zu erweitern. Hier z. B. schauten wir uns Bücher über Nestbau sowie Brut- und Fütterungsverhalten der Vögel an. Wir nähten mit Hilfe der Eltern Vogelkostüme. Farbe und Art der verschiedenen Stoffe und Materialien, die Bewegung der Vögel, wie sie rufen, was sie fressen, welche unterschiedlichen Vögel es gibt, wie die Vogeljungen aus dem Ei schlüpfen, all dies wurde zu einer thematischen Einheit, die durch das Interesse der Kinder ausgeweitet wurde. Sogar die „Vogelhochzeit“ mit Musik, Tanz und Rollenspiel schloss sich an.

So kamen wir auch einmal über die Beschäftigung mit dem Frühling, den Blumen, den Bienen und einem passenden Lied zum Thema „Honiggewinnung“ und besuchten zum Schluss einen Imker.

### 3.2.5 Die Entwicklung der eingangs beschriebenen Kinder

Die kurdischen Zwillinge: Kind 1: mHv 95 dB, mit Hörgerät 44 dB; Kind 2: mHv 99 dB, mit Hörgerät 46 dB; beide Kinder sind nun 6;3 Jahre alt, also seit ca. 2 Jahren in der VK. Beide sind gut hörgerichtet, hören und erkennen auch ferne Geräusche (entferntes Martinshorn, Vogelzwitschern); beide haben eine gute Sprachwahrnehmung, sprechen dysgrammatisch Deutsch und Kurdisch, durchsetzt mit natürlichen und einigen konventionellen Gebärden. Sie verstehen rein auditiv alle vertrauten Sprachanforderungen des Alltags, ihre Spontansprache erweitert sich schnell. Sie sprechen gut verständlich, rhythmisch richtig, zählen, haben kognitiv keine Probleme, den angebotenen Inhalten zu folgen. Sie schreiben selbst ihren Namen und die der anderen Kinder. Sie haben sich zu frechen Lausbuben entwickelt; motorisch bestehen keine Entwicklungsretardierungen mehr, sie haben sich zu Rechtshändern entwickelt. Spielverhalten ist vielseitig und kreativ, sie sind sozial in die Gruppe integriert, die Selbständigkeit entspricht ihrem Alter.

Das polnische Kind hat nach der Umversorgung mit anderen Hörgeräten nur auf einem Ohr Geräuschehören erlernt und wenige mühsam gehörte Worte. Mit 7 Jahren ist es ein CI-Kind geworden. Es kann laufen, rennen und klettern; es zeigt eine gute Selbständigkeit und Hilfsbereitschaft in allen Alltagsbereichen; es besteht immer noch eine allgemeine Entwicklungsretardierung von 3 Jahren. Das Kind versteht alltägliche Redewendungen ohne Mundbild, diskriminiert alle Geräusche und ist über seine Hörfähigkeit sehr glücklich. Es spricht 4-Wort-Sätze in Transferleistung: „Ich will Ei malen", das heißt ohne Sprachvorgabe eines Erwachsenen. Es ist sehr stark lautsprachlich kommunikationsorientiert. Es kommt im nächsten Schuljahr in eine hörsprachgerichtete 1. Klasse.

Das deutsche Mädchen wurde einen Monat nach Aufnahme umversorgt mit den stärksten mir bekannten Hörgeräten. Es trug die Hörgeräte regelmäßig, konnte einige Instrumente und Geräusche auditiv differenzieren, hochfrequente Töne jedoch nicht - wie durch das nun endlich vorliegende Audiogramm bestätigt werden konnte (mHv: 110 dB/ mit HG 65 dB). Es lernte, Rhythmusunterschiede über das Ohr wahrzunehmen und konnte Silbigkeit bis drei erkennen. Es lernte gutes rhythmisches Nachsprechen, baute einen Wortschatz auf, konnte eine gepresste hochtonige Sprechweise in Ansätzen regulieren. Blieb auf Absehen angewiesen. Ich empfahl den Eltern, sich bezüglich CI beraten zu lassen, weil eine weitere Hörentwicklung des Kindes nicht möglich war. Die CI-Versorgung erfolgte mit 6;5 Jahren. Nun mit 8;8 Jahren „hat xxx ganz erstaunliche Fortschritte in ihrem Hör- und Sprachvermögen gemacht. Besonders erfreulich ist ihre psychische Entwicklung, so konnte sie ihre Ängstlichkeit weitgehend abbauen und ist zu einem selbständigen, selbstbewussten und fröhlichen Kind geworden" (Zitat Entwicklungsgutachten einer Kollegin).

### 3.2.6 Kinder, die keine Sprache hören lernen

Es gibt Kinder, die nicht zum Hören kommen. Die Eingrenzung der Ursachen führt zu unterschiedlichen Maßnahmen:

– *Das Kind kann nicht hören, weil keine ausnutzbaren Hörreste vorhanden sind bzw. weil trotz optimaler Hörgeräteversorgung keine ausreichende Verstärkung erreicht werden kann.*

  In diesem Fall wird nach Prüfung aller Faktoren den Eltern eine Beratung bezüglich CI empfohlen, falls sie nicht schon von sich aus diese Frage aufgeworfen haben.

Haben die Eltern mit der Entscheidung für eine CI-Implantation Probleme, muss gemeinsam überlegt werden, wie die zukünftige Kommunikation aussehen soll.

In einem Beispiel möchten die selbst hörgeschädigten Eltern weiter die Kommunikation mit Lautsprache unter Ausnutzung der geringen Hörreste und mit verstärktem Angebot über Schrift, Ablesen und natürlichen Gebärden. Sie selbst gebärden lautsprachbegleitend.

In einem anderen Fall wollte das Kind (unbeeinflusst durch uns!) selbst ein CI und setzte sich gegen die Eltern durch.

Wenn das Kind gut vom Mund ablesen kann und Lesen eine ausreichende Stütze bietet, kann das Kind eine hörsprachgerichtete Klasse besuchen. Anderenfalls benötigt es begleitende Gebärdenunterstützung und sollte eine entsprechende Klasse besuchen.

- *Das Kind wird keine Sprache hören lernen, weil es massive zusätzliche Probleme hat.*

  Hier muss überlegt werden, welche andere Art der Kommunikation und Wissensvermittlung angeboten werden kann. Nahe liegend wäre eine Kommunikation mit lautsprachbegleitender Gebärde. Bei zentralen Sprachverarbeitungsstörungen oder autistischen Symptomen ist dieser Weg unter Umständen auch schwierig. Die Förderung über Schrift als simultanes System hat sich in solchen Fällen oft gut bewährt.
- *Die Eltern haben sich für Gebärden entschieden.*

### 3.2.7 Die Mitarbeiter in der Vorklasse

Es ist für den Erfolg der geschilderten hörgerichteten Arbeit ein Muss, dass alle Erwachsenen in zwar individuell verschieden ausgeprägter, aber prinzipiell gleicher Weise mit den Kindern umgehen.

Dies ergibt dann nicht nur das beschriebene Hörklima, sondern ebenfalls das Erziehungs-, Lern- und Sprachklima.

Das gemeinsame Arbeiten „Hand-in-Hand“ erfasst ebenfalls Praktikanten, Hospitanten oder Eltern, denen das eigene Umsetzen der beschriebenen Verhaltensweisen dann viel leichter fällt. Bei den geschilderten Kindern kann man sich vielleicht vorstellen, wie oft eine Entwicklung stagniert oder durch andere Probleme erschwert wird. Hier hilft das gegenseitige Stützen in der konsequenten weiteren Arbeit in jedem Fall über „moralische Tiefen“ hinweg.

Das Verfolgen der Lernfortschritte der Kinder, die unsere Vorklasse bereits lange verlassen haben und nun schon Jugendliche sind, zeigt, wie sie hervorragend lautsprachlich, schriftsprachlich und bei Bedarf mit nicht sprechenden Hörgeschädigten auch differenziert gebärdlich kommunizieren können!

## Literatur


AFFOLTER, F. (1987). *Wahrnehmung, Wirklichkeit und Sprache.* Villingen-Schwenningen.

ARNDT, M.; SINGER, W. (Hrsg.) (1975). *Das ist der Daumen Knudeldick ...* Ravensburg.

BANG, C. (1984). *Eine Welt von Klang und Musik.* In: Hörgeschädigtenpädagogik 2. Heidelberg.

BERENDT, J. E. (1993). *Das dritte Ohr - Vom Hören der Welt.* Hamburg.

BÖHLER-KREITLOW, D. (1993). *Elternarbeit konkret.* Meggen.

BRUNER, J. (1993). *Wie das Kind sprechen lernt.* Göttingen.

DENNISON, DR. P. E. (1984). *Befreite Bahnen.* Freiburg.

DILLER, G. (1995). *Hörgerichtetheit und psychische Grundleistungen.* In: Hörgeschädigtenpädagogik 5. Heidelberg. 307-318.

DILLER, G. (1991). *Hören und Verstehen - pädagogische Perspektiven durch technologische Möglichkeiten der Hörgeräteversorgung beim gehörlosen und schwerhörigen Kleinkind.* In: Hörgeschädigtenpädagogik 4. Heidelberg. 195-207.

FRERICHS, H.; NEPPERT, J. (Hrsg.) (1995). *Grundlagen und Modelle für den hörgerichteten Spracherwerb.* Villingen-Schwenningen.

KIPPHARD, E. (1975). *Wie weit ist ein Kind entwickelt?* Dortmund.

KONIETZKO, C. (1985). *Sing-, Kreis-, Finger- und Bewegungsspiele.* In: Arbeitshefte zur heilpädagogischen Übungsbehandlung. Bd. 1.

MAIER, W. (1992). *Neue Wege der Sprachförderung.* München.

MAIER, W. (1993). *Deutsch lernen im Kindergarten.*

ROVNER, G. (1992). *Die hörgerichtete Muttersprachmethode im Grundschulunterricht der Johannes-Vatter-Schule in Friedberg.* In: Hörgeschädigtenpädagogik 5. Heidelberg. 302-312.

SCHMID-GIOVANNINI, S. (1996). *Hören und Sprechen - Anleitungen zur auditiv-verbalen Erziehung hörgeschädigter Kinder.* Internationales Beratungszentrum Meggen.

SCHUSSER, G. (1995). *Was unser Kind erwartet.* Hamburg.

SEDLAK, F.; SINDELAR, B. (1995). *Hurra, Ich kann's.* Wien.

STÖCKLIN-MEIER, S. (1975). *Sprechen und Spielen.* Ravensburg.

TOMATIS, A. (1995). *Das Ohr und das Leben.* Solothurn, Düsseldorf.

UDEN, A. VAN (1980). *Das gehörlose Kind - Fragen seiner Entwicklung und Förderung.* Heidelberg.

UDEN, A. VAN (1976). *Die Welt der Sprache für gehörlose Kinder.* Villingen-Schwenningen.

ZUCKOWSKI, R. (1980). *Rolfs Kinderliederbuch.* Hamburg.

# 4 Schule

## 4.1 Hör gut zu! - Neue Unterrichtsformen

GERTRAUD ROVNER

In diesem Beitrag möchte ich pädagogische Wege des hörgerichteten Spracherwerbs in der Schule aufzeigen, die ich in der Erfahrung mit meiner derzeitigen Klasse, der ersten hörgerichteten Klasse an unserer Einrichtung, teils durch Anregungen von außerhalb nachvollziehen konnte, teils aufgrund anderer interner Bedingungen und Zielsetzungen neu erlernen musste. Ich möchte damit all denjenigen, die sich für das Was und Wie interessieren, grundsätzliche Gedanken und konkrete Hinweise vermitteln und Mut machen, es selbst zu probieren. Denn so viel kann ich schon jetzt sagen: Noch nie hatte ich so viel Freude am Unterrichten wie in den Jahren mit diesen Kindern, die zusehends in eine Lautsprache hineinwuchsen, die es erlaubte, altersgemäß und sachgerecht miteinander zu kommunizieren. Mit der Sprachkompetenz, die sie bis zum momentanen Zeitpunkt entwickelt haben, stehen sie selbstbewusst und selbständig im Leben, ohne Scheu vor Kontakten mit der hörenden Umwelt.

Inzwischen gibt es in der Schule mehrere dieser hörgerichteten Klassen, die alle eine ähnliche Entwicklung machen. Einfügen möchte ich an dieser Stelle, dass viele in der Frühförderung betreute Kinder, die diesen Weg der Förderung gingen, nicht mehr in unsere Einrichtung kommen, sondern in Regelschulen unterrichtet werden. Die hörgerichteten Kinder, die wir in der Johannes-Vatter-Schule unterrichten, haben in der Regel körperliche, psychische oder soziale Voraussetzungen, die eine besonders intensive, behinderungsspezifische Förderung notwendig machen.

Im Frühjahr 1989 stand die erste Gruppe hörgerichteter Kinder zur Einschulung an. Ich übernahm drei Buben und ein Mädchen im ersten Schuljahr, von denen jedes Kind, abgesehen vom Hörschaden, noch zusätzliche Probleme hatte. Der mittlere Hörverlust dieser Kinder betrug 100 dB, 110 dB und zweimal 115 dB. Die Zusatzbehinderungen waren: stark verlangsamte, zum Teil noch unkontrollierte Motorik aufgrund schwerer Körperbehinderung im Säuglings- und Kleinkindalter, starke Hypertonisierung, Gedächtnisprobleme und psychosoziale Schwierigkeiten als Folge einer Schilddrüseninsuffizienz bei problematischer medikamentöser Einstellung.

Im dritten Schuljahr kam ein Mädchen hinzu mit einem mHv von 90 dB sowie Stammel- und Dysgrammatismusauffälligkeiten.

Mit dem Übergang in die Sekundarstufe I erweiterte sich die Klasse um drei Schüler, je einen Jungen aus einer Schule für Schwerhörige und einer Regelschule und einem Mädchen, das ein Jahr zuvor aus einem östlichen Bundesland nach Friedberg umgesiedelt war. Der mHv dieser Kinder beträgt 90 dB, 110 dB und 115 dB. Hinzu kommen ängstliches, introvertiertes Verhalten in einem Fall, Schwierigkeiten in der Planung von bewussten Überlegungen und Sprechakten im anderen Fall und fehlende Hörerziehung bei der zuletzt genannten Schülerin.

Die erwähnten Schüler (Bild 1) besuchen derzeit die achte Realschulklasse.

Bild 1: Die achte Realschulklasse

## 4.1.1 Unterrichtliche Voraussetzungen

Viele der zur Zeit in den hörgerichteten Klassen unterrichtenden Lehrkräfte waren durch jahrelange Tätigkeit in der Frühförderung und Vorklasse mit den entwicklungspsychologischen und pädagogischen Bedingungen der Hörspracherziehung bei jungen Kindern vertraut. Nun galt es, diese Kenntnisse auf den Schulunterricht zu übertragen bzw. sie in ein schulisches Förderkonzept zu integrieren.

Aus den Grundprinzipien der Frühförderung ergaben sich folgerichtig auch die Eckpfeiler des hörgerichteten Spracherwerbs in der Schule.

Für den Unterricht im engeren Sinne bilden die Bereiche Hörerziehung, muttersprachlicher Unterricht und rhythmisch-musikalische Erziehung eine miteinander verbundene Einheit. Der muttersprachliche Unterricht spiegelt sich vor allem in der Gesprächserziehung wider.

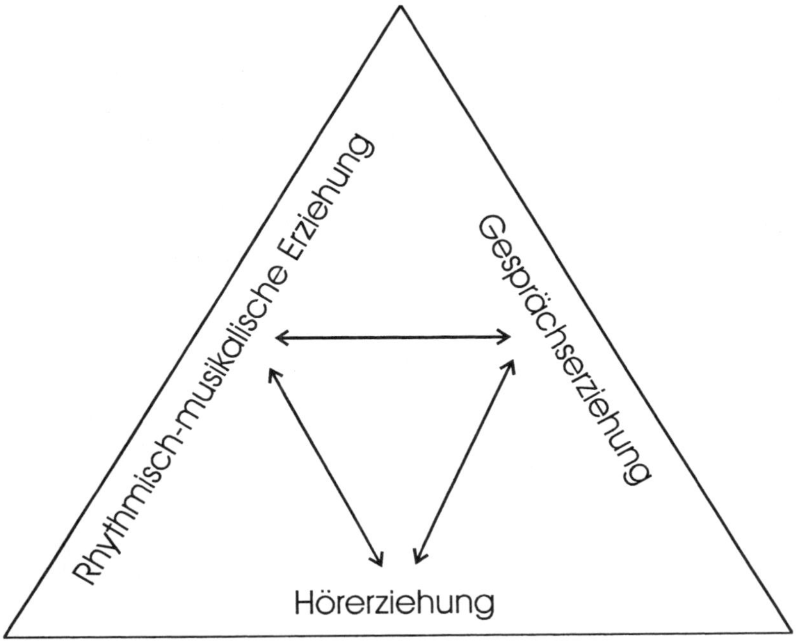


Abbildung 1: Die Grundprinzipien des hörgerichteten Spracherwerbs in der Schule

Die hier aufgezeigte Verzahnung ist eine im Schulunterricht durchaus noch nicht übliche Vorgehensweise und erfordert eine ganzheitliche Sichtweise.

In jedem einzelnen dieser drei Bereiche sind die jeweils anderen beiden enthalten. Hörerziehung, rhythmisch-musikalische Erziehung und Gesprächserziehung bedingen sich gegenseitig.

Der Begriff Erziehung ist hierbei bewusst gewählt, denn Erziehungsauftrag der Schule im Sinne der genannten Ziele ist nicht, den Kindern verschiedene Fähigkeiten anzutrainieren oder sie in einer bestimmten Methode zu unterrichten, sondern Fähigkeiten zu fördern, die den Erwerb einer möglichst hohen Hör- und Sprachkompetenz ermöglichen. Hören und lautsprachliche Kommunikation sind daher Bestandteil eines Erziehungskonzeptes, in dessen Folge ein hohes Kommunikationsniveau entwickelt werden kann. Damit wird zum einen die Erarbeitung aller Unterrichtsinhalte erleichtert sowie auf einen dem Alter angemessenen Standard gehoben, und zum anderen die Grundlage für eine private und berufliche Integration geschaffen.

Erziehung ist ein lang andauernder, sozialer Prozess. Weder kann er in seine Einzelteile zerlegt werden, noch ist sein Ende exakt vorhersehbar. Die Tatsache, dass Erziehung zeitlich nicht begrenzt werden kann und viele Personen an ihr beteiligt sind, zeigt ihre Komplexität.

Daraus ergibt sich einerseits die Schwierigkeit, dass nicht rezeptartig aufgelistet werden kann, wie hörgerichteter Spracherwerb abläuft. Andererseits gelingt er aber auch, wenn man nicht sklavisch Personen oder Übungen imitiert.

Allerdings gibt es eine Reihe von Punkten, die für das Gelingen einer hörgerichteten Sprachentwicklung auch und gerade in der Schule eine wesentliche Rolle spielen.

Ich möchte nun die Punkte herausgreifen, die für mich als Lehrkraft in einer hörgerichteten Lerngruppe von zentraler Bedeutung sind.

1. Eine wichtige Voraussetzung ist die eigene Einstellung zur Bedeutung des Hörens und damit auch des Hörenlernens.
2. Außerdem muss man Kenntnisse über die entwicklungsrelevanten Inhalte der drei oben genannten Bereiche und deren Zusammenwirken haben.
3. Nicht zuletzt gibt es eine Fülle methodisch-didaktischer Prinzipien, deren Umsetzung erfolgreiches praktisches Handeln ermöglicht.

#### 4.1.1.1 Hören für hochgradig hörgeschädigte Schüler

Die Einsicht, dass das Hören nicht nur ein Vehikel zum Sprechenlernen ist, sondern in der Gesamtentwicklung des Menschen eine unverzichtbare Rolle spielt, setzt sich in der Hörgeschädigtenpädagogik erst allmählich durch.

In der Folge verschiedener Forschungen zur Bedeutung des Hörens für uns Menschen finden auch Gedanken zu emotionalen und psychosozialen Auswirkungen dieses Sinnes sowie Fragen zur Orientierung in Zeit und Raum und zum Einfluss des Hörens auf die organische Entwicklung Eingang in unsere Überlegungen.

Vielerlei Beobachtungen im Schulalltag geben uns Hinweise auf die Verbindung von Hören und allgemeiner Entwicklung:

Was bedeutet es für meine Schüler, Lieblingsmusiken und Lieblingssänger zu haben, in jüngeren Jahren selbst gern und aus vollem Hals zu singen, sich nach Musik zu bewegen? Welche Motivation und welchen Genuss hat ein Kind, das mit einem mittleren Hörverlust von 115 dB seit mehr als fünf Jahren mit Freude und Erfolg Klavier spielt?

Oder die Frage: Wie mache ich mich einem hochgradig hörgeschädigten Kind bemerkbar? Bringe ich den Fußboden durch Aufstampfen in Schwingungen? Winke ich mit den Armen, bis es mich sieht? Fasse ich es gar unvermittelt an? Oder kann ich durch Anrufen bewirken, dass es meinen Versuch zur Kontaktaufnahme bemerkt? In welchem Fall kann eine natürliche Distanz gewahrt bleiben? Kann das Kind selbst entscheiden, ob es Kommunikation aufnehmen will oder nicht? Ist es nicht überraschender, vielleicht unerwünschter körperlicher Nähe ausgesetzt?

In welch selbstverständlicher Weise werden Umweltgeräusche registriert, und wie natürlich wird mit adäquatem Verhalten darauf reagiert?

Bei jedem Ausflug, jeder Klassenfahrt stelle ich erfreut fest, wie gut die Kommunikation mit Hörenden klappt, wie selbständig und selbstbewusst die Schüler fragen, Ziele auskundschaften und Abläufe organisieren, sich ohne meine dolmetschende Hilfe orientieren und mir damit bewusst machen, dass sie wie hörende Kinder und Jugendliche sich altersgemäß von den betreuenden Erwachsenen lösen können.

Die Kommunikationsfreudigkeit ist ausgeprägt und muss, wer hätte sich das früher träumen lassen, gar eingedämmt werden. „Babbel nicht so viel!“, „Erzähl nicht so lange!“, „Seid nicht so laut!“ sind Ermahnungen, die mich im Grunde zufrieden stimmen.

Hörenlernen als umfassende Nutzung dieses Sinnes soll in der Hörerziehung erreicht werden. Hören muss allgegenwärtig sein, ein stets wacher Sinn, permanent im Einsatz zur ständigen Verarbeitung akustischer Informationen.

Wie zu Hause muss auch in der Schule ein Hörklima geschaffen werden, das Hören muss ein selbstverständlicher Teil des Schulalltags werden. Unsere pädagogische Zugehensweise muss grundsätzlich hörgerichtet sein und zwar in allen Situationen, die mit dem Kind während der Schulzeit durchlebt werden. Ob ich als Lehrkraft in der Unterrichtsstunde ein Sprachstück erarbeite, male und bastle, mathematische Operationen übe, Experimente in Physik oder Exkursionen in Biologie mache, darf keinen Unterschied in der kommunikativen Zugehensweise machen. Genauso sollten das Hörklima und die Hörspracherziehung in Situationen zwischen „Tür und Angel", bei Feiern, Klassenfahrten, kurz allen nicht unterrichtsrelevanten Gelegenheiten wirksam sein.

Jede Lebenssituation der Kinder hat ihre eigenen, ganz spezifischen Hör- und Sprachbedingungen. Versäume ich es, den Kindern diese Bedingungen in der adäquaten Situation zu vermitteln, sind dies verpasste Chancen, die sich unter Umständen nie mehr wieder ergeben. Die Bedingungen in der Umgebung, der Zustand der Hörhilfen, das Verhalten der Lehrkraft und das des Kindes müssen so sein, dass das Kind die Chance hat, etwas zu hören und das Gehörte zu verstehen. Dies erfordert von Lehrern und Schülern eine bestimmte Art von Aufmerksamkeit und Disziplin, auf die ich im weiteren noch zu sprechen kommen werde.

Dies alles verdeutlicht die Notwendigkeit der Erziehung im Zusammenhang mit Hören und Sprachentwicklung sowohl vonseiten des Kindes als auch vonseiten der Erwachsenen.

Hörtraining ist ein integraler Bestandteil der Hörerziehung. Es fließt permanent in den Unterricht mit ein und hat seinen Platz in geplanten Übungssequenzen.

#### 4.1.1.2 Das Gespräch

Der zweite Bereich im Dreieck (Abbildung 1) ist die Gesprächserziehung, für die die in den letzten Abschnitten angesprochene Konsequenz genauso gilt wie für die Hörerziehung. Diese Unterrichtsform habe ich in St. Michielsgestel kennen gelernt und in meinen Unterricht integriert. Sie eignet sich hervorragend, Kinder zum Sprechen und gleichzeitig zum Zuhören zu motivieren. Grundlage der Gesprächserziehung sind im Grundstufenbereich die Interessen und Erlebnisse der Kinder. Die wöchentlichen Gespräche und die daraus resultierenden Gesprächstexte sind die Basis für das Erlernen des Lesens und Schreibens, den Sachunterricht, die Hör- und Sprechübungen.

Die konsequente Anwendung dieses Prinzips gewährt ein hohes Maß an Motivation. Das Kind findet sich in den Unterrichtsinhalten wieder. Es fühlt sich bestätigt und anerkannt, was wiederum seine Bereitschaft zur Mitarbeit und Konzentration erhöht. Das noch anstrengende Hin- und Zuhören gelingt besser und wird über einen längeren Zeitraum hinweg aufrecht erhalten. Hör- und Sprachverbesserungen sowie Hörtrainingssituationen werden bereitwilliger akzeptiert.

Von Beginn des ersten Schuljahres an bis zum Ende der Grundschulzeit war das Gespräch im oben beschriebenen Sinne Ausgangspunkt all unserer Lernaktivitäten. Im Mittelpunkt stand meist das Wochenendgespräch, aber auch andere inner- oder außerschulische Ereignisse ergaben den Gesprächsstoff für die kommenden Tage. Dabei ging es nicht nur um den Austausch von Informationen, sondern vor allem um das Äußern von Gefühlen, das Erfragen und Nachempfinden von Befindlichkeiten der Menschen, die miteinander sprechen. Von einem dieser Gespräche erstellte ich wöchentlich einen Gesprächstext, der folgende Kriterien erfüllen sollte:

- Er sollte den Inhalt des Gespräches in seinen wesentlichen Punkten wiedergeben. Dabei kommt es nicht so sehr auf die Originalreihenfolge an, sondern auf die Authentizität.
- Jedes Kind sollte sich mit seiner Aussage oder mit seinen Gedanken im Text wieder finden.
- Der Text sollte so gestaltet werden, dass er die Bearbeitung eines relevanten Unterrichtsinhaltes ermöglicht. Dies wird im ersten Schuljahr vor allem das Erlernen des Lesens und Schreibens sein. Im weiteren Verlauf der Grundschulzeit kommen Themen aus den Bereichen Grammatik, Wort- und Satzlehre sowie der Sachkunde hinzu.
- Das sprachliche Niveau des Textes sollte immer etwas über dem passiven Sprachverständnis der Schüler liegen. Unbekannte Wörter oder Satzformen sind kein besonderes Problem, da der Inhalt bereits gut bekannt ist.
- Die optische Gestaltung sollte den Kindern inhaltliche und sprachstrukturelle Gliederungs- und Verständnishilfen bieten.

Ob der Gesprächstext einen mehr sachlichen, emotionalen oder grammatikalischen Schwerpunkt hat, ergibt sich zwangsläufig aus dem Gespräch selbst. Hier zwei Beispiele von Gesprächstexten aus der Grundschulzeit:

**Beispiel 1, erstes Schuljahr:**

Im ersten Schuljahr ging es weniger um anspruchsvolle Themen, als darum, Gespräche in Gang zu setzen und Formen der Gesprächsführung einzuüben. In den Gesprächstexten standen die wortwörtlichen Dialoge im Vordergrund. Die Schüler selbst lasen die Texte, je nach Lesefähigkeit, sinnentnehmend oder ideovisuell. Es erstaunte, wie genau sie wussten, was wo stand.

Nachteulen und Langschläfer

Gestern haben wir über Marios Schürfwunde und über Stefans 3. Platz beim Ortssportfest in Reiskirchen gesprochen.
Am längsten haben wir uns über Folgendes unterhalten:

Ich bin am Samstag erst um 10.00 Uhr ins Bett gegangen.

erzählte Stefan

Ich bin am Freitag und am Samstag erst um 10.00 Uhr ins Bett gegangen. Gestern bin ich aber schon um 8.00 Uhr schlafen gegangen.

sagte Jörg

Julia rief

Und ich bin gestern um 9.00 Uhr ins Bett gegangen!

Das glaube ich nicht.

meinte Stefan

Da mußt du ja heute sehr müde sein, Julia.

sagte Fr. R.

Julia lachte verschmitzt.

Ich bin gestern sogar schon um 7.00 Uhr ins Bett gegangen, weil ich von meinem Sturz auf dem Spielplatz ganz geschafft war.

erzählte Mario

Stefan sagte

Ich bin gestern schon um 8.00 Uhr schlafen gegangen.

Ich auch.

gab Julia jetzt zu

Mario erzählte

Am Samstag bin ich sogar erst um 11.00 Uhr ins Bett gegangen. Ich war nämlich mit meinen Eltern bei Franco Pizza essen. Dafür habe ich am Samstag und am Sonntag bis 10.00 Uhr geschlafen.

Ich war schon um 8.00 Uhr wach. Mama und Papa auch.

erzählte Jörg

Ich war schon um 7.00 Uhr wach.

sagte Julia

Das glaube ich nicht.

rief Stefan wieder

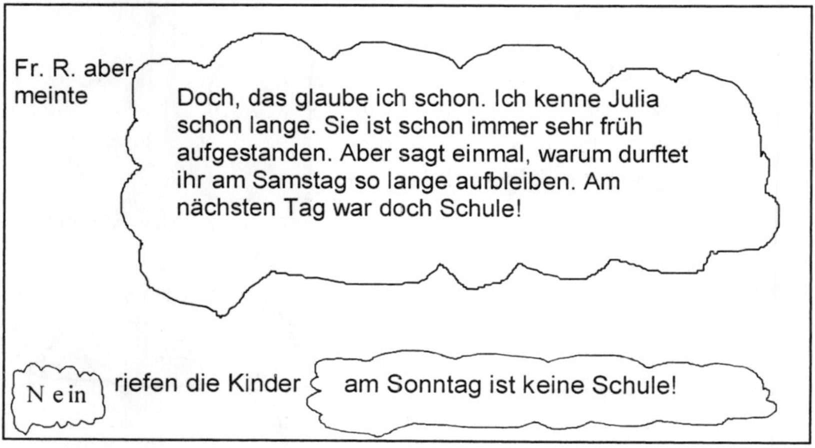


**Beispiel aus einem Tagebuchtext des dritten Schuljahres:**

Besondere Tage

Diese Woche stehen vier besondere Ereignisse an:
Am Dienstag feiern wir Jörgs Geburtstag nach,
am Mittwoch feiern wir Frau Rovners Geburtstag,
am Donnerstag macht Frau Seth ihr Examen und
am Freitag gibt es ein kleines Abschiedsfest für Frau Seth.

„Was ist das, Examen?“ wollten Jörg und Julia T. wissen. „Haben wir mit Frau Seth Samen ausgesät?“ fragte Mario unsicher. „Das ist ein Missverständnis!“ lachte Frau Rovner. „Du hast fast richtig gehört. In dem Wort Examen hört man Samen. Examen bedeutet jedoch etwas ganz anderes als Samen. Ein Examen ist eine Prüfung. Am Donnerstag hat Frau Seth Prüfung. Fünf Personen werden kommen und zuschauen wie Frau Seth unterrichtet. Sie bekommt dann eine Note, die am Ende des Examens in ihrem Zeugnis stehen wird.

Zur Zeit ist Frau Seth noch Referendarin - Lehrerschülerin - so wie Frau von Maltzahn und Frau Hansen. Wenn sie ihr Examen bestanden hat, ist sie richtige Sonderschullehrerin.“

„Wann hast du dein Lehrerexamen gemacht?“ wollte Mario von Frau Rovner wissen. „1979“, antwortet sie.

„1979 war ich ja noch gar nicht geboren!“ rief Jörg und Julia J. fügte hinzu: „Ich bin erst 1981 geboren.“ „Ohje, so uralt bin ich schon!“ seufzte Frau Rovner.

> Am Freitag ist Frau Seth zum letzten Mal bei uns in der Schule. Deshalb wollen wir eine kleine Abschiedsfeier machen. Danach werden wir uns von ihr verabschieden müssen.
>
> Jörg, Julia T. und Frau Rovner gaben zu, dass sie ein wenig traurig sein werden, wenn sie von Frau Seth Abschied nehmen müssen. Stefan meinte lachend: „Mir ist das egal!" Vielleicht will er nur nicht zugeben, dass er auch ein wenig traurig sein wird. Julia J. macht es nichts aus, dass Frau Seth uns verlassen wird. Sie kennt diese ja kaum, da sie erst seit kurzem in unserer Klasse ist. Mario meint verlegen: „Ich bin auch nicht traurig." „Aber als Herr Haupt wieder nach Hamburg zurückgegangen ist, warst du traurig", sagten die anderen. Das wollte Mario jedoch auch nicht zugeben.
>
> Vielleicht merken wir alle erst, wenn Frau Seth nicht mehr bei uns ist, wie sehr sie uns fehlt.
>
> Auf jeden Fall drücken wir ihr beide Daumen für ihr Examen und helfen mit, dass die Unterrichtsstunde gut gelingt.

Der erste Schritt bei der Arbeit mit den Tagebuchtexten ist das Vorlesen der Überschrift. An dieser Stelle entspinnt sich bereits wieder ein Gespräch über den bereits am Vortag besprochenen Inhalt. Deshalb ist schon die Wahl der Überschrift von Bedeutung, denn sie sollte wieder neu zum Nachdenken und Sprechen anregen.

Im zweiten Schritt liest die Lehrkraft den Text vor. Dabei unterstützen ausdrucksstarke Sprechweise und Körpersprache den Vortrag. Sie helfen über so manche Verständnisschwierigkeit hinweg und fesseln das Interesse der Kinder. Zwischendurch dürfen diese auch unterbrechen, Korrekturen vornehmen oder neue Gedanken dazu einbringen.

Im dritten Schritt wird der Text, der an die Tafel oder auf Karton geschrieben ist, gemeinsam laut gelesen. Dabei ist darauf zu achten, dass die Buben und Mädchen über die Höranlage genau auf Betonung, Pausen und Sprechgeschwindigkeit des Lehrers achten und diese mitsprechen.

Im vierten Schritt ist der Text Grundlage für Hör- und Sprechübungen, für formale und inhaltliche Auseinandersetzungen mit Sprache oder Sachen. Dazu ein paar Beispiele mit einem ganz gewöhnlichen Satz aus obigem Gesprächstext:

*Am Freitag gibt es ein kleines Abschiedsfest für Frau S*

**Hörübungen:**

- Wo liegen der Höhepunkt bzw. die Betonung im Satz?
- Wie viele Silben hat das Wort „Abschiedsfest", auf welcher Silbe liegt die Betonung?

- Welche Wörter gehören in Akzentgruppen zusammen?
- Welches Wort wird falsch betont?
- Satzveränderungen erkennen lassen: Umstellungen, Auslassungen, Hinzufügungen.
- Korrektes Nachsprechen in Rhythmus und Intonation.

Verschiedene dieser Übungen vom Band gesprochen.

**Sonstige Übungen mit diesem Satz:**
- Auswendig sprechen.
- Bewusste Satzumstellungen vornehmen.
- Zeitform verändern.
- Wörter austauschen, z. B. statt „gibt es" „feiern wir".
- Wortanalyse: Welche Wörter stecken in „Abschiedsfest"?
- Welche sonstigen Feste gibt es noch?
- Training bestimmter Sprechprobleme.

Solche Übungen können mit einem x-beliebig ausgesuchten Satz durchgeführt werden und haben exemplarischen Charakter.

**Weitere Übungsmöglichkeiten mit den Gesprächstexten:**
- Setzen der Satzzeichen an bewusst frei gelassenen Leerstellen.
- Arbeit an den Verben: Verbklammer, Zeitformen, Konjugationen, Interdependenz von Verben, Hilfs- und Vollverben.
- Übung der Wortarten, Wortzusammensetzungen und Satzglieder.
- Bewusstmachen von Synonymen und Homonymen.
- Einsatz von Personal- und Possessivpronomen.
- Übungen zur wörtlichen Rede: Anfang-Ende, Satzzeichen. Wer sagt was? Übungen zur indirekten Rede.
- Erkennen der Wortfamilien und Wortfelder.
- Sammeln von Redewendungen.

Bei konsequenter Arbeit mit dem Tagebuch und den Gesprächstexten in der oben angeführten Art und Weise wird im Verlauf der Grundschulzeit jedes Thema aktualisiert, das auch in den Sprachbüchern der Regelgrundschulen zu finden ist. Ebenso ergeben sich genügend Sachthemen, die den entsprechenden Rahmenplänen für Sachkunde entnommen sein könnten.

Dies ist nicht verwunderlich. Denn so wie im hörgerichteten Spracherwerb den Erlebnissen und Interessen der Kinder gefolgt wird, so setzen auch die Verfasser von Lehrbüchern die für die kindliche Entwicklung spezifischen Fragen und Lernmöglichkeiten in ihren Werken um.

Bei unseren eigenen Texten müssen wir uns jedoch nicht an eine vorgegebene Reihenfolge halten, sondern können die Inhalte auswählen, die sich aufgrund der aktuellen Interessenlage des Kindes ergeben, wodurch wir ein wesentlich höheres Maß an Motivation erreichen als dies bei „aufgesetzten" Geschichten der Fall ist. Außerdem kann man viel schneller auf das Wesentliche eingehen, da nicht mehr um das Verstehen des Textinhaltes gerungen werden muss.

Für die Lehrkraft bedeutet dies, dass sie die Inhalte der Lehrpläne im Kopf haben muss, um den geeigneten Moment des Einsatzes nicht zu verpassen.

Am Prinzip des Gesprächs halte ich auch in der Sekundarstufe fest. Im Fachunterricht ist Ausgangspunkt eines jeden Themas ein Gespräch, in dem die Jugendlichen ihre Kenntnisse, ihre Gedanken, ihre Interessen an dem jeweiligen Inhalt äußern können. Ebenso muss genügend Raum für Gespräche außerhalb des eigentlichen Stoffes bleiben. Jedes alltägliche oder außergewöhnliche Ereignis hat seine spezifischen sprachlichen Möglichkeiten und Notwendigkeiten, in seiner besonderen emotionalen und atmosphärischen Einbettung. Diese Situationen müssen für den Spracherwerb genutzt werden. Denn dies sind die Gelegenheiten, in denen sich die Kinder und Jugendlichen mitteilen möchten, in denen sie Informationen geben und bekommen wollen, in denen sie fragen und antworten, ohne dazu aufgefordert werden zu müssen. Gelingt es uns Lehrern, das persönliche Interesse der Schüler zu wecken, haben wir durch die Motivation zum Zuhören und Sprechen schon einen großen Schritt in Richtung Hör-Spracherziehung getan. Machen wir uns bewusst, dass auch die Sprachentwicklung eines hörenden Kindes über sein ureigenstes Interesse an der Welt gesteuert wird und daran wächst, so müssen auch wir versuchen, ähnliche Bedingungen in der Schule zu schaffen.

### 4.1.1.3 Rhythmisch-musikalische Erziehung

Der dritte Bereich in Abbildung 1 ist die rhythmisch-musikalische Erziehung. Sie ist mit den beiden anderen Bereichen unauflöslich verbunden, da sie weit mehr beinhaltet, als gemeinhin mit Musikunterricht verbunden wird. Die rhythmisch-musikalische Erziehung arbeitet mit folgenden Grundbedürfnissen bzw. -fähigkeiten: Musik, Bewegung und Sprache.

Alle drei haben die gleichen Elemente der Prosodie, nämlich Tempo, Dynamik, Pausen, Metrik, Melodik und Akzentuierung. Schwächen in einem Bereich können durch Schulung der beiden anderen Bereiche kompensiert werden. Ich verweise an dieser Stelle auf den Artikel von PENTEKER-WOLFHEIMER, die die Verbindung von Rhythmik und anderen musikalischen Elementen mit den Förderschwerpunkten von Hören und Sprechen im Gesamtunterricht deutlich aufzeigt.

In der Grundschulzeit meiner Klasse begann und endete jeder Tag mit einem Lied, häufig verbunden mit darstellendem Spiel und Bewegung. Neben vielen Liedern und Gedichten gehörte auch das Rhythmisieren unserer Prosa-Tagebuchtexte, das Ausformen der prosodischen Merkmale der Sprache, die ebenso Merkmale der Musik sind, zu unseren regelmäßigen Übungen. Einige Übungen dazu finden sich ebenfalls im obigen Abschnitt über die Arbeit am Gesprächstext.

Jeder weiß aus eigener Erfahrung, wie viel leichter ein Gedicht im Gegensatz zu Prosa auswendig gelernt werden kann. Wie schwer können Wörter, in „Robotersprache" gesprochen, behalten werden. Genauso machen wir es den Kindern fast unmöglich, Sprache im Gedächtnis zu behalten, wenn wir Wörter und Sätze beim Vorsprechen in ihre Einzelteile zerlegen. Nicht zuletzt macht es viel mehr Spaß, das Hören und das Sprechen in Form von Liedern, Gedichten, Tanz und ausdrucksvoller Sprache zu lernen.

Nicht nur in meiner Klasse gehörte und gehört das Melodikaspiel zum täglichen Unterrichtsgeschehen. Es fördert eine gesunde Atemtechnik, unterstützt das Singen und Rhythmisieren von Sprache und bildet die Grundlage für gemeinsames Musizieren sowie den Erwerb elementarer musiktheoretischer Kenntnisse.

Bild 2: Mario im dritten Schuljahr beim Melodikaspielen. Die Koordination der Finger- und Blastechnik muss auch geübt sein.

Weitere Unterstützung findet die akustische Seite der rhythmisch-musikalischen Erziehung durch optische Rhythmisierungs- und Durchgliederungshilfen, die je nach Gelegenheit in schriftlicher Form oder durch Bewegung gegeben werden können.

Als Beispiel für eine besonders enge Verknüpfung von rhythmisch-musikalischer Erziehung, Sprachunterricht und Hörerziehung möchte ich unsere Arbeit mit dem musikalischen Märchen „Peter und der Wolf" von S. PROKOFIEFF erwähnen, die im 4./5. Schuljahr von den Schülern meiner und der Parallelklasse, den Klassenlehrern und der Rhythmiklehrerin durchgeführt wurde. Viele sich gegenseitig durchdringende Bereiche wurden bearbeitet:

- Erzählen und Lesen der Geschichte, dabei Arbeit an den prosodischen Merkmalen des Textes, der Aussprache, dem Hören und Nachahmen der unterschiedlichen Stimmen von Tieren und Menschen.
- Erstellen und Auswendiglernen eines Dialoges entsprechend den zuvor erarbeiteten Kriterien, eingefügt in den Ablauf des Drehbuchs.
- Umsetzung des Märchens in darstellendes Spiel. Dabei standen das Aufeinanderhören und Anpassen des sprachlichen Ausdrucks an den inhaltlichen Verlauf im Mittelpunkt.
- Parallel dazu hörend die eigene Rolle in der Musik wieder erkennen, zum einen am Klang des Instrumentes, zum anderen am Charakter der Melodie. Voraussetzung dafür war Instrumentenkunde mit möglichst originalen Hörerlebnissen.
- Umsetzung des musikalischen Charakters der einzelnen Melodien für die Tiere und Personen des Stückes in Bewegung. Dabei sollten die Kinder selbständig den Melodienverlauf hören und in Bewegungsabläufen nachempfinden.
- Aufzeichnen und Strukturieren der musikalischen Abläufe in graphischen Darstellungen als für alle verbindliche Partitur.
- Gegenseitige Integration des sprachlichen, musikalischen und bewegungsrhythmischen Teils des Märchens.

Abschluss und zugleich auch Höhepunkt war die mehrmalige Aufführung des Stückes, in der man beobachten konnte, wie die Kinder stimmlich ausdrucksvoll und im Tanz harmonisch zur Musik dieses musikalische Märchen darstellen konnten.

## 4.1.2 Hörgerichtete Förderung

Um die hörgerichtete Sprachentwicklung erfolgreich fördern zu können, müssen Lehrer und Schüler jeweils spezifische Prinzipien in puncto Hören, Sprechen, Sprache und Sprachverhalten beachten lernen. Was biete ich wie an, ist entscheidend für die Motivation im hörgerichteten Spracherwerb.

Durch Beobachtungen und Reflexion des eigenen Verhaltens wie das anderer Kollegen ergaben sich eine Reihe von Kriterien, die ich unter den genannten Schwerpunkten aufführen möchte.

### 4.1.2.1 Hören

Will man die Hörreste optimal nutzen und die Hörentwicklung in Gang setzen bzw. weiterbringen, muss zu allererst eine bestmögliche apparative Versorgung gewährleistet sein. Für die Handhabung der Hörtechnik im Schulbereich wurde ein Kontrollplan (Abbildung 2) entwickelt, dessen Realisierung zur Zeit noch vom Engagement der einzelnen Lehrkraft und den personellen Kapazitäten in der Audiologie abhängt.

Bereits im technischen Bereich müssen Lehrer im Sinne der Hörerziehung eine konsequente Haltung einnehmen. Nur wenn sie jeder Störung sofort nachgehen, alle diesbezüglichen Hinweise der Kinder ernst nehmen, umgehend für deren Beseitigung oder Ersatz sorgen, vermitteln sie dem Kind auch die Wichtigkeit des Hörenkönnens und die Ernsthaftigkeit der Bemühungen aller am Lernprozess Beteiligten. Insbesondere in der Grundschule, wenn nötig auch danach, müssen die Hörhilfen sorgfältig von den Erwachsenen überprüft werden. Mit zunehmendem Alter sollte diese Aufgabe mehr und mehr in den Verantwortungsbereich der Schüler selbst übergehen.

Wenn nun die Hörhilfen in Ordnung sind, was sollen die Kinder hören?

Wie schon in der Frühförderung sollen auch im Schulalltag möglichst viele zufällige und geplante Schallereignisse in das auditive Bewusstsein gehoben werden, angefangen beim Schulgong über Außengeräusche (Rasenmäher, Hubschrauber u. a.), Geräusche im Klassenzimmer (Papierrascheln, Stiftkratzen u. a.) bis hin zu fein differenzierten Tönen von Gesang und Instrumenten.

Im Mittelpunkt des „schulischen Hörens“ steht jedoch die Sprache der Lehrer und Mitschüler, die in ihren charakteristischen Merkmalen immer besser erkannt und deren Sinn immer schneller und vollständiger erfasst werden soll.

| Bei Aufnahme des Kindes in unsere Schule | Täglich | Wöchentlich | Alle 2 Monate | Halbjährlich | Jährlich |
|---|---|---|---|---|---|
| - 2 Hörgeräte vorhanden?<br>- Anpassung durch Audiogramm u. Aufblähkurve überprüfen<br>- evtl. neue Ohrpaßstücke<br>- ist eine Potiabdeckung nötig?<br>- Hörgerätecheckliste anlegen<br>- Information der Eltern | - Hörgeräte mit dem Stethoclip überprüfen<br>- Batterien prüfen<br>- auf die Lautstärkeeinstellung achten<br>- Feuchtigkeit aus dem Schlauch pusten<br>- Akkus überprüfen (Kontrolllampe)<br>- Funktionstüchtigkeit überprüfen (Kontrollgeräte)<br>- Kontrolle der Unterbringung des Sprachprozessors* | - Batterie wechseln (evtl. öfter)<br>- in den Gehörgang schauen (bei Erkältung tgl., um Entzündungen zu entdecken) | - Überprüfung der Hörgeräte in der Messbox | - neues Audiogramm erstellen<br>- Überprüfung der Hörgeräteeinstellung<br>- Insitumessung im Bedarfsfall<br>- Impedanzmessung? | - Sprachaudiogramm erstellen<br>- Kontrolle, ob das Hörgerät noch richtig ist (evtl. anderer Typ)<br>- Insitumessung?<br>- Neue Ohrpaßstücke<br>- Information der Eltern |
| Höranlage | | | | Vierteljährlich | |
| - Anlage sofort um ein weiteres Gerät, einen weiteren Platz erweitern<br>- bei der Höranlage den Empfänger an die Hörbedingungen des Kindes anpassen | - auf den richtigen Gebrauch achten:<br>• Lehrer:<br>- Antenne frei hängend<br>- Mikrophon ca. 20 cm vom Mund entfernt<br>- keine Reibegeräusche erzeugen (Tücher, Ketten)<br>• Schüler:<br>- einschalten, Lautstärke regeln<br>- Schülermikrophon ausschalten (Reibegeräusche an Kleidern)<br>- Audioschuh korrekt anstecken<br>- beim Einstecken ins Ladegerät ausschalten<br>- bei kurzzeitiger Unterbrechung der Benutzung nicht ins Ladegerät stellen, nur ausschalten<br>- auf Störungen achten und *reagieren* | - Überprüfung der Funktionstüchtigkeit<br>- Kontrolle der Audioschuhe<br>- Aufladetätigkeit beobachten | | - Überprüfung der gesamten Anlage | - Wechsel der Akkus |

* Die Überprüfung der Einstellung bzw. der kompletten CI-Technik erfolgt in regelmäßigen Abständen durch die entsprechenden Kliniken und CI-Centren

Abbildung 2: Kontrollplan zur Überprüfung der Hörhilfen

Besonders in den ersten Schuljahren ist daher Einzelarbeit noch sehr wichtig. Die Möglichkeiten, auf die individuellen Fähigkeiten des Kindes einzugehen, seine Hörreste voll auszuloten und auszuschöpfen, sind nur in der Eins-Zu-Eins-Situation gegeben. Konsequentes Anpacken eines Hörproblems, das erst durch oftmaliges Hinhören gelöst werden kann, z. B. Sprechfehlerkorrektur, ist nur in individueller Arbeit möglich. Hier können auch andere Fähigkeiten, die für das Hörenlernen in der Gesamtgruppe wichtig sind, geübt werden. Dazu gehören: Zuhören, bis zu Ende gesprochen wurde; Nachfragen, wenn etwas nicht verstanden wurde; Geduld für Wiederholungen; Ungeteilte Aufmerksamkeit für akustische Ereignisse; Präzisierung der eigenen Sprache.

Mit fortschreitender Hör- und Sprachkompetenz ist auch der Kassettenrecorder oder ein anderer Tonträger ein wertvolles Übungsmedium. Erkennen von Stimmen, Hören von Musik, Nachvollziehen von Geschichten, Korrektur eigener Sprech- und Sprachfehler u. a. sind wesentliche Übungselemente.

Um gegenseitiges Verstehen in normalem Sprechtempo erreichen zu können, müssen die Kinder eine gute Lauschhaltung und den Willen, Gehörtes zu verstehen, entwickeln. Dies sollte sich auch sprachlich bei Lehrern und Schülern ausdrücken:

Was war das, was ich eben gehört habe? Kennst du das Geräusch? Hör mir bitte gut zu! Was hast du gesagt? Sprich bitte etwas lauter! Wiederholst du bitte noch einmal! Hör genau hin! Ich habe nichts gehört! Du hast dich verhört! Das klingt so ähnlich wie ... u. Ä.

Eigenschaften, die sowohl die Lehrkräfte wie auch die Schüler entwickeln sollten, sind gutes Hin- und Zuhören, das heißt interessiert, mit persönlicher Anteilnahme „sein Ohr dem Anderen leihen". Aktives Zuhören fördert das Verstehen und steigert die Motivation der Kinder. Nur wer sich als Kommunikationspartner ernst genommen fühlt, wird sich in das Gespräch einbringen. Allzu starres Festhalten an eigenen Wünschen oder Plänen verhindert echtes Zuhören und damit echte Kommunikation. In dieser Gefahr befinden sich die Lehrer durch Unterrichtsplanung und Stoffdruck, die Schüler durch egoistisches Voranstellen eigener Interessen. Daher muss insbesondere in den ersten Jahren des Hören- und Sprechenlernens Raum für intensive Gespräche sein, was die bereits oben erwähnte Gesprächserziehung zum Ziele hat.

Während des gesamten Hörerziehungsprozesses ist es wichtig, die Hörfähigkeit der Schüler genau zu beobachten, um abschätzen zu können, was sie zu hören in der Lage sind, und was ich von ihnen fordern kann. Dieses Herausfordern vorhandener Möglichkeiten ist entscheidend für die Hörentwicklung. Dazu muss den Kindern jedoch durch geeignete Hilfen Sicherheit und Selbstvertrauen gegeben werden.

Will ich dem Kind beispielsweise einen Satz über das Ohr zusprechen, so muss ich Folgendes beachten:

- in angemessener Lautstärke sprechen,
- rhythmisch gut strukturiert sprechen,
- sooft wie nötig wiederholen,
- richtig Gehörtes sofort verstärken, loben,

- richtig Gehörtes eventuell durch Aufschreiben festigen,
- nicht zu schnell optische Hilfen hinzuziehen.

Das Kind soll Zutrauen zu seinem Hören gewinnen, lernen, die schwachen oder unbekannten akustischen Informationen richtig zu interpretieren. Diese Anforderungen muss es durchaus nicht als Qual oder Belastung empfinden. Im Gegenteil: Es ist dies eine Herausforderung wie auch das Lösen einer Rechenaufgabe oder die Ausführung eines Auftrags. Ist die Aufgabe geschafft, erfüllt dies das Kind mit Zufriedenheit und Stolz.

Natürlich obliegt es dem pädagogischen Geschick des Lehrers, dafür zu sorgen, dass, wie in anderen Lernbereichen auch, am Ende einer solchen Lernphase niemals ein Misserfolg das Kind frustriert.

Während der gesamten Schulzeit sollten noch folgende Prinzipien der Hörerziehung beachtet werden:

In einer normalen Geprächssituation ist das Mundbild in natürlicher Art und Weise mit dabei, jedoch sollten möglichst viele Situationen genutzt werden, in denen nur gehört werden muss. Zum Beispiel sollten neue Begriffe zunächst über das Ohr dargeboten werden. Der Höreindruck soll primär da sein und im zweiten Schritt erst durch Mund- und/oder Schriftbild bestätigt und gefestigt werden. Gegenseitige Ansprache geschieht durch Rufen des Namens, selbst wenn hierzu viele Wiederholungen notwendig sind, nicht durch Anfassen oder Aufstampfen.

Wenn das Kind sich ganz auf das Zuhören konzentrieren soll, müssen eindeutige Hör-Sprechsituationen geschaffen werden. Es muss für den Schüler klar sein, was er hören soll bzw. in welchem sachlichen Zusammenhang das Gesprochene steht. Der situative Kontext ist wichtig.

Gedichte, Reime, Lieder und Texte, die vor allem durch den Klang leben, immer unter aktiver Einbeziehung des Hörens einführen. Dafür wieder ein Beispiel aus dem Deutschunterricht meiner Klasse in der R6, wie unter der Prämisse des hörgerichteten Spracherwerbs Gedichte im Unterricht behandelt werden können:

**Beispiel:**

**Theodor Fontane**

*Herr von Ribbeck auf Ribbeck im Havelland*

Herr von Ribbeck auf Ribbeck im Havelland,
Ein Birnbaum in seinem Garten stand,
Und kam die goldene Herbsteszeit,
Und die Birnen leuchteten weit und breit,

Da stopfte, wenn's Mittag vom Turme scholl,
Der von Ribbeck sich beide Taschen voll,
Und kam in Pantinen ein Junge daher,
So rief er: „Junge, wiste ne Beer?"
Und kam ein Mädel, so rief er: „Lütt Dirn,
Kumm man röwer, ick hebb ne Birn!"

So ging es viel Jahre, bis lobesam
Der von Ribbeck auf Ribbeck zu sterben kam.
Er fühlte sein Ende, 's war Herbsteszeit,
Wieder lachten die Birnen weit und breit;
Da sagte von Ribbeck: „Ich scheide nun ab.
Legt mir eine Birne mit ins Grab."
Und drei Tage drauf, aus dem Doppeldachhaus,
Trugen von Ribbeck sie hinaus,
Alle Bauern und Büdner mit Feiergesicht
Sangen „Jesus meine Zuversicht",
Und die Kinder klagten, das Herze schwer:
„He is dod nu. Wer giwt uns nu ne Beer?"

So klagten die Kinder. Das war nicht recht -
Ach, sie kannten den alten Ribbeck schlecht;
Der neue freilich, der knausert und spart,
Hält Park und Birnbaum strenge verwahrt.
Aber der alte, vorahnend schon
Und voll Misstrauen gegen den eigenen Sohn,
Der wußte genau, was damals er tat,
Als um eine Birn ins Grab er bat,
Und im dritten Jahr aus dem stillen Haus
Ein Birnbaumsprössling spross heraus.

Und die Jahre gehen wohl auf und ab,
Längst wölbt sich ein Birnbaum über dem Grab,
Und in der goldenen Herbsteszeit
Leuchtet's wieder weit und breit.
Und kommt ein Jung übern Kirchhof her,
So flüstert's im Baume: „Wiste ne Beer?"
Und kommt ein Mädel, so flüstert's: „Lütt Dirn,
Kumm man röwer, ick gew di ne Birn."

So spendet Segen noch immer die Hand
des von Ribbeck auf Ribbeck im Havelland.

Skizzierung der einzelnen Bearbeitungsschritte

1. Darbietung der Gedichtzeile
   *„Lütt Dirn, kumm man röwer, ick gew di ne Birn."*
   vom Tonband.
   Die Schüler, die beim ersten Hinhören nichts damit anfangen konnten und zunächst eine Fremdsprache vermuteten, erkannten nach mehrmaliger Wiederholung, dass es sich um Deutsch handelte. Ihre Erfahrungen, die sie mit hessischen, schwäbischen, berlinerischen Texten schon hatten, ließen sie rasch erkennen, dass auch die Sprache dieser Zeile ein deutscher Dialekt ist.
   Bei jeder Wiederholung wurden weitere Wörter richtig gehört. Nachdem die bereits diskriminierten Satzteile an der Tafel standen, wurde es zunehmend einfacher, den Rest hörend zu ergänzen.
   Außer bei „Lütt Dirn" erkannten die Kinder auch den Sinn. Aber unter Einbeziehung des Englischen und Kombinationsgabe wurde auch diese Nuss geknackt.
   In dem parallel laufenden Gespräch über Dialekte wurde diese Zeile Norddeutschland zugeordnet.

2. Tafelbild: Überschrift des Gedichtes. Es entspann sich ein gelenktes Gespräch über die Punkte:
   - Wo ist das Havelland? Suche auf der Landkarte.
   - von Ribbeck - Was bedeutet adelig?
   - auf Ribbeck - Hinweis auf den Herrensitz, dazu vom Fremdenverkehrsamt Ribbeck ein Bild vom Schloss Ribbeck.

Diese ersten beiden Phasen ebneten den Weg für das Gedicht, indem wichtige formale und inhaltliche Aspekte bereits im Vorfeld geklärt waren.

3. Vorlesen des Gedichtes bis zur Stelle „... legt mir eine Birne mit ins Grab".

4. Text an der Tafel, Erläuterung noch unklarer Textpassagen und Gespräch darüber, was von Ribbeck mit seinen letzten Worten gemeint haben könnte.

5. Im Wechsel: Vorlesen und Inhaltserarbeitung am schriftlichen Text.

6. Klärung sprachlicher Besonderheiten. Es war erstaunlich, wie wenig Schwierigkeiten die Buben und Mädchen beim Verstehen von Ausdrücken wie „vom Turme scholl", „ich scheide nun ab", „lachten die Birnen", „das Herze schwer", „strenge verwahrt" usw. hatten. Die

sprachliche Phantasie und das Verstehen von Metaphern zeigten eine schon recht gut entwickelte Sprachkompetenz.

7. Arbeit am Vortrag des Gedichtes: Betonungen, Pausen, Akzentgruppen, Melodik, unterschiedliche Stimmen, Stimmungen und Lautstärken, Sprechdeutlichkeit. Dabei wurde wieder konsequent die Zusprache über das Ohr eingesetzt.
8. Hören der Reimwörter und Finden weiterer passender. Vortrag der ersten Strophe auf bababa. Erkennen des Gedichtes anhand seines Rhythmus.
9. Übertragen des Rhythmus und der Betonungen auf die Notation der ersten Strophe in rhythmischen Noten. Erkennen, dass es sich um einen 3/4-Takt handelt.
10. Blasen des Rhythmus auf der Melodika.
11. Auswendiglernen, Sprechen mit verteilten Rollen und Rollenspiel.

#### 4.1.2.2 Sprechen

In der Vergangenheit war mein eigenes Sprechen durch Überartikulation, falsche Rhythmisierung, z. B. Trennung von inhaltlich zusammengehörenden Satzteilen, zu langsames Tempo und unnatürliche Sprechmelodie gekennzeichnet.

Wie jedoch schon in den vorangegangenen Kapiteln erkennbar war, ist die Sprechweise der Lehrkraft entscheidend dafür, wie gut die Schüler verstehen und das Gesagte im Gedächtnis behalten können. Deshalb habe ich an mein Sprechverhalten folgende Kriterien angelegt:

Die Sprechqualität muss so sein, dass Sprache akustisch gut diskriminiert werden kann. Dies setzt voraus, dass

- die prosodischen Merkmale wie Betonung, Pausen, Metrik, Dynamik und Melodie gut erkennbar sind. Wie deutlich diese hervorgehoben werden, hängt vom Alter des Kindes sowie dessen Hör- und Sprachentwicklung ab. In den ersten Schuljahren wird noch betont rhythmisch und melodisch gesprochen, was bei den älteren Jahrgängen nicht mehr notwendig ist, ohne jedoch in gleichförmiges Reden zu verfallen.
- die Sprechgeschwindigkeit, ebenso wie die Prosodie, dem Aufnahmevermögen des Kindes angepasst sind.
- niemals zu laut, zu leise oder gar ohne Stimme gesprochen wird. In jedem der drei Fälle wird der Sinn und damit das Tragen einer Hörhilfe in Frage gestellt, was Ablehnung vonseiten der Kinder provoziert.

- deutlich, aber nicht überartikuliert gesprochen wird. Es ist ein Irrtum, zu glauben, durch ein übertriebenes Mundbild würden die Kinder besser verstehen. Das Gegenteil ist der Fall. Überartikulation verzerrt das Mundbild und verändert den natürlichen Rhythmus. Damit wird den Kindern das Verstehen und Speichern im Gedächtnis erschwert.
- vor allem bei jüngeren Kindern in Akzentgruppen und nicht in Einzelwörtern gesprochen wird. Die Begründung ist die gleiche wie im vorhergehenden Punkt.
- Dialekteinflüsse in der Schule vermieden werden.

So wie der Lehrer seine eigene Sprechweise reflektieren muss, so muss er auch auf das Sprechen der Kinder achten. Vorhandene Phoneme sollten deutlich ausgesprochen und möglichst selbständig über das Ohr und die Kinästhesie kontrolliert werden. Fehlende Laute werden zunächst auf auditivem Wege, wenn dies nicht möglich ist, durch artikulatorische Übungen ergänzt. Bei hörgerichteten Kindern gelingen Sprechverbesserungen über das Ohr oft wesentlich besser als unter Zuhilfenahme des Absehbildes oder der Schrift.

Bei zu lauten, verspannten und zu Hochton neigenden Stimmen gelingen Korrekturen ebenfalls über das Hören, mit eventueller Unterstützung durch Lockerungs- und Entspannungsübungen oder Einsatz von Instrumenten mit starkem Resonanzkörper, wie Klangstäbe und Klavier.

Hartnäckige Stimm- oder Sprechfehler müssen, wie auch zu früheren Zeiten, mit konsequenter Übung angegangen werden.

Das Üben des Sprechens in rhythmischen Einheiten und die Beachtung der prosodischen Merkmale stehen jedoch vor der Artikulation. Es hilft den Kindern, Sprachgefühl zu entwickeln, wodurch sie Fehler, z. B. Auslassungen, selbständig verbessern können. Rhythmisches Sprechen trägt mehr zum Verstandenwerden bei als exakte Artikulation.

Artikulation im Sinne systematisch aufbauender Anbildung von Einzellauten ist im hörgerichteten Spracherwerb weder sinnvoll noch notwendig.

#### 4.1.2.3 Sprachverhalten

So wie mein Sprechverhalten überholt war, so war auch mein Sprachverhalten der Entwicklung der hörgerichteten Kinder nicht mehr angemessen. Kurze, einfache Sätze, Vermeidung schwieriger Wörter, sachliche und emotionale Reduzierung des Inhalts, zu viel Körpersprache und Anschauungsmittel standen den Zielen des hörgerichteten Spracherwerbs entgegen.

Wie das Sprechen sollte auch meine Sprache effektiv und vorbildhaft sein, so dass Form und Inhalt das Hineinwachsen der Kinder in die Lautsprache optimal fördern.

Anhand zweier kleiner Textbeispiele möchte ich einige Grundregeln aufzeigen.

> Heute sind wir wieder auf dem Übungshang gefahren. Wir können noch nicht gut fahren. Morgen dürfen wir vielleicht auf dem hohen Berg fahren. Wir werden mit dem Lift fahren. Darüber sind wir froh.

> Heute waren wir sauer, weil wir schon wieder auf dem Übungshang trainieren mussten. Wir wären so gerne mit den anderen auf die Königsleitenspitze gefahren. Schade! Aber der Pflugbogen und das Bremsen klappen noch nicht so recht. Hoffentlich dürfen wir morgen mit nach oben! Dann können wir auch zum ersten Mal mit dem Sessellift fahren. Juhuh! Das wird aufregend!

Worin unterscheiden sich nun diese beiden Texte?

Der erste Text hat rein beschreibenden Charakter. Der Satzbau ist relativ stereotyp und einfach, ebenso wie die Wortwahl. Der Informationsgehalt ist nicht sehr hoch. Aussagen über die Befindlichkeit des Schreibers fehlen ganz. Insgesamt eine wenig interessante Erzählung auf sprachlich niedrigem Niveau.

Die Sprache des zweiten Textes ist wesentlich abwechslungsreicher und natürlicher in der Formulierung. Der Text enthält mehr sachliche Informationen sowie Aussagen über die Gefühlslage des Schreibers. Die Wortwahl ist der Sache und dem Verfasser angemessen. Durch die Art der Formulierung und den stark emotional gefärbten Inhalt hat dieser Text kommunikativen Charakter. Er ist interessanter und regt zum Gespräch an.

Das Vorlesen oder Erzählen dieses Textes bietet viel mehr Möglichkeiten zur Gestaltung des Ausdrucks, was wiederum das Hören und Verstehen unterstützt und anregt.

Die Kriterien des zweiten Textes sollten im hörgerichteten Spracherwerb maßgeblich für den mündlichen wie schriftlichen Sprachgebrauch des Lehrers sein.

Das sprachliche Niveau muss immer ein Stück über der passiven Sprachkompetenz der Kinder sein. Wie kann ich deren Niveau anheben, wenn ich aus Angst, nicht verstanden zu werden, Sprache immer mehr vereinfache?

Zum Sprachverhalten der Lehrkraft gehört es weiterhin, niemals über die Köpfe der Kinder hinweg zu sprechen, sondern sich zu vergewissern, ob das Kind eine Chance hat, das, was man sagt, zu verstehen, und zwar sowohl in der strukturierten Unterrichtssituation wie auch in Gesprächen „zwischen Tür und Angel". Ist seine Aufmerksamkeit auf mich gerichtet? Wie groß ist der Störschall? Wie verständlich sind mein Sprechen und meine Sprache? Häufig dienen Äußerungen, die nicht unbedingt mit dem Unterrichtsinhalt zu tun haben, wie „Wo habe ich denn jetzt meine Kreide hingelegt?" mehr der eigenen sprachlichen Befriedigung als der Kommunikation mit den Kindern. Auch bei Auseinandersetzungen um den Kaugummi, Gesprächen über Pausenvorfälle oder Freizeiterlebnisse ist die Lautsprache oft wesentlich weniger reflektiert und konsequent gebraucht wie im Unterricht. Dabei geben uns all diese Situationen Gelegenheit, gerade die hierfür angemessene Sprache anzuwenden und zu üben. Bekommen die Kinder nicht die in diesem Moment situationsgerechte Sprache geboten, verpassen wir wertvolle Chancen, den Wort- und Sprachformenschatz zu erweitern.

Dies entspricht auch den Grundsätzen, dass der Sprachgebrauch besonders bei jüngeren Kindern situativ sein soll, und Sprachinhalte durch Handlungen verdeutlicht werden sollen.

Solange die Notwendigkeit besteht, muss der Lehrer die Äußerungen des Kindes stets auffangen und in der Doppelrolle (nach VAN UDEN) wiedergeben, das heißt für das Kind sprechen oder es zum Wiederholen veranlassen.

Eine lebendige Körpersprache unterstützt das Hören und Absehen, ist jedoch nicht mit konventionellen Gebärden zu verwechseln, die im hörgerichteten Spracherwerb nicht gebraucht werden.

Zusätzlich müssen Kinder durch interessiertes, animierendes Verhalten des Lehrers zum Kommunizieren angeregt werden, was auch die konsequente Aufforderung zum Hinhören und Sprechen beinhaltet.

Hilfreich ist auch das frühzeitige Erlernen metasprachlicher Begriffe, die prosodische oder grammatikalische Sprachphänomene kennzeichnen, wie Nomen, Verb, Zeitformen, Silben, Betonung usw. Dies erleichtert das schnelle Korrigieren von Sprech- und Sprachfehlern während des Unterrichts.

All die in diesem Unterkapitel aufgeführten methodisch-didaktischen Hinweise machen deutlich, dass Höreindrücke, darin ist auch Lautsprache eingeschlossen, weder reduziert noch im Gießkannenprinzip über den Kindern ausgeschüttet werden dürfen, sondern reflektiert gebraucht und vermittelt werden müssen. Dazu bedarf es, wie auch in anderen Bereichen der Lehrerausbildung, einer gezielten Schulung.

Weitere, den Hör- und Sprachlernprozess - und nicht nur diesen - unterstützende Maßnahmen:

**Das Tagebuch**

Am Wochenanfang wird ein individuelles Tagebuchblatt von zu Hause mitgebracht, schulische Ereignisse schreiben wir gemeinsam auf.

In den ersten Jahren schreiben die Eltern, im Gespräch mit dem Kind, das Tagebuchblatt. In dieser Zeit dient es vor allem dazu, sich gegenseitig besser zu verstehen. Das Kind kann sich dem Lehrer, den Mitschülern und anderen Personen im schulischen und häuslichen Umfeld mitteilen. Vergangenes und Zukünftiges kann erörtert werden, ohne dass dabei allzu viele Verstehenslücken und Missverständnisse auftauchen.

Sobald die Kinder lesen können, lesen sie interessiert die Tagebuchblätter der Klassenkameraden, was bis zum heutigen Tag so geblieben ist.

Etwa ab dem dritten Schuljahr können die Buben und Mädchen ihre Tagebücher selbst schreiben. Aufgrund steigender Sprachkompetenz tritt der Informationsaspekt allmählich mehr in den Hintergrund, die Anforderungen an die schriftliche Ausdrucksfähigkeit nehmen stetig zu.

Während der gesamten Schulzeit dient das Tagebuchblatt, wie auch der Gesprächstext, als Grundlage für alle Lernbereiche im Fach Deutsch, wie Hör- und Sprechübungen, der Lese- und Schreiblernprozess, grammatikalische und semantische Phänomene der Sprache, die Aufsatzerziehung und so manches mehr.

Sicherlich kann man solche Lernprozesse auch an Schulbuchtexten durchführen, aber Tagebuch und Gesprächstext haben fremdem Lernmaterial gegenüber zwei entscheidende Vorteile:

- Der Inhalt ist von vornherein bekannt und muss nicht erst noch mühsam erarbeitet werden, bevor die eigentliche Übung beginnen kann.
- Da der Text Ausdruck eigener Erlebnisse ist, ist die Motivation zur Mitarbeit größer, und auch Konzentration und Ausdauer werden besser. Das, was das Kind selbst erlebt und aufgeschrieben hat, wird nicht nur abgeheftet, sondern nachhaltig für das Lernen in der Schule gebraucht.

Somit ist auch das Tagebuchblatt ein wichtiges Glied in einer Reihe von Maßnahmen, die die Mitteilungsfreude der Kinder, die die Basis der Hör-Spracherziehung ist, erhalten.

### Sonstiges Lern- und Anschauungsmaterial

Natürlich kommen im hörgerichteten Spracherwerb die verschiedensten Lern- und Anschauungsmaterialien zum Einsatz, wie bei hörenden Kindern auch. Ihr Gebrauch muss jedoch dahingehend kritisch hinterfragt werden, ob sie eine Sache verdeutlichen oder die hörende und sprachliche Auseinandersetzung ersetzen. Texte in zu einfacher Sprache sowie zu frühe und zu viel Anschauung können die Hör-Sprachentwicklung behindern.

Wenn ein Kind fragt, was ein Iglu ist, kann ich ihm im Lexikon ein entsprechendes Bild zeigen. Wir können aber auch in der Klasse gemeinsam versuchen, in Worten zu erklären, was ein Iglu ist, und dem fragenden Kind auf diesem Weg die richtige Vorstellung vermitteln.

Lese- und Sprachbücher der Regelschulen, Nachschlagwerke verschiedenster Art und altersgemäße Lektüren sind wichtige Ergänzungen zu den persönlichen Texten. In den Klassen der Sekundarstufe nimmt das Fachbuch, das mit seiner spezifischen Ausdrucksweise neue Erfahrungen mit Sprache ermöglicht, breiteren Raum ein.

Während Tagebuch- und Gesprächstexte vorwiegend umgangssprachlich gestaltet sind, führen Lektüren und Fachbücher in die literarischen bzw. fachspezifischen Gesetzmäßigkeiten der Sprache ein. Dies ist mit Blick auf die Lesekompetenz ein wichtiger Lernvorgang.

### Technische Medien

Neben dem Einsatz der Höranlage sind weitere technische Medien Bestandteil des Unterrichts. Hervorheben möchte ich zunächst einmal Tonträger wie Kassettenrecorder und CD-Player. Sie dienen vor allem der Intensivierung der Hörerziehung. Die Einsatz- und Übungsmöglichkeiten sind vielfältig: Hörspiele, Hörgeschichten, Lieder, Instrumentalmusik, Aufnahme der eigenen Stimmen und musizierten Stücke, Übungen (z. B. Handlungsanweisungen befolgen, Stimmen erkennen, Richtungshören, Korrektur von Sprach- und Sprechfehlern) u.v.m. Bei der Anschaffung von Tonträgern sollte auf eine möglichst optimale Tonqualität geachtet werden. Aufgrund der hohen Hörverluste, die unsere Schüler zum Großteil haben, wirkt sich jedes noch so geringe Störgeräusch entscheidend auf das Verstehen aus.

Außerdem ist die Videokamera eine wertvolle Unterrichtshilfe. Sie steigert die Motivation der Schüler, sich sowohl inhaltlich wie formal mit Sprache auseinander zu setzen. Fehler können in Eigenkontrolle entdeckt und verbessert werden. Auf dem Bildschirm nehmen die Kinder vieles wahr, was sie in der realen Situation an sich selbst nicht bemerken.

Auch als Lehrer sollte man sein Verhalten in der Klasse immer wieder mit Video aufnehmen und reflektieren.

**Moderne Unterrichtsmethoden**

Die Sonderpädagogik neigt sowohl in der Ausbildung wie auch in der Praxis zu einer ausschließlich behindertenspezifischen Sichtweise. Als Hörgeschädigtenlehrer weiß man daher viel über Ursache und Auswirkungen des Hörschadens sowie die Förderung hörgeschädigter Kinder im Hinblick auf ihre Behinderung, jedoch wenig über zeitgemäße methodisch-didaktische Ansätze der Allgemeinpädagogik, die, unabhängig von den Besonderheiten der Kinder, die Grundlage eines jeden Unterrichts sein sollten.

So kann es geschehen, dass in vielen Hörgeschädigtenschulen nach wie vor fast ausschließlich im Frontalunterricht, lehrerzentriert gearbeitet wird. Diejenigen Kollegen, die in der ambulanten Betreuung hörgeschädigter Schüler an Regelschulen tätig sind, konnten vor Ort die pädagogischen Innovationen beobachten, die teilweise erst die integrative Beschulung behinderter Kinder ermöglichten.

Solche Erfahrungen veranlassten auch mich, meinen Unterricht zu überdenken. Die Gesprächsmethode an sich erforderte bereits eine Abkehr vom frontalen Frage-Antwortunterricht, hin zu einem kommunikativen Miteinander, das sich äußerlich in der Form des Stuhlkreises dokumentierte. Aber auch Unterrichtsmethoden wie Projektunterricht, Wochenplan- und Freiarbeit verlangen und fördern die Kommunikation in Gruppen- oder Partnerarbeit. Sie sind daher Arbeitsformen, die die natürliche Auseinandersetzung mit Sprache in den unterschiedlichsten Ausprägungen fordern und fördern.

Problemorientiertes, selbständiges, eigenverantwortliches, kreatives, kooperatives und teamorientiertes Arbeiten sind zudem Eigenschaften, die heutzutage im Hinblick auf die berufliche Zukunft unentbehrlich sind. In einem frontalen, lehrerzentrierten Unterricht können Kinder und Jugendliche diese Eigenschaften nicht lernen.

Nicht zu unterschätzen ist auch die Motivationssteigerung. Meine eigenen Erfahrungen mit Wochenplanunterricht, Projektarbeit und fächerübergreifendem Lernen bestätigen dies. Somit tragen diese modernen Unterrichtsmethoden einmal mehr dazu bei, das Interesse an der Sache zu steigern, was wiederum ein mehr an Kommunikationsfreude und damit an auditiver und sprachlicher Übung bedeutet.

**Eltern als Partner**

Während der Frühförderzeit ist der Kontakt zwischen Eltern und den so genannten Fachleuten relativ eng. Dies ändert sich häufig mit Eintritt in die Schule. Einerseits ist das Anliegen der Eltern, nun einen Teil der Verantwortung in andere Hände zu legen, verständlich und richtig. Andererseits sind Kinder und Lehrkräfte nach wie vor auf deren Unterstützung angewiesen, soll die Entwicklung weiterhin gut voranschreiten.

Wenn sich zu Beginn der Schulzeit die Kommunikation mit dem Kind aufgrund von Verständigungsproblemen noch schwierig gestaltet, sind gerade das Wissen um die privaten Lebensbedingungen und der regelmäßige Austausch mit den Eltern wichtig, um das Kind zu verstehen, seine Äußerungen richtig zu interpretieren.

### 4.1.3 Schlußbemerkung

Wenn ich nun zum Abschluss den momentanen Entwicklungsstand meiner Schüler betrachte, so bin ich zunächst glücklich und stolz darüber, was wir gemeinsam, Elternhaus und Schule, erreicht haben.

Vor mir stehen tagtäglich Jugendliche, die selbstbewusst und fordernd ihre Wünsche und Kritik formulieren und diskutieren, die in der Lage sind, alles, was sie mitteilen wollen, lautsprachlich auszudrücken und keine Hemmungen haben, sich mit Hörenden kommunikativ auseinander zu setzen. Sie sprechen ohne Anstrengung, ganz selbstverständlich. Ihr Redeschwall ist teilweise enorm.

Die Buben und Mädchen lieben Musik, tanzen teilweise sehr gerne und lesen altersgemäße Zeitschriften oder Jugendbücher.

Da sie ihr Restgehör gut nutzen und in der täglichen Kommunikation darauf angewiesen sind, sorgen sie auch für das Funktionieren ihrer Hörhilfen.

Für mich als Pädagogin hat der Unterricht in dieser Klasse ganz neue Qualitäten und Möglichkeiten. Ich kann im normalen Sprechtempo sprechen, muss den Wort- und Sprachformenschatz nicht reduzieren und bin in den Unterrichtsfächern inhaltlich keinen Einschränkungen, die auf mangelnde Sprachkompetenz zurückzuführen wären, unterworfen.

Es macht Spaß, im Deutschunterricht Sketche zu spielen, Gedichte von Goethe und Fontane zu lernen und Jugendromane zu lesen. Im naturwissenschaftlichen Unterricht kann ich ohne Kompromisse auf fachwissenschaftlich exakte Sprache dringen.

Natürlich schaffen wir dies alles nicht ohne Probleme. Viele inhaltliche und formale Sprachhürden müssen genommen werden. Denn nach wie vor muss das Augenmerk auf das Hören, das Sprechen und die Sprache gelegt werden. Aber wir kommen ans Ziel! Die Bemühungen diesbezüglich enden nicht nach der Grundschulzeit, sondern müssen auch im Fachunterricht weiterhin konsequent beachtet werden.

Im Kontakt mit anderen, weniger lautsprachkompetenten Kindern und Jugendlichen haben alle Schüler der Klasse die Gebärdensprache erlernt, die sie etwa ab dem 5. Schuljahr verstärkt entwickelt und angewandt haben und mindestens ebenso gut beherrschen wie nicht hörgerichtete Jugendliche.

Es ist auch völlig natürlich, dass sie sich nun mit 14 bis 15 Jahren mit ihrer Behinderung, Identitäts- und Kommunikationsfragen auseinander zu setzen beginnen. Dies tun sie mit ihren Eltern und Lehrern, nicht ohne Elternhaus und Schule kritisch zu hinterfragen. Ihnen wird jedoch auch schon deutlich bewusst, welche Möglichkeiten und Chancen ihnen durch ihr Hör- und Sprachvermögen eröffnet werden, die andere Mitschüler nicht haben.

Wenn diese Buben und Mädchen die Schule verlassen, werden sie die freie Wahl der Kommunikationsmittel und damit auch -partner haben. Sie werden mehr schulische Fortbildungsmöglichkeiten haben und Berufe ergreifen können, für die Lautsprachkompetenz Voraussetzung ist.

Sie werden im täglichen Leben weitgehend unabhängig von Dolmetschern oder sonstigen Hilfspersonen sein und können ihr Leben im Rahmen der für alle gültigen Regeln selbst bestimmen.

### 4.1.4 Nachwort

Im Juni 1999 wurden die Schülerinnen und Schüler entlassen. Zwei Jungen und ein Mädchen haben den Weg auf die Kollegschule in Essen gewählt, zwei weitere Jungen machen eine Ausbildung im Bereich Metalltechnik, einer als Verwaltungsfachangestellter, ein Mädchen wird zur technischen Zeichnerin ausgebildet, ein anderes Mädchen ist noch auf der Suche nach einem Ausbildungsplatz im Bereich Medientechnik oder Tierpflege.

Diese Klasse war die erste hörgerichtet erzogene Klasse in unserer Schule. Deren Entlassung war für uns Anlass, über die Entwicklung dieser Kinder, aber gleichzeitig auch die der nachfolgenden hörgerichteten Schülerinnen und Schüler zu reflektieren.

Wir kamen auch mit dem Blick auf die anderen Kinder und Jugendlichen zu der Einschätzung, dass sich der Unterricht in diesen Klassen wesentlich verändert hat. Sowohl ihr Verhalten als auch die inhaltliche Auseinandersetzung mit dem Unterrichtsstoff spiegelt ein Stück mehr gesellschaftliche „Normalität" wider. Sprechen, Sprachverstehen, Ins-Gespräch-Kommen vollziehen sich wesentlich müheloser als früher. Dadurch können Gesprächsinhalte und fachliche Themen in einem viel schnelleren Tempo und auf einem annähernd gleichen Niveau wie an allgemeinen Schulen lautsprachlich behandelt werden. Vorwürfe, Gehörlose würden durch einen Unterricht ausschließlich in der Lautsprache geistig und wissensmäßig auf einem unverantwortlich niedrigen Niveau gehalten, treffen für diese Schülergenerationen absolut nicht mehr zu. Die hörgerichteten Schülerinnen und Schüler bringen sich aktiver in die Gesprächssituationen ein, fragen mehr, stellen ihre Meinung selbstbewusster dar und begründen ihre Positionen besser durch ein vermehrtes Wissen und höhere Sprachkompetenz. Zuhören beim Vorlesen, bei einer Diskussion oder Musik, aber auch Hören als selbstverständliche Orientierung in der Umwelt sind neue Wahrnehmungs- und Denkqualitäten. Mehr Selbstbewusstsein, Selbständigkeit und emotionale Stabilität sind beobachtbar.

Außerdem konnten wir feststellen, dass bei diesen Jungen und Mädchen auch die Gebärdenkompetenz mit zunehmender Lautsprachkompetenz steigt.

Betrachtet man die Entwicklung der Schülerinnen und Schüler unserer Einrichtung, um die es hier geht, kritisch, so gibt es durchaus Punkte, die reflektiert und eventuell verändert werden müssen.

Da sich unsere Schülerschaft, ebenso wie Hörende, mit einem sich schnell verändernden schulischen und außerschulischen Umfeld auseinander setzen muss, unterliegt auch ihr Lern- und Leistungsverhalten unterschiedlichen, auch negativen Einflüssen. Da dies kein spezifisches Problem hörgerichteter Kinder und Jugendlicher bzw. der Schulen für Hörgeschädigte ist, möchte ich hierauf im Einzelnen nicht eingehen.

Im Zusammenhang mit der hörgerichteten Erziehung interessiert jedoch vorrangig die Hör- und Sprachentwicklung. Hier ist zu beobachten, dass es insbesondere im Verlauf des neunten und zehnten Schuljahres für viele Schüler schwieriger wurde, besonders anspruchsvolle lautsprachliche Formulierungen, z. B. bei abstrakt-logischen Sachverhalten, zu verstehen und zu formulieren. Damit sich das Lautsprachniveau jedoch kontinuierlich weiterentwickelt, werden wir in Zukunft unser Augenmerk verstärkt auf das Leseinteresse und die Lesekompetenz richten.

Die damit verbundenen Schwierigkeiten lassen sich aber durchaus mit denen hörender Schüler vergleichen.

Durch den zunehmenden auch privaten Kontakt dieser Schüler mit anderen Gehörlosen werden vermehrt Gebärden gebraucht. Die Gebärdenkompetenz dieser Schüler ist sehr hoch, obwohl sie keinen Unterricht in Gebärden bekamen.

Für all diese Feststellungen gibt es unterschiedliche Erklärungsmodelle, die wir z. Zt. gründlich überprüfen und diskutieren. Welche dieser Entwicklungen aufgrund der Gegebenheiten zu akzeptieren und welche durch gezielte pädagogische und/oder organisatorische Maßnahmen positiv veränderbar sind, ist evaluative Aufgabe des gesamten Kollegiums.

Die Ergebnisse zeigen, dass wir auf dem richtigen Weg sind. Die Reflexion der eigenen Arbeit und die Einbeziehung neuer pädagogischer, psychologischer, medizinischer und technischer Erkenntnisse wird uns und damit auch unsere Schülerinnen und Schüler weiterbringen.

## Literatur

DILLER, G. (1991). *Hören und Verstehen - pädagogische Perspektiven durch technologische Möglichkeiten der Hörgeräteversorgung beim gehörlosen und schwerhörigen Kleinkind.* In: Hörgeschädigtenpädagogik 4. Heidelberg. 195-207.

DILLER, G. (1992). *Der hörgerichtete Spracherwerb im Alltag eines gehörlosen Kindes.* In: BREINER, H. L. (Hrsg.). *Lautsprache und Integration für Gehörlose und Schwerhörige.* 81-86.

DILLER, G. (1995). *Hörgerichtetheit und psychische Grundleistungen.* In: Hörgeschädigtenpädagogik 5. Heidelberg. 307-318.

FRERICHS, H. (1995). *Die „Philosophie" der hörgerichteten Erziehung.* In: FRERICHS, H.; NEPPERT, J. (Hrsg.) (1995). *Grundlagen und Modelle für den hörgerichteten Spracherwerb.* Villingen-Schwenningen. 7-24.

GOOTHOFF, H. (1976). *Pädagogik.*

HEINEMANN, M. (1994). *Hörgeräteversorgung bei Kindern.* In: *Von der Taubstummenpädagogik zur Hörgeschädigtenpädagogik - Erziehung zur Sprache im Wandel.* Leipzig. 111-132.

MARTIN, U. (1995). *Wie Kinder die Welt begreifen.* In: Kongressbericht Berchtesgaden. 154-163.

MARTIN, U. (1995). *Zu den Bedingungen von Wahrnehmung.* In: FERICHS, H.; NEPPERT, J. (Hrsg.). *Grundlagen und Modelle für den hörgerichteten Spracherwerb.* Villingen-Schwenningen. 47-56.

ROVNER, G. (1992). *Die hörgerichtete Muttersprachmethode im Grundschulunterricht der Johannes-Vatter-Schule in Friedberg.* In: Hörgeschädigtenpädagogik 5. Heidelberg. 302-312.

ROVNER, G. (1995). *Praktische Hörerziehung im Unterricht.* In: Arbeitstagung für Hörerziehung. Tagungsbericht Burg Feuerstein. 117-131.

TOMATIS, A. (1990). *Klang des Lebens.* Düsseldorf.

UDEN, A. VAN (1987). *Konsequente Lautspracherziehung - Möglichkeiten und Grenzen.* In: Hörsprachbehindertenschule Wilhelmsdorf - Altshausen - Ravensburg (Hrsg.). *Praxis der Lautspracherziehung heute.* 27-53.

WEERT, J. VAN (1987). *Das Gespräch.* In: ebenda. 67-76.

## 4.2 Rhythmisch-musikalischer Unterricht

UTE PENTEKER-WOLFHEIMER

### 4.2.1 Einleitung

Rhythmisch-musikalischer Unterricht arbeitet mit den Mitteln Musik, Bewegung und Sprache. Seine Grundlage ist der Rhythmus, der in Musik und Sprache hörbar, in der Bewegung sichtbar, beim Einsatz von Körperinstrumenten sichtbar und hörbar wird. Im rhythmisch-musikalischen Unterricht im Rahmen der hörgerichteten Förderung kann mit allen Mitteln der Rhythmik gearbeitet werden. Spezifisch für die Arbeit im rhythmisch-musikalischen Unterricht ist, dass der Pädagoge sich bewusst auf das Hören einlässt und so jede Handlung darauf einstellt.

Als Grundbedingung gelten im rhythmisch-musikalischen Unterricht wie auch in allen anderen Unterrichtsfächern: intakte Hörgeräte, der Einsatz der Höranlage und das genaue Beobachten der Kinder im Verlauf der Stunde. Zeigen sich Veränderungen im Hörverhalten, reagiert also ein Kind schlechter oder gar nicht mehr, müssen Geräte und Anlage überprüft werden. Für die Arbeit im Fachunterricht erfordert dieses Verhalten viel Disziplin vonseiten des Lehrers. Er muss bei jedem Gruppenwechsel Hörgeräte und Anlagen prüfen. Nach einiger Zeit haben die Schüler diesen „Stundenanfang" aber verstanden, so dass sie schnell und motiviert mitarbeiten, und es gibt kaum weitere Störungen während der Stunde.

### 4.2.2 Ziele des rhythmisch-musikalischen Unterrichts

Die allgemeinen Ziele des rhythmisch-musikalischen Unterrichts - sensomotorische Schulung, Persönlichkeitsbildung und Entwicklung der sozialen Kompetenz - bleiben bestehen; das Phänomen „Hören" wird aber als Schwerpunkt besonders hervorgehoben.

#### 4.2.2.1 Die sensomotorische Schulung

Sie beinhaltet
- die Sinnesschulung im Allgemeinen, mit besonderer Schulung des Hörsinns,
- Bewegungsschulung mit vorrangig akustischen Bewegungsimpulsen,

- Atem-, Stimm- und Sprechschulung, wobei das Vorgegebene meist über das Ohr angeboten wird.

#### 4.2.2.2 Bildung der Persönlichkeit

Im Allgemeinen beinhaltet sie die Notwendigkeit der Phantasie- und Kreativitätsbildung, Entwicklung von Lebensfreude und Selbstbewusstsein.

Konkret heißt dies für den rhythmisch-musikalischen Unterricht:

- „Ich kann meiner Sprache Ausdruck verleihen, der mir selber und anderen hörbar wird. Der Sprachausdruck und der Höreindruck machen mir Spaß."
- „Ich kann Zu-Hörendes, vom Geräusch bis zur Musik, produzieren. Ich kann dadurch Lebensfreude gewinnen."
- „Ich kann mich dem Zu-Hörenden in meiner Bewegung anpassen. Das Zu-Hörende belebt mich."

#### 4.2.2.3 Die Entwicklung der sozialen Kompetenz

Sie ist für hörgeschädigte Menschen sehr wichtig, um sich in die Gesellschaft einbringen zu können.

Schwerpunkte in der Rhythmik sind:

- lautsprachliche Kommunikation: Sich auf andere einstellen, aufeinander hören und so sprechen, dass der andere hören und verstehen kann. Man muss lernen, höflich nachzufragen, wenn man etwas nicht verstanden hat;
- das gemeinsame Musizieren: Das gemeinsame Instrumentalspiel und gemeinsames Singen schulen das soziale Verhalten, indem man lernt, aufeinander zu hören und sich anzupassen;
- die gemeinsame Bewegung: Die Freude an der Bewegung zu zweit oder in der Gruppe eröffnet die Möglichkeit zu einer positiven Lebensgestaltung.

### 4.2.3 Rhythmus als Grundlage

Der Rhythmus ist Grundlage und verbindendes Glied aller Tätigkeiten im rhythmisch-musikalischen Unterricht. Rhythmus ist der ständige Wechsel zwischen Spannung und Entspannung; also z. B. zwischen Einatmen und Ausatmen, Aktivität und Ruhe, konzentriertem Zuhören und entspanntem Hören, Zuhören und Sprechen.

Ein Element des Rhythmus ist der *Raum*, in welchem sich der Rhythmus ausdehnen kann. In der Sprache und in der Musik ist es die Melodie, in der Bewegung die körperliche Beugung und Streckung und die Fortbewegung im Raum. Die Merkmale des Raumes sind hoch und tief, höher bzw. tiefer werdend, links und rechts.

Ein weiteres Element des Rhythmus ist die *Zeit*, die sein Tempo bestimmt. Ihre Merkmale sind schnell und langsam, schneller bzw. langsamer werdend, kurz und lang.

Das Element *Kraft* ist für die Dynamik zuständig. Zu ihr gehören die Merkmale Anfang und Ende, laut und leise, lauter bzw. leiser werdend, Ruhe und Pause.

In dem Element *Form* bildet sich die Gesamtgestalt des rhythmischen Prozesses. Hierher gehören die Merkmale Gesamtlänge, Aufbau, Struktur, Modulation und Charakter.

Die Merkmale der Rhythmus-Elemente „Raum, Zeit, Kraft und Form" zeigen deutlich, wie tief der Rhythmus mit Hör- und Spracherleben verwoben ist. Durch ihn können vielfältige Höreindrücke jederzeit bewusst gemacht und geübt werden.

Der Rhythmus als verbindendes Glied zwischen Musik, Bewegung und Sprache ermöglicht es auch, Lernprozesse aus einem Bereich für den anderen zu nutzen und so zum immer differenzierteren Hören zu gelangen, z. B. von lauter nach leiser, vom musikalischen Rhythmus zum Sprachrhythmus etc.

Der Rhythmus ist uns außerdem eine unverzichtbare Hilfestellung für das Gedächtnis. Einfache rhythmische Folgen, Lieder, Reime und Tänze sind viel leichter zu behalten als unregelmäßig aufeinander folgende Sätze. Auch unser Körper nimmt den Rhythmus in sich auf und unterstützt die Speicherung der Sprache im Gedächtnis. So können Sprachstrukturen angelegt werden, die als Grundlage immer zur Verfügung stehen.

### 4.2.4 Erziehungsmittel des rhythmisch-musikalischen Unterrichts

Beobachtet man kleine Kinder bis hin zum Grundschulalter, so findet man sehr schnell ihre natürlichen Bedürfnisse heraus: spielen in der Bewegung und dazu singen und erzählen. Hinzu kommt das Herumexperimentieren mit allem, was sie finden. Jedes Material muss untersucht und bespielt werden. Diese Beobachtung greift die Rhythmik auf und setzt die *Musik*, die *Bewegung* und die *Sprache* als ihre Erziehungsmittel ein. Zur

Hilfe nimmt sie - wie das Kind im Spiel - Materialien verschiedenster Art und Inhalte, die sich an der Erlebniswelt der Kinder orientieren.

#### 4.2.4.1 Sprache als Erziehungsmittel

Die Sprache als Erziehungsmittel möchte ich hier an erster Stelle nennen, da sie in weit höherem Maße als im Musik- und Rhythmikunterricht bei hörenden Kindern auch zum *sonderpädagogischen* Ziel wird. Dem Hören und dem Sprechen kommt eine besondere Bedeutung zu, und der rhythmisch-musikalische Unterricht kann viel zu ihrer Entwicklung beitragen.

Durch den Rhythmus als gemeinsame Grundlage, in welchem sich alle prosodischen Merkmale der Sprache finden, können durch den geschickten Einsatz von Musik und Bewegung alle Sprachphänomene geübt und auf die Sprache übertragen werden. Im rhythmisch-musikalischen Unterricht gelten für den Einsatz der Sprache die gleichen Prinzipien wie in den anderen Unterrichtsbereichen auch. Die im rhythmisch-musikalischen Unterricht verwendete Sprache erfordert somit möglichst eine Handlung als Reaktion, z. B.:

- Begrüßung und Abschied - Gegengruß,
- Auftrag - Auftragserfüllung,
- Frage - Antwort,
- Lied - Mitsingen oder Wiederholen,
- Gespräch im Rollenspiel.

**Die Atmung**

Die Grundlage der zu hörenden Sprache ist die Stimme, und die Voraussetzung für alles Sprechen ist die Atmung. Also beschäftige ich mich in der Rhythmik immer auch mit der Atmung. Sie muss intensiviert, vertieft werden. Die Kinder brauchen mehr Kondition, und die Atmung muss regelmäßig mit längeren Ausatmungsphasen werden, um zum rhythmischen Sprechen zu kommen. Wir atmen im Stuhlkreis mit schwingenden Armen im Stehen und Sitzen. Wir nutzen die Anregungen der Sprachheilpädagogik oder der Schulen für Atem-, Stimm- und Sprechtherapie. Aber auch im Spielverlauf der Stunde gibt es viele Möglichkeiten für Atemübungen: Den Watteschnee blasen wir aus unserer Hand; die Seifenblasen tanzen in den Frühling hinaus; das Wasser spritzt oder die (selbstgefalteten) Schiffe gleiten durch das „Meer“ (eine einfache Wasserschüssel); das Herbstlaub tanzt - und siehe da! - es tanzt hörbar - es raschelt. Selbst dieses leise Geräusch können viele Kinder hören.

## Die Stimme

Mit der Stimme können wir viel erleben. Es erstaunt mich immer wieder, wie gerne die Kinder Vokale klingen lassen. Wir führen verschiedene Übungen mit zugeordneten Körperbewegungen aus, z. B. mit Elementen aus der Eurythmie. Jede Silbe, jedes Wort lässt sich in seinem Vokalklang üben und jedes Lied in Vokalen singen. Es ist faszinierend, wie die Stimmen auf einmal ins Klingen kommen und wie die Kinder staunen über das neue Körpergefühl und den neuen Höreindruck. Mit der Stimme können wir Einzeltöne erzeugen, Tonfolgen, rhythmische, kleine Melodien, ganze Lieder singen oder auch Geräusche und Tierstimmen imitieren.

## Gereimtes Sprechen und Singen

Die dem rhythmisch-musikalischen Unterricht oder der rhythmisch-musikalischen Arbeit überall spezifisch zuzuordnende Sprache ist die gereimte Sprache, besonders die gesungene, gereimte Sprache im Lied, womit die Verknüpfung der beiden Erziehungsmittel Musik und Sprache gegeben ist.

In der Arbeit mit Kindern bis einschließlich der Grundschule verwende ich vorrangig Kinderlieder oder auch einfache Volkslieder, die thematisch durch die Naturereignisse und Feste im Jahreslauf führen. Für den rhythmisch-musikalischen Unterricht sehr geeignet sind natürlich auch die Spiellieder und Singspiele, in welchen alle drei Erziehungsmittel Musik, Bewegung und Sprache gemeinsam im Rhythmus wirken.

Die gesungene, gereimte Sprache bietet aufgrund ihrer erweiterten Qualitäten viele Übungsmöglichkeiten zum Sprechen und Hören. Die gesungene Melodie, das Rhythmus-Element „Raum“, hat im Vergleich zur Sprachmelodie viel klarere Töne und eine viel breitere Ausdehnung und ist damit auch akustisch besser zu erfassen. Gut ist es, wenn man bei der Liedauswahl darauf achtet, dass die Melodie dem Text untergeordnet ist und nicht umgekehrt. So wird das Lied „Ist ein Mann in` Brunnen g`fallen ...“ fast immer mit einer aufwärts steigenden Melodie angeboten. Nach langem Suchen bin ich aber auf die ursprüngliche Fassung gestoßen, in welcher die Melodielinie passend zum Text nach unten verläuft. So kann ich das Lied nun auch in Bewegung umsetzen und bekomme eine harmonische Einheit, die dem Hören und Sprechen dienlich ist. In vielen Liedern bilden Musik und Text eine harmonische Einheit. Das Kinderlied war mein Einstieg in die rhythmisch-musikalische Erziehung mit Gehörlosen und ist heute ein wichtiges Standbein in meinem Unterricht mit Hörgeschädigten.

Viele Kinder singen sehr gern und haben deutlich Spaß an den Versuchen mit der eigenen Stimme. Die Kinder singen zwar nicht musikalisch richtig, aber die Stimmqualität verbessert sich deutlich, die Stimmen werden klarer und melodiöser. Verschiedene Tonhöhen und ein Höher- und Tieferwerden sind möglich.

Das im Sprechrhythmus auftretende Element „Zeit" kann die Musik auch deutlicher herausheben. Mit ihren Notenwerten strukturiert sie die Sprechsilben und bietet eine exakte Übungsmöglichkeit. Eingegliedert in die verschiedenen Spielformen des rhythmisch-musikalischen Unterrichts kann lange motiviert geübt werden, ohne dass es zu Langeweile und Desinteresse kommt.

Die im Sprachrhythmus erscheinende „Kraft" lässt sich ebenfalls im Reim ausgezeichnet üben. Durch seine klare Struktur und die ständige Wiederholbarkeit lässt sich der Reim bald auswendig sagen, und ohne die Konzentration auf das Lesen-Müssen kann man am Ausdruck üben. Laut und leise, lauter werdend und leiser werdend, Stille lassen sich in unzähligen Spielsituationen üben und ausbauen. Immer wieder kann mit geschlossenen Augen, hinter dem Rücken oder hinter einem Tuch versteckt gespielt werden. In meinem Rhythmikraum habe ich mittlerweile an vielen Stellen zusammenklappbare Ständer (alte Wäscheständer, Spielständer, Kaspertheater) stehen, die jederzeit schnell als „Versteck" aufgebaut werden können.

Die Form des Sprachrhythmus ist im gesungenen Reim eindeutig. Die Phrasierung ist eingebunden in Taktart und Taktanzahl. Der Charakter des Inhalts wird ausgedrückt durch die Tonart, die eine Stimmodulation bewirken kann. So kennen wir den großen Unterschied zwischen „Dur" als fröhlich und „Moll" als traurig. Aber jede Tonart für sich zeigt ihren eigenen Charakter, wie z. B. C-Dur als sehr direkte Tonart oder D-Dur als leichter und verspielter.

Kinderlieder sind allerdings aus pragmatischen Gründen sehr häufig in C-Dur oder F-Dur geschrieben. C-Dur lässt sich am einfachsten instrumental umsetzen. F-Dur entspricht in der Tonhöhe den meisten Kinderstimmen. Pentatonische Lieder sind gut geeignet, da bei ihnen alle Töne zusammenpassen, und man mit den Kindern leichter ins Musizieren kommen kann.

**Die Sprache und ihre Inhalte**

Der Inhalt der Sprache verdeutlicht sich vorrangig durch verschiedene Bewegungsspiele, wie ich sie später beschreiben werde. Auch Bilder und möglichst viel originales Anschauungsmaterial helfen zur Klärung mit. So habe ich immer einen runden Tisch neben mir im Stuhlkreis stehen, auf welchem die Anschauungsgegenstände dekorativ ausgestellt sind. Auch stehen immer die Lieder mit Text, Bildern und Noten schriftlich als großes Plakat zur Verfügung. Diese Plakate kann ich jetzt senkrecht an einen Wagen montieren und sie so jederzeit in unseren Stuhlkreis ziehen. In dem Wagen kann ich gleichzeitig Anschauungsmaterial verstecken und die Kinder dann durch Raten-Lassen immer neu motivieren, z. B. indem eine Maus quietscht, ein Glöckchen klingelt, eine Nuss knackt.

### 4.2.4.2 Musik als Erziehungsmittel

Die Musik als eine Urkraft, ein Urbedürfnis des Menschen wirkt befreiend, belebend oder auch in Trance versetzend. Sie kann Menschen im Zuhören, besonders aber im Tanz verbinden und lebensgestaltend wirken. Sie kann direkt bewusst wirken oder das Unterbewusstsein beeinflussen. Sie kann im Mittelpunkt stehen oder auch untermalend eingesetzt werden. Leider kann sie auch als Krach einfach störend und belästigend sein. Diese Wirkungen treffen auf Hörgeschädigte genauso zu wie auf Hörende.

Immer wieder überraschen mich die Kinder mit ihren Reaktionen auf Musik. So kann ich oft beobachten, dass sehr wilde Kinder sich von der Trommel einfangen lassen, ihre Bewegung dem Trommelspiel anpassen und so allmählich zu einer gemeinsamen Form finden können. Benutzt man die Trommel aber zu lange oder im falschen Moment, fühlen sich die Kinder gestört, stellen ihre Hörgeräte ab oder werden aggressiv. Ganz anders ist die Reaktion auf das Hören der C-Flöte, der F-Flöte, der Mundharmonika und des Psalters. Besonders faszinierend war für mich die Reaktion der Kinder auf den Klang des Alt-Psalters: Ausnahmslos alle Kinder können dieses zarte Streichinstrument hören und sind sehr motiviert, es auch selber zu spielen. Beim Spiel dieses Instrumentes lauschen die Kinder in sich hinein und werden ganz ruhig. Hier ist nur noch Hören, Fühlen und Entspannung zu beobachten.

Im rhythmisch-musikalischen Unterricht kann jede Musikquelle Einsatz finden.

#### Körperinstrumente

Beim Einsatz der Körperinstrumente haben wir bereits den Übergang zur Bewegung; der Rhythmus geht ganz in den Körper ein. Mit dem Fingerschnalzen, dem Händeklatschen, dem auf die Oberschenkel- oder das Gesäß-Patschen und dem Füße-Stampfen haben wir vier gut hörbare Klangbilder zur Verfügung, die zu den verschiedensten Rhythmen zusammengefügt werden können. Sie können eigenständig stehen oder zur

Sprech-, Lied- oder Bewegungsbegleitung dienen. Auch kann man daraus eigene Bewegungsfolgen entwickeln.

**Musikinstrumente**

Es gibt sicher kein Instrument, das für unsere Kinder nicht interessant und hörbar wäre. Was ich bekommen kann, stelle ich den Kindern vor. Wie fasziniert sind sie vom Aussehen und Klang einer Tuba oder eines großen Basses! Als festen Bestand im Rhythmikraum haben wir zur Zeit ein kleines Orff-Schlagwerk in doppelter Ausführung, einen Teil eines großen Orff-Schlagwerks, Klavier, Akkordeon, Gitarre, C- und F-Flöte, Mundharmonika, Alt-Psalter, Akkordzither (ein Instrument, das die Kinder sehr leicht spielen können und das sich zur Liedbegleitung eignet), Melodikas und Metall- und Palisonoklangstäbe zur Verfügung.

Der Einsatz der Musikinstrumente im Rhythmikunterricht ist sehr vielfältig. Die Kinder lieben Musikinstrumente, und zwar das Spielen und das Hören.

Wir spielen häufig Hörspiele, bei welchen ein Kind hinter einem Kaspertheater bei geschlossenem Vorhang spielt. Die anderen hören, antworten dann mit dem gleichen Instrument, wobei der Spieler im Theater hört und dann ruft, ob es das richtige Instrument ist oder nicht. Erst dann schauen die Kinder nach. Auf dieselbe Weise kann man auch kleine Rhythmen oder Melodien erhören lassen.

Die Instrumente dienen natürlich dem Rhythmus- und Instrumentalspiel, einzeln und in der Gruppe, gemeinsam oder als Frage- und Antwortspiel. Auch können die Instrumente verschiedene Teile eines Stückes übernehmen oder nur punktuell Betonungen setzen.

Ausgezeichnet lassen sich die einfachen Instrumente zur Liedbegleitung einsetzen. Es ist möglich, den Takt, den Rhythmus, Akzente oder ganze Melodien zu spielen. Zum Melodiespiel eignen sich die Klangstäbe besonders gut, da man mit ihnen nur die notwendigen Töne zusammenstellen kann, und den Kindern so einen besseren Überblick bietet.

Ein großer Aufgabenbereich für die Musik ist ihre ordnende Funktion. Mit Musikinstrumenten kann man rufen, eine Aufgabe beginnen (z. B. eine Bewegungsaufgabe), eine Aufgabe beenden, durch die Aufgabe hindurchführen und strukturieren. Ein Beispiel wäre: Solange das Xylophon spielt, springen die „Pferde“ auf der Weide herum; kehrt Ruhe ein, fressen die Pferde; spielt das Becken, gehen alle Pferde in den Stall. Ebenso kann man seine eigene Tanzmusik erzeugen.

Immer steht das Hören im Vordergrund. Die Instrumente verschwinden oft hinter einem Tuch und werden verdeckt gespielt. So lernen die

Kinder, sehr bewusst hinzuhören und auf ihren Höreindruck zu vertrauen. Arbeitet man von klein auf in dieser Weise mit Kindern, wird für sie das Hinhören zur Selbstverständlichkeit und eindeutig als Spiel empfunden. Wenn man die Kinder kennt, merkt man z. B. anhand dieser Spiele relativ schnell, wenn etwas mit den Hörgeräten oder Höranlagen nicht stimmt, und die Kinder geben es von selbst immer schneller an.

**Musik vom Tonträger**

Musik von der Kassette oder CD ist nicht so unmittelbar erlebbar wie die selbst erzeugte Instrumentalmusik. Sie kann erheblich differenzierter sein und ist schwerer auditiv zu analysieren. Bei der Anschaffung von Abspielgeräten ist auf möglichst hohe Tonqualitäten zu achten, damit die Kinder genug akustisch diskriminieren können und nicht nur einen Tonbrei wahrnehmen. Auch die Qualität der Kassetten und CDs muss entsprechend sein.

Der Einsatz dieser Musik ist ebenfalls sehr vielfältig. Die Kinder können Anfang, Verlauf, Pausen und Ende hören und darauf mit Bewegung, Materialgestaltung oder Malen reagieren. Es ist möglich, den Takt zu hören und dazu leise zu klatschen, zu tippen, Taktstriche zu malen etc. Wir können die Elemente des Rhythmus herausarbeiten, z. B. Melodieverlauf, Dynamikverlauf, die verschiedenen Tempi, die rhythmische Struktur und den Charakter des Stückes.

Es ist faszinierend, mit welcher Ausdauer hörgeschädigte Kinder sich konzentrieren und begeistert hinhören können und dabei ganz neue akustische Entdeckungsreisen unternehmen. Das Gehörte lasse ich gerne aufmalen oder an bereits aufgemalten Grafiken entlangzeigen oder auch mit Bildkarten zeigen. Dadurch wird das Gehörte sichtbar und kontrollierbar, und man kann vergleichen, was jeder gehört hat. Oft singen wir auch mit zu den Liedern der Kassette, einzeln oder gemeinsam. Viele Kinder sind in der Lage mitzuhalten.

Eine große Hörmotivation entsteht zusätzlich durch selbst aufgenommene, selbst gesungene Lieder oder gespielte Instrumentalstücke. Auf eigene, von zu Hause mitgebrachte Kassetten sind die Kinder sehr stolz. Im 4./5. Schuljahr habe ich bereits Schüler erlebt, die alle Titel ihrer Kassetten hörend erkennen und Textteile mitsingen können. Etliche Kinder sind bestens informiert über die aktuellen Musiker und Musikgruppen. Gibt man ihnen eine Gitarre oder ein Mikrophon in die Hand, imitieren sie sofort ihre Lieblingsstars.

### 4.2.4.3 Bewegung als Erziehungsmittel

„Bewegung ist aller Entwicklung, aller Erziehung, aller Bildung Anfang" (KRIMM VON FISCHER, S.12). Bewegung fördert die organische Entwicklung, regt die Sinne an, entwickelt das kinästhetische Empfinden und steht in enger Wechselbeziehung mit der geistigen Entwicklung. Bewegungen auszuführen, erfordert immer eine Willensleistung und fördert damit die Entscheidungsfähigkeit und die Selbstsicherheit. Bewegung ist beim Kind noch lustbetont und hebt entscheidend die Lebensfreude.

Die im rhythmisch-musikalischen Unterricht verwendete Bewegung bezieht sich auf die Entwicklung der motorischen Grundfähigkeiten und Grundfertigkeiten. Als Bewegungsanreiz dienen die Phantasie und verschiedenste Materialien, z. B. Gymnastikgeräte, speziell für die Rhythmik entwickelte Säckchen, Stäbe, Bänder, Tücher etc., ebenso Naturmaterialien und alles, was dem Lehrer einsetzbar erscheint.

Bewegung im rhythmisch-musikalischen Unterricht erscheint als

- freie Bewegung im Spiel und zur Musik,
- gebundene Bewegung in Bewegungsfolgen im Singspiel und im Tanz,
- Rollenspiel bis hin zum Theaterspiel.

Das Bewegungsspiel nimmt eine zentrale Rolle ein. Durch seine lustbetonte Eigenschaft führt es zu besonderer Erlebnistiefe und fördert die Lebensfreude und damit die Lebenskraft. Freie Spiele ermöglichen Phantasieentfaltung und Ichstärkung durch Ausspielen von Erlebtem und durch das Entwickeln und Ausgestalten eigener Ideen. Spiele nach festgelegten Regeln ermöglichen jederzeit ein Zusammenspiel, auch mit fremden Menschen. Solche Spiele sind für die soziale Gruppe sehr wichtig, da sich jeder leicht einordnen kann.

Die Spiele im rhythmisch-musikalischen Unterricht sind fast immer Bewegungsspiele. Fingerspiel, Handklappspiel, auch Kaspertheater, Fingerpuppen- oder Stabpuppen- und Tischpuppenspiel beziehe ich mit ein. Verschiedene Spielformen kommen in Betracht:

**Begrüßungsspiele**

Hierher gehören z. B.

- Begrüßungslieder wie „Guten Tag, liebe Leute ...",
- der spielerische Umgang mit Begrüßungsworten und Namen. Wir erfinden z. B. Vokal-Klangspiele wie „Gu - ten - Mor - gen" und kombinieren jede Silbe mit unseren Körperinstrumenten.
- Begrüßungsmusik, z. B. alle haben das gleiche Instrument; ein Kind spielt einen kleinen Rhythmus, alle spielen diesen nach; oder nur ein

Kind hat ein Instrument, spielt eine kleine Melodie und reicht das Instrument einem anderen Kind.

**Kennenlernspiele**

Z. B. „Mein rechter, rechter Platz ist leer ...“, als Reime, kleine Lieder, in welchen die Namen oder Beschreibungen der einzelnen Kinder vorkommen, Rufspiele verschiedenster Art.

**Ordnungsspiele**

Bewegung bedeutet immer Unruhe und oft auch Desorientierung, die zu Aggressionen führen kann. Deshalb müssen gemeinsame Ordnungsformen gefunden werden, die z. B. einen reibungslosen Wechsel von einer Stundensituation zur nächsten ermöglichen. Sitzen wir z. B. im Stuhlkreis und haben unsere Begrüßungsrunde beendet, so wollen wir jetzt in den Bewegungsraum wechseln. Lässt man die Kinder frei ihren neuen Platz finden, wird meist wild herumgelaufen, und es entstehen Balgereien. Unser Spiel stattdessen: Die Kinder schließen die Augen, ich male einen kleinen Kreis in den Bewegungsraum und rufe ein Kind. Wenn es reagiert, zeige ich ihm das Musikinstrument in meiner Hand und sage „Hör!“ Das Kind schließt wieder die Augen. Wenn es das Instrument hört, darf es in den kleinen Kreis kommen und das Instrument übernehmen. Ich male einen neuen Kreis, und das erste Kind darf rufen und musizieren usw. Die Kinder haben an diesem Spiel sehr viel Spaß. Unbemerkt üben sie dabei das Hören aus weiterer Entfernung und das laute Rufen, was den meisten Kindern sehr schwer fällt.

Wollen wir den Bewegungsraum wieder verlassen, legen sich alle auf den Boden und schließen die Augen. Sollen die Kinder in den Sitzkreis zurückgehen, spiele ich für jedes Kind einzeln nahe bei ihm die Mundharmonika. Sollen sie sich die Schuhe anziehen, spiele ich die F-Flöte. Bei diesem Spiel beruhigen und entspannen sich die Kinder und können wieder eine ganz konzentrierte Hörhaltung einnehmen.

**Situationsspiele**

Sie entstehen aus den augenblicklichen Situationen heraus. Da der ganze rhythmisch-musikalische Unterricht von den Kindern ausgehen soll, nimmt der Pädagoge, wenn nötig, seine Stundenideen zurück und lässt den kindlichen Bedürfnissen Raum, ohne seine Ziele aus den Augen zu verlieren, z. B.

- Haben sich die Kinde in der Pause geprügelt und sind sehr aufgebracht, beginnen wir die Stunde vielleicht wild (z. B. Rennen zum

Trommelwirbel), finden gemeinsam eine Form (z. B. einen Rauftanz), der schon wieder differenziertes Hören verlangen könnte, z. B.

1. langsame Trommelschläge = langsam aufeinander zugehen,
2. Röhrenrassel = voreinander hin- und herschaukeln,
3. wilder Trommelwirbel = umeinander herumrennen,
4. Beckenschlag = Boxen in die Luft,
5. harter Trommelschlag = k.o., beide fallen um.

Daraus lässt sich ein Klangbild erstellen, nach welchem alle zum Abschluss noch einmal musizieren können.

- Wenn es beispielsweise unerwartet schneit, alle aufgeregt sind und sich kaum auf etwas anderes konzentrieren können, gestalten wir gemeinsam eine Schneestunde.
- Kommt ein neuer Schüler in die Klasse, sind Spiele zum Kennenlernen angesagt.
- Manchmal kommen Kinder sehr erschöpft in den Unterricht. Dann wäre ein lebhaftes Stundenthema uneffektiv, und es ist besser, ruhige, aufbauende Inhalte zu finden, die sich immer besonders gut zum Hören-Üben eignen.
- Weitere Gründe für ein Abweichen von der Stundenvorbereitung könnten sein: vorausgegangene Feste, Wandertage, ebenso die Länge des Schulquartals, eine vorausgegangene Klassenarbeit oder Besuch bzw. Zuschauer.

**Freispiele**

Hier dürfen die Kinder ganz selbständig spielen: zum Abreagieren, zum Ausprobieren, zum Üben des gemeinsamen Miteinanders in der Bewegung. Dabei kann man die Kinder sehr gut kennen lernen und viele Begabungen, Neigungen und Ideen entdecken. Das Freispiel stellt große Anforderungen an den Raum. Er muss übersichtlich eingerichtet sein und den Kindern positive Spiele anbieten: z. B. Bewegungsmaterial, Ständer und Tücher für Hausbauten, Verkleidungsmaterial, Instrumente, Noten-, Lieder-, Märchenbücher.

**Phantasiespiele**

Der Lehrer gibt einen Impuls durch eine Geschichte, ein Bild, einen Klang. Die Kinder lassen ihrer Phantasie freien Lauf. Der Lehrer steuert nur, wenn kein Spiel zustande kommt oder besprochene Regeln ausgeschaltet werden. Regeln könnten sein: beim Thema bleiben, Bewegungen nur nach einem Höreindruck ausführen.

Das Wecken und Pflegen der eigenen Phantasie und Kreativität ist für jeden Menschen außerordentlich wichtig, denn diese Fähigkeit ist für eine aktive, selbständige Lebensgestaltung Grundlage. Deshalb sollten grundsätzlich, wann immer möglich, die Ideen der Kinder im Unterricht aufgenommen werden. Das Stundenkonzept besteht im Hintergrund, aber die Schüler dürfen diesen Weg verändern oder ganz umgestalten. Natürlich ist es nicht leicht, die Kreativität der Kinder immer so einzugliedern, dass ein harmonisches Ganzes entsteht. Die kleinen Gruppen lassen uns aber doch einige Möglichkeiten, diesen Weg zu gehen.

**Rhythmische Spiele**

Kinder lieben das ständige Wiederholen kleiner rhythmischer Einheiten, und so kann man ausdauernd daran üben. Für rhythmische Spiele suchen wir uns einen kleinen Rhythmus aus. Es kann ein Sprachrhythmus sein, z. B. unser Name, ein kurzer Satz, der Rhythmus eines Reimes oder eines Liedes. Es kann aber auch ein Rhythmus mit Körperinstrumenten sein, welchen wir uns selber zusammenstellen, oder ein Bewegungsrhythmus. Diesen Rhythmus können wir nun mit Sprache, Musik oder Bewegung ausgestalten und zur Steigerung noch eine Melodie dazu erfinden. Hierher gehören auch rhythmische Spiele zu den Taktarten. Solche Rhythmen kann man von Stunde zu Stunde sammeln, als Grafik fixieren und dann auditiv anbieten und erraten lassen. Diese Rhythmen bilden eine ausgezeichnete Gedächtnisgrundlage für unsere Sprache. Jedes Wort und jeder Satz hat einen Rhythmus, und bei näherem Hinhören findet man viele Wörter und Sätze mit diesem Rhythmus, so dass man mit diesen Spielen Wort- und Satzgrundmuster einübt.

**Spiellieder und Kreisspiele**

Unsere beiden Favoriten sind zur Zeit „Der Plumpsack geht um“ und „Katz und Maus“. Diese Spiele sind sehr bekannt, teilweise von zu Hause oder von Heim und Hort, sie können überall gespielt werden und haben, wie alle Sing- und Kreisspiele, eine große soziale Funktion. Gehe ich mit dem Plumpsack-Säckchen oder der Katzenmaske in die Pause, ist der Spielkreis fast immer sofort voller Kinder, und alle wollen mitspielen. Im rhythmisch-musikalischen Unterricht spiele ich die Spiele hörgerichtet folgendermaßen: Die Maus schläft in der Mitte des Kreises und hat die Augen geschlossen. Wir singen das Spiellied „In einem Häuschen ...“ von R. KRENZER. Die Maus hört, wenn sie dran ist. Die Katze sitzt hinter einem Tuch in ihrem Haus und hört auch ganz genau auf unser Singen. Mein eigenes Singen ist sehr stark moduliert.

| Stimme | Text | Spielbewegung |
|---|---|---|
| gemütlich | „In einem Häuschen<br>da sitzt ein Mäuschen,<br>schläft im Versteck. | liegen und Augen<br>schließen |
| leise und<br>spannend | Da schleicht die Katz<br>herzu. | heranschleichen |
| lauter werden | Die Maus erwacht im Nu. | Augen öffnen |
| klatschen und<br>laut singen | Husch, ist sie weg." | weglaufen |

**Tänze**

„Wenn man sich mit allem, was Musik heißt, eigentlich dauernd innerhalb der Grenzen des Spiels befindet, so gilt dies in noch weit höherem Maße von der von ihr nicht zu trennenden Zwillingskunst, dem Tanzen. ... man kann im vollsten Sinne des Wortes sagen, dass der Tanz selbst Spiel ist, ja dass er eine der reinsten und vollkommensten Formen des Spiels bildet" (HUIZINGA, Zitat in der Zeitschrift „Spielformen des Tanzes").

In der Fachliteratur sind meist auch die Phantasiespiele, Spiellieder und Kreisspiele dem Tanz zugeordnet. Mir geht es hier um die Betonung des gebundenen Tanzes. Der gebundene Tanz, der für Kindergarten und Grundschule in Frage kommt, besteht aus einer vorgegebenen, gut strukturierten Musik und dieser zugeordneten, sich mehrmals wiederholenden Bewegungsmustern. Die Musik ist wieder das führende Mittel. Wollen wir sie mit unseren Kindern genau hören, müssen viele Spiele vor- oder zwischengeschaltet werden.

Mit Hilfe des sehr bekannten Kindertanzes „Siebensprung" möchte ich ein paar Beispiele aufzeigen:

- Wir sitzen auf dem Boden, hören die Musik.

Anfang und Ende,
Besonderheiten: klopfen, hoher, langer Ton,
schnelles Geigen, tiefes Trommeln usw.

- Wir finden leise Bewegungen im Liegen oder Sitzen dazu (die auch schon in die Richtung der Originalbewegungen führen können).
- Wir entwickeln Grafiken für jeden Höreindruck, bis die ganze Musik aufgezeigt werden kann.
- Mit Hilfe der Grafiken stellen wir mit Orff-Instrumenten unsere eigene Musik zusammen, die im Klangcharakter der Originalmusik so ähnlich wie möglich ist. Dabei spielt jedes Kind den Teil der Musik, für welchen sein Instrument zuständig ist. Das ist ein sehr spannendes Spiel,

und die Kinder sind völlig fasziniert. Noch reizvoller ist es, wenn dann ein Kind den Bewegungsteil übernimmt. Wissen alle genau Bescheid, kann sich der Bewegende umdrehen und nur noch nach Höreindruck tanzen, oder alle schließen die Augen und kommen nur über das Hören ins Rhythmisch-Aufeinanderfolgende. Dies ist für alle sehr aufregend.

- Natürlich können wir auch versuchen, zur laut abgespielten Musik leise zu musizieren. So kommen wir, wie bei der ruhigen Bewegung, bald ins richtige Tempo, was unseren Kindern oft schwer fällt, denn viele haben erheblich zu wenig Bewegungserfahrung und Übung.
- Zwischendurch tanze ich auch immer wieder den Tanz einfach durch und lasse die Kinder nachahmen. So haben sie schon eine Vorstellung von dem Ziel und können sich einfach austanzen.
- Sind Musik und Tanz bekannter, können die Aufgaben noch differenzierter werden. Jedes Kind kann versuchen, einen Tanzteil oder auch den ganzen Tanz alleine zur Musik zu tanzen. Es muss ganz genau hinhören und sich auch trauen, vor der ganzen Gruppe zu tanzen - wieder eine gute Übung zum Selbstbewusstsein!
- Jedes Kind kann einen anderen Tanzausschnitt zur Aufgabe bekommen und dazwischen Ruhe halten.
- Der Lehrer kann die Musik auch anhalten und so neue Anfänge üben oder an verschiedenen Stellen einschalten und die Kinder die neue Musikstelle erkennen lassen.

Schon im Kindergarten kann man in einfachster Form mit den Kindern tanzen. Dabei dienen die Tanzbeschreibungen als Vorlage; der tatsächlich ausgeführte Tanz aber richtet sich nach den Fähigkeiten und Ideen der Kinder. So wird es ihr eigener Tanz, den sie jede Stunde gerne wiederholen. Allmählich kann man dann zur allgemein gültigen Form übergehen, um den Tanz auch in größeren Gruppen mit anderen Kindern gemeinsam tanzen zu können. Bei diesem Vermittlungsweg können die Kinder weiter ihre Phantasiekräfte erproben. Sie erlernen vielfältige Bewegungsmuster, die zur Körpererfahrung und Lebenslust beitragen, und sie erfahren eine ausgiebige körperliche Herausforderung, da die Musik und die rhythmische Bewegung den Tanzenden bis zum Schluss festhalten. Dadurch erhöhen sich die Kondition, das Vertrauen in die eigene körperliche Leistungsfähigkeit und die Atemkapazität, die die Kinder so dringend für das Sprechen benötigen.

**Darstellendes Spiel - Rollenspiel**

Auch diese Spielform brauche ich sehr häufig. Wir stellen Tiere, Fahrzeuge, Berufe und Menschen in verschiedensten Situationen und Stimmungen dar. Meist stehen die Darstellungen im Zusammenhang mit den Inhalten von Liedern und Reimen oder einer Buchbetrachtung. Bewegungsauslöser und Begleiter sind auch hier immer akustische Eindrücke durch Musik, Sprache oder Geräuscherzeuger jeglicher Art.

Im Rollenspiel steigern sich die Spielinteraktionen. Zunächst kann natürlich jedes Kind jede Rolle mitspielen. Später aber erhält jedes seine eigene Aufgabe, und nun muss man sich der Rolle entsprechend anpassen, eingliedern und einbringen. Werden alle Rollen durch akustische Reize geführt, müssen die Kinder sich jetzt sehr konzentrieren, um richtig zu agieren.

Die Kinder haben sehr viel Freude daran, die Orff-Instrumente selber zu spielen und dadurch ihre Mitschüler in die Bewegung zu schicken. Ganz eindeutig ist auch zu beobachten, wie gerne alle lauschen und versuchen, die richtigen Bewegungen zu finden.

### Abschlussspiele

Den Abschluss bilden meist Abschlusslieder, die wir als Bewegungslieder im Kreis spielen. Wenn die Kinder mit Aufräumen und Anziehen fertig sind, sammeln wir uns nochmals an der Tür. Hier hängt ein Kalender mit Abschlussliedern, und ein Kind darf sich ein Lied aussuchen, das wir dann gemeinsam singen und spielen.

Bei dem Lied „Alle Leut ...“ z. B. spielen wir folgendermaßen:

| **Text** | **Bewegung** |
|---|---|
| Alle Leut, alle Leut<br>geh`n jetzt nach Haus: | Mit Handfassung im Kreis gehen |
| große Leut | auf die Zehenspitzen, Arme hochstrecken |
| kleine Leut | in die Hocke gehen |
| dicke Leut | Arme in weitem Rund vor den Körper halten, ganzen Körper dick und schwer machen |
| dünne Leut | ganzen Körper zusammenziehen |
| Alle Leut, alle Leut<br>geh`n jetzt nach Haus. | s. o. |

Ich habe eine zweite Strophe ergänzt, um eine weitere Übungsmöglichkeit für Körper- und Sprachausdruck zu bekommen:

| Text | Bewegung |
| --- | --- |
| zornige Leut | ein Fuß stampft nach vorne auf, eine Faust mit angewinkeltem Arm vor den Körper halten, zornig schauen |
| lustige Leut | wie ein Clown seitlich von einem auf das andere Bein hüpfen und grinsen |
| traurige Leut | traurig schauen, Körper erschlafft, Hände reiben die Augen |
| fröhliche Leut | aufrechte Körperhaltung, Hände waagrecht offen nach vorn halten, entspanntes, fröhliches Gesicht. |

Besonders bei dieser zweiten Strophe beteiligen sich die Kinder sehr gut, und man kann deutlich die unterschiedliche Stimmodulation hören. Es wird eine sehr wichtige Aufgabe, auch die Stimmungslagen erhören zu lassen, um sich noch besser auf die Mitmenschen einstellen zu können und so zu einem besseren Miteinander zu kommen.

### 4.2.5 Rhythmisch-musikalischer Unterricht als Teil der hörgerichteten Förderung in der Schule

Aus dem in Musik, Bewegung und Sprache Entstandenen können sich immer wieder rhythmisch-musikalische Bewegungsspiele entwickeln, die sich zu Aufführungen ausgestalten lassen. Strebt man eine Aufführung an, muss man sich von vornherein bewusst machen, dass der Unterrichtsprozess mit all seinen Zielen am wichtigsten ist, die Aufführung ein Produkt daraus. Lässt man zu rasch die Aufführung Raum greifen, kann der Leistungsgedanke schnell in den Vordergrund treten und die Ziele des rhythmisch-musikalischen Unterrichts zerstören. Gelingt es aber, aus einem den Zielen entsprechenden rhythmisch-musikalischen Unterricht eine Aufführung entstehen zu lassen, eröffnet man den Kindern wichtige, lebenserweiternde Möglichkeiten.

In der Aufführung findet das Gelernte direkte Anwendung. Die Kinder erhalten gegen Ende der Unterrichtseinheit eine weitere Motivation, Leistung zu erbringen, Prozesse durchzuhalten und Gelerntes bewusst öffentlich wiederzugeben. Bei Aufführungen sind die Kinder in ihrer Persönlichkeit und Sozialfähigkeit sehr gefordert und dadurch gefördert. Das Hören erfährt hier eine besondere Herausforderung: „Trotz Spannung, trotz Aufregung kann ich hören!“ Auch für uns Pädagogen ist es ein wunderbares Erlebnis, zu erfahren, zu welchen Leistungen unsere Kinder fähig werden und wie sie in ihrer ganzen Persönlichkeit stärker und fröhlicher werden.

Möglichkeiten für Aufführungen bieten sich im allgemeinen Schulleben viele an. Wenn man den Jahreslauf betrachtet, ergeben sich aus ihm regelmäßige, mit rhythmisch wiederkehrenden Inhalten gefüllte Feste. In unserer Schule finden zur Zeit regelmäßig Feste statt, bei welchen rhythmisch-musikalische Prinzipien einwirken:

- das Faschingsfest mit gemeinsamen Liedern und Tänzen und kleinen Einlagen mit Spielliedern, Kreisspielen oder kleinen Rollenspielen;
- das Sommerfest mit der Aufführung eines rhythmisch-musikalischen Bewegungsspiels der 4. Klassen, welches fächerübergreifend mit den Klassenlehrern erarbeitet wird;
- die Einschulungsfeier, bei welcher die Aufführung des Sommerfestes wiederholt wird;
- die Nikolausfeier mit gemeinsamen Liedern und Instrumentaleinlagen;
- die Weihnachtsfeier am letzten Schultag vor den Ferien mit gemeinsamen Liedern, Instrumentaleinlagen und der Aufführung einer oder mehrerer Klassen. Auch diese Aufführungen entstehen fächerübergreifend mit den Klassenlehrern zusammen.

Weihnachten 1995 z. B. gingen die Kinder als „Tiere“ zur Krippe. Jedem Tier war ein Instrument zugeordnet, und wie immer bewegte sich das Tier nur zum Klang seines Instrumentes. Auf seinem Platz angekommen, ließ es laut und deutlich seine Tierstimme vernehmen. Auch für Frühling und Herbst oder andere Zeitpunkte im Jahreslauf lässt sich sicher eine gemeinsame Form finden.

Unsere Grundschule trifft sich seit einiger Zeit auch zum gemeinsamen Wochenbeginn - dem „Montagmorgenkreis“ - im Rhythmikraum. Bevor die Kinder in den Raum kommen, sollen bereits die Hörgeräte überprüft sein. Die FM-Anlagen bringen die Schüler mit.

Einzelne Instrumente können eingesetzt werden. So ruft z. B. das Becken immer zur Aufmerksamkeit. Im Montagmorgenkreis wird gemeinsam gesungen, oder es werden Bewegungslieder ausgeführt oder kleine Rollenspiele vorgeführt. Hier lässt sich sicher noch viel nach rhythmisch-musikalischen Prinzipien Zu-Hörendes einbeziehen.

Inhaltlich kann auch der Montagmorgenkreis durch das Jahr führen und so den Kindern Jahr für Jahr in der Wiederholung Sicherheit geben und Wohlbefinden vermitteln. Durch Wiederholung stärkt sich wiederum das Gedächtnis. Es läßt sich ein Repertoire auch für später aufbauen, mit welchem die Kinder ihr Leben gestalten können.

Auch diese Aufgabe sehe ich heute als wichtige Aufgabe der Schule an, und der rhythmisch-musikalische Unterricht kann dazu viel beitragen.

## Literatur

BANG, C. (1984). *Eine Welt von Klang und Musik.* In: Hörgeschädigtenpädagogik 2. Heidelberg.

BECKER, K. P.; SLOVAK, M. (1979). *Lehrbuch der Logopädie.* Königstein/Ts.

BRUNNER, I. (1978). *Jazztanz.* Hamburg.

BÜNNER, G.; RÖTHIG, P. (Hrsg.) (1979). *Grundlagen und Methoden rhythmischer Erziehung.* Stuttgart.

CRECELIUS, H. B. (1987). *Kinderspiel-Lebensentscheidend.* Stuttgart.

ERNST, H.-B. (1977). *Musik- und Bewegungserziehung.* München.

FEUDEL, E. (1974). *Durchbruch zum Rhythmischen in der Erziehung.* Stuttgart.

FINK-KLEIN; PETER-FÜHRE; REICHMANN (1987). *Rhythmik im Kindergarten. Erlebnisreiche Spielformen mit Musik - Bewegung - Sprache.* Freiburg.

FISCHER-OLM, A. (1993). *Alle Sinne helfen mit.* Königsbronn.

FIUKOWSKI, H. (1978). *Sprecherzieherisches Elementarbuch.* Leipzig.

FÜHRING, M.; LETTMAYER, O.; ELSTNER, W.; LANG, H. (1981). *Die Sprechfehler des Kindes und ihre Beseitigung.* Wien.

GASS-TUTT, A. (1972). *Tanzkarussell 1.* Boppard.

GEBHARD, U.; KUGLER, M. (1979). *Didaktik der elementaren Musik- und Bewegungserziehung.* München.

GERG, K. (1986). *Musik - Sprache - Bewegung, Gestaltungsmodelle für den Unterricht in Grund- und Hauptschule.* Prögel.

GERITS, L. (1969). *Musik und Ausdruckstanz bei Gehörlosen.* In: Hörgeschädigte Kinder 3. Bad Godesberg.

GLATHE, B.; KRAUSE-WICHERT, H. (1981). *Rhythmik - Grundlagen und Praxis.* Wolfenbüttel.

GOEBEL, W.; GLÖCKLER, M. (1984). *Kindersprechstunde (ein Medizinisch-pädagogischer Ratgeber).* Stuttgart.

HASELBACH, B.; NYKRIN, R.; REGNER, H. (1985). *Musik und Tanz für Kinder, Unterrichtswerk zur Früherziehung.* Mainz.

HOELLERING, A. (1979). *Zur Theorie und Praxis der rhythmischen Erziehung.* Berlin.

IRMISCHER, T. E. (1988). *Bewegung und Sprache.* Schorndorf.

KAUFFMANN, G. (1984). *Musizieren und Spielen mit Kindern. Rhythmik im Kindergarten.* Gütersloh.

KONRAD, R. (1984). *Erziehungsbereich Rhythmik. Entwurf einer Theorie.* Regensburg.

KRIMM VON FISCHER, C. (Hrsg.) (1974). *Musikalisch-rhythmische Erziehung.* Freiburg/Breisgau.

KRIMM VON FISCHER, C. (1979). *Rhythmik und Sprachanbahnung zur Förderung des entwicklungsgestörten und des behinderten Kindes.* Ravensburg.

VON KÜGELGEN, H. (1985). *Planung und Praxis des Waldorfkindergartens.* Stuttgart.

LANDESVERBAND BADEN-WÜRTTEMBERG IM BDT (1989). *Nur hörgeschädigt? Neue Wege zu einer individuell ganzheitlichen Förderung, Diagnostik - Förderangebote Therapie.* Heidelberg.

OLBRICH, I. (1989). *Auditive Wahrnehmung und Sprache.* Basel.

ORFF, G. (1985). *Die Orff-Musiktherapie - Aktive Förderung der Entwicklung des Kindes.* Frankfurt.

PENTEKER, U. (1984). *Rhythmische Erziehung als Unterrichtsprinzip im Sprachunterricht bei gehörlosen Kindern in der Grundschule. (Dargestellt am Beispiel eines Kinderliedes).* Pädagogische Prüfungsarbeit zur zweiten Staatsprüfung für das Lehramt an Sonderschulen. Friedberg.

PENTEKER, U. (1978). *Rhythmische Erziehung im Sportunterricht - Ein Unterrichtsversuch mit gehörlosen Kindern im Vorschulalter an der Schule für Gehörlose in Friedberg.* Friedberg.

SAATWEBER, M. (1994). *Einführung in die Arbeitsweise Schlaffhorst-Andersen. Atem, Stimme, Sprache, Haltung und Bewegung in ihren Wechselwirkungen.* Idstein.

SCHLENKER-SCHULTE, C. (1984). *Sprechspiele mit hörgeschädigten Kleinkindern. Rhythmische Sprechgliederung durch phonemübergreifende Merkmale.* Villingen-Schwenningen.

SCHNEIDER, O. (1985). *Tanz-Lexikon.* Mainz.

SCHWARTING, J. (1979). *Musik und Musikinstrumente zur Förderung des entwicklungsgestörten und des behinderten Kindes.* Ravensburg.

SIEGENTHALER, H.; ZIHLMANN, H. (1982). *Rhythmische Erziehung.* Hitzkirch.

SPETH, L. (1989). *Atem, Akzent und Sprechverständlichkeit.* In: Hörgeschädigte Kinder 1.

STEINER, R. (1983). *Eurythmische Kunst.* Köln.

STIFTUNG ZUR FÖRDERUNG KÖRPERBEHINDERTER HOCHBEGABTER. VADUZ, LIECHTENSTEIN und DR. KRÖNERT, O. (Hrsg.) (1990). *Modelle interdisziplinärer Frühförderung zur Begabungsentfaltung auf der Grundlage eines hörgerichteten Spracherwerbs.* Augsburg.

STRAUMANN, J. (Hrsg.) (1985). *Lernen der Bewegung - Lernen durch Bewegung, Teil 1.* In: Hörgeschädigtenpädagogik Beiheft 15. Heidelberg.

STRAUMANN, J. (Hrsg.) (1985). *Lernen der Bewegung - Lernen durch Bewegung, Teil 2.* In: Hörgeschädigtenpädagogik Beiheft 16. Heidelberg.

UDEN, A. VAN (1982). *Das gehörlose Kind - Fragen seiner Entwicklung und Förderung.* Heidelberg.

UDEN, A. VAN (1976). *Die Welt der Sprache für gehörlose Kinder.* Villingen-Schwenningen.

VEREIN FÜR EIN ERWEITERTES HEILWESEN E.V. (Hrsg.) (1989). *Das Kind im Vorschulalter, Lebenshilfe* 9. Stuttgart.

ZIMMER, R. (1991). *Spielformen des Tanzes.* Dortmund.

# 5 Cochlear-Implant

## 5.1 Förderung mit Cochlear-Implant

GABRIELE HERRMANN

### 5.1.1 Hörgerichteter Spracherwerb und Cochlear-Implant

Eine unabdingbare Forderung des hörgerichteten Spracherwerbs ist die optimale apparative Versorgung des hörgeschädigten Kindes. Wie Veröffentlichungen und Praxiserfahrungen - besonders in den vergangenen sechs bis sieben Jahren - gezeigt haben, ist bei Kindern, die trotz hörgerichteter Erziehung die Lautsprache mit Hilfe von Hörgeräten nicht in befriedigendem Maße erlernen konnten, das CI die bessere Alternative (vgl. OSBERGER, MECKLENBURG, BERTRAM u.a.).

Wie sehr es sich als Alternative zu den Hörgeräten für bestimmte Kinder durchgesetzt hat, zeigt u. a. die Tatsache, dass inzwischen an allen Schulen für Hörgeschädigte in der Bundesrepublik die Anzahl der cochlear-implantierten Kinder in den letzten Jahren z. T. beträchtlich gestiegen ist. Auch an den Regelkindergärten und -schulen tragen immer mehr hörgeschädigte Kinder ein CI.

Darüber hinaus gibt es inzwischen auch viele Kinder, die mit einem CI versorgt wurden, ohne dass sie zuvor längere Zeit Hörgeräte getragen haben.

### 5.1.2 Das Alter der Kinder bei der Implantation

Die Ergebnisse nach erfolgter Cochlear-Implantation sind stark abhängig vom jeweiligen Implantationsalter des Kindes. Auch die Art der Förderung orientiert sich am Alter des Kindes. Deshalb erscheint es sinnvoll, bei der Beschreibung zwischen folgenden fünf Altersgruppen zu unterscheiden:

- die sehr früh implantierten Kinder (0 bis 2 Jahre),
- die früh implantierten Kinder (2 bis 4 Jahre),
- die Altersgruppe zwischen 4 und 6 Jahren,
- Implantation während der Grundschulzeit (6 bis 11 Jahre),
- Implantation im Jugendalter (ab 12 Jahren).

### 5.1.2.1 Kinder im Alter zwischen 0 und 2 Jahren

Da aufgrund der anatomischen Verhältnisse (die Schnecke hat beim Kleinkind dieselbe Größe wie beim Erwachsenen) aus medizinischer Sicht nichts gegen eine Implantation im Kleinkindalter spricht, ist es möglich, Babys oder Kleinkinder bereits im Alter von 0 bis 2 Jahren - unter Ausnutzung der sensiblen Phase für eine optimale Hör- und Sprachentwicklung - zu implantieren. Voraussetzung dafür ist allerdings, dass man einen gravierenden Hörverlust bereits in diesem frühen Alter diagnostizieren kann. Mit der objektiven frequenzspezifischen Hörmessmethode (Notched Noise BERA) scheint dies möglich zu sein (vgl. GALL, 1995, 32 ).

Die Angaben der CI-Centren zeigen, dass die Zahl der in so frühem Alter bereits implantierten Kinder in den letzten Jahren deutlich gestiegen ist.

Grundlage der Förderung in diesem frühen Alter ist der hörgerichtete ganzheitliche Mutterspracherwerb, ähnlich wie bei hörenden Kleinkindern auch. Die Betreuung erfolgt durch die Cochlear-Implant-Centren und die Frühförderer.

Liegen keine gravierenden Zusatzbehinderungen vor, so haben diese Kinder die größten Chancen, Sprache auf natürlichem Wege zu entwickeln. Sie werden in der Regel keine Sondereinrichtung besuchen. Sie nehmen sogar den Sprachklang und die Dialektfärbung ihrer Umgebung an: hochgradig hörgeschädigte Kinder, die bayrisch, hessisch oder schwäbisch sprechen.

### 5.1.2.2 Kinder im Alter zwischen 2 und 4 Jahren

Sofern keine schwerwiegenden Beeinträchtigungen vorliegen, können Kinder dieser Altersgruppe unter günstigen Umständen auch noch auf relativ natürliche Art in ihrer häuslichen Umgebung und einem (integrativen) Kindergarten in Wohnortnähe Sprache erlernen. Wir haben daher an der Sonderschule auch nur vereinzelt Kinder, die bereits in diesem Alter implantiert wurden. Meistens lag deren Implantationsalter an der oberen Grenze (4 Jahre), und sie hatten zunächst einen Regelkindergarten besucht. Eine sinnvolle Integration hatte jedoch nicht stattfinden können, da sie mit ihrem noch zu geringen Hör- und Sprachverständnis in der großen Gruppe überfordert waren. Diese Kinder brauchten den überschaubaren Rahmen mit klaren Strukturen und die spezielle sprachliche Zugehensweise wie sie in den Vorklassen bei uns gegeben ist (vgl. SCHMALBROCK, DIETZ und PENTEKER-WOLFHEIMER).

### 5.1.2.3 Kinder im Kindergarten- bzw. Vorschulalter

Hier muss man unterscheiden zwischen Kindern, die bis dahin mit ihren Hörgeräten bereits eine gute Hör- und Sprachentwicklung gemacht haben und in Regelkindergärten betreut werden. Sie können in diesem Alter noch viel von einem Implantat profitieren, gerade auch im Hinblick auf eine anstehende Einschulung in die Regelschule (vgl. WÄSS).

In den Kindergärten und Vorklassen der Hörgeschädigtenschulen finden wir dagegen die Kinder, die mit ihren Hörgeräten aus den verschiedensten Gründen keine ausreichende Hör- und Sprachentwicklung gemacht haben.

Wenn Kinder im Alter von frühestens 4 Jahren zu uns kommen, wird zunächst die Hörgeräteversorgung überprüft und eventuell optimiert. Erst nach einer gewissen Zeit intensiver hörgerichteter Förderung lässt sich entscheiden, ob eine positive Entwicklung auf diesem Wege weiter möglich erscheint.

Besteht der Verdacht auf zusätzliche Beeinträchtigungen, so holen wir möglichst rasch eine professionelle Differentialdiagnose ein. Sofern wir den Eindruck haben, dass der hörgerichtete Weg aufgrund zu geringer Hörreste nicht Erfolg versprechend ist, empfehlen wir den Eltern, über ein Cochlear-Implant für ihr Kind nachzudenken und sich bei anderen Eltern, im CI-Centrum und in der Klinik zu informieren. Dies ist meist ein längerer Prozess, so dass oft, bis es dann eventuell zu einer Implantation kommt, einige Monate verstrichen sind. So ist es auch zu erklären, dass trotz des Wissens über die sensible Phase und trotz inzwischen weit verbreiteter Kenntnisse über die Möglichkeiten einer „Hörprothese“ die Zahl der Kinder, die erst im Alter zwischen 4 und 6 Jahren, d. h. relativ spät, implantiert werden, an der Sonderschule noch immer verhältnismäßig groß ist.

### 5.1.2.4 Implantation im Grundschulalter

Sofern bei uns eine Implantation noch im Grundschulalter vorgenommen wird, handelt es sich um Kinder, die bereits eine Hör- und Sprachentwicklung gemacht haben, deren Hörmöglichkeiten jedoch auch mit den effektivsten Hörgeräten nicht weiter gesteigert werden konnten oder deren Hörentwicklung durch sich wiederholende Mittelohrentzündungen immer wieder unterbrochen wurde. Meistens war die Möglichkeit einer Implantation den Eltern schon längere Zeit bekannt, sie hatten aber aus den verschiedensten Gründen noch keine Entscheidung gefällt. In einigen Fällen wurde ihnen dieser Schritt dann erleichtert, wenn ihr Kind selbst bemerkte, dass es nicht so gute Hörchancen wie andere Klassenkameraden hatte und von sich aus den Wunsch nach einem Implantat äußerte. Dies traf bisher auch für ein hörgeschädigtes Kind gehörloser Eltern zu.

Wenn die Kinder mit ihren Hörgeräten bereits Hörerfahrungen gemacht haben, sind diese von Vorteil. Daher versuchen wir auch zunächst immer auf dem nicht operierten Ohr das Hörgerät zu belassen. Das Hören und Verstehen mit Hilfe des CIs muss sich ja erst langsam entwickeln. Wenn das CI-versorgte Ohr zum „führenden Ohr" geworden ist, entscheiden die Kinder meistens, dass sie das Hörgerät auf dem anderen Ohr nicht mehr tragen wollen. An unserer Schule haben wir bisher noch keine Kinder mit einer beidseitigen CI-Versorgung.

#### 5.1.2.5 Implantation im Jugendalter

Die Erfahrung zeigt, dass bei Jugendlichen, deren primäres Kommunikationsmittel in diesem Alter nicht die Lautsprache ist, eine Implantation für ihr Sprachverständnis und das Sprechen kaum mehr Erfolg hat. Bei zweien unserer Schüler (11 und 12 Jahre alt, nicht-deutschsprachiges Elternhaus), die in der „euphorischen" Anfangszeit der Cochlear-Implantation operiert wurden, war ein Geräusch- und Musikhören und das Erkennen von „closed-sets" zwar durch Übung möglich, hat aber nicht dazu geführt, dass sie dieses Hören in ihre Persönlichkeit integrieren und als Bereicherung erleben konnten. Die Qualität ihres Sprechens ließ sich nicht mehr verbessern. Beide Schüler haben nach der Pubertät Headset und Sprachprozessor abgelegt und tragen auch keine Hörgeräte mehr. Aufgrund dieser Erfahrungen (und ähnlicher Berichte in der Literatur) halten wir eine Implantation unter den genannten Voraussetzungen nicht für sinnvoll.

Anders sieht es jedoch bei Jugendlichen aus, die bereits über eine gute Lautsprachkompetenz verfügen und bei denen ein progredienter Hörschaden vorliegt oder es gar zu einem Hörsturz gekommen ist. In diesen Fällen kann ein Cochlear-Implant eine entscheidende Hilfe bedeuten.

In den letzten beiden Schuljahren waren bei uns vier Schüler davon betroffen.

Die persönliche Entscheidung der Jugendlichen für diesen Schritt ist dabei allerdings wichtig. Auch muss den Jugendlichen (und den Eltern) bereits im Vorfeld klar sein, dass persönliches und häusliches Engagement nötig sind, um das Hören mit dem CI zu lernen.

Diese Jugendlichen erleben zumeist die deutlich verbesserte Ankopplung an die akustische Welt als Erleichterung in der Kommunikation und Bereicherung im Alltag.

### 5.1.3 Rahmenbedingungen für eine Optimierung der Ergebnisse nach Cochlear-Implantation

Damit eine Operation auch im späteren Kindesalter und unter erschwerten Bedingungen noch Erfolg versprechend sein kann, sind verschiedene Voraussetzungen unabdingbar.

#### 5.1.3.1 Intensive Zusammenarbeit zwischen Elternhaus, Schule, operierender Klinik und CI-Centrum

Diese Zusammenarbeit muss bereits in der Zeit vor einer eventuellen Operation gegeben sein. Dazu gehören die gegenseitige umfassende Information und der offene Austausch zwischen den Eltern (mit ihrem Kind), den Lehrern, den Ärzten an der Klinik und den Mitarbeitern an dem zuständigen Cochlear-Implant-Centrum. Dabei sollte auch eine umfassende Aufklärung der Eltern über Vor- und eventuelle Nachteile der verschiedenen Implantate stattfinden, um ihnen eine möglichst objektive Grundlage für ihre Entscheidung zu geben. Dabei gilt es auch, eventuell unrealistische Erwartungen von Eltern und Schülern/innen in Bezug auf die Möglichkeiten nach einer Implantation abzubauen und deutlich zu machen, dass das (neue) Hörenlernen ein Prozess ist, der bewusst und engagiert mitvollzogen werden muss.

Hat ein Kind ein Implantat erhalten, so ist im Anschluss daran weiterhin ein intensiver Austausch aller am Spracherwerbsprozess beteiligten Personen wichtig, um die Entwicklung des Kindes optimal begleiten und fördern zu können. Dieser erfolgt durch Hospitationen der Eltern, durch Gespräche mit den Audiologen der Klinik, den Kollegen an der Schule, den Mitarbeitern der CI-Centren und den Technikern der verschiedenen Firmen.

#### 5.1.3.2 Eingruppierung in hörgerichtete Lerngruppen

Da nach einer Implantation davon ausgegangen werden kann, dass ein Hören über die gesamte Frequenzbreite möglich ist, steht die Schulung des neu eröffneten Sinneskanals im Zentrum der Förderung, d. h., cochlear-implantierte Kinder müssen hörgerichtet gefördert werden.

Früh implantierte Kinder kommen im Normalfall meist relativ rasch zu einem lautsprachlichen Kommunikationsverhalten und entwickeln keine visuellen Zeichensysteme.

Anders sieht es dagegen oft bei Kindern aus, die erst in der Vorklasse im Alter zwischen 4 und 6 Jahren implantiert werden. Sie haben bis zum

Zeitpunkt der Implantation meistens (auch) nonverbale Kommunikationsmittel erworben und sind fast ausschließlich auf den visuellen Kanal ausgerichtet. Man kann und darf von ihnen nicht erwarten, dass sie ihre Kommunikationsweise sofort verändern. Die Förderung wird daher auditiv-visuell *beginnen.* Wir versuchen, im Sinne der Doppelrolle den Inhalt der nonverbalen Gesten und konventionellen Gebärden der Kinder aufzufangen und dafür Sprache einzusetzen. Selbst gebrauchen wir keine konventionellen Gebärdenzeichen, bemühen uns aber, die Situation für die Kinder durch Mimik, Gestik, Anschauungsmittel und evtl. Schrift verständlich zu machen.

Bei der Einschulung werden CI-versorgte Kinder bei uns in hörgerichteten Klassen aufgenommen, d. h., das unterrichtliche Führungsmittel ist die Lautsprache. Wir erfahren immer wieder, dass bei ihnen der Anteil an Gebärden zugunsten der Lautsprache zurückgeht, denn je mehr die Kinder im Laufe der Zeit hörend verstehen, umso weniger Gebärden brauchen und gebrauchen sie im Umgang mit Hörenden.

Auch nachmittags in den Hortgruppen sollten die Schüler und Schülerinnen seitens der Erzieher und Erzieherinnen kein anderes Kommunikationsmittel angeboten bekommen als vormittags in der Schule.
Ebenso müssen Eltern ihr Kommunikationsverhalten überdenken und lernen, sich an die veränderten Bedingungen und an die neuen Möglichkeiten ihres Kindes anzupassen.

#### 5.1.3.3 Spezielle Förderung

Nach der Implantation erscheint es uns für einen begrenzten Zeitraum unabdingbar, dass die Kinder regelmäßig - am besten täglich - in der Vorklasse (und bei späterer Implantation auch in der Schule) eine individuelle Förderung bekommen, die über die angebotenen Rehabilitationswochen im CI-Centrum hinausgeht.

Wiederholung und Kontinuität sind dabei wesentliche Faktoren, denn man kann bei diesen relativ spät implantierten Kindern, die zudem meist noch eine Menge zusätzlicher Erschwernisse haben, nicht erwarten, dass sich Hören und verständliches Sprechen ohne intensive Fördermaßnahmen sozusagen „nebenbei" einstellen.

Während dieser Fördereinheiten können sie unabhängig vom Spiel- und Lernangebot in der Gruppe, ihre neuen oder veränderten Hörmöglichkeiten optimal entwickeln und ihre individuellen Hör-, Sprech- und Spracherfahrungen machen.

In der individuellen Fördersituation kann der Pädagoge die Hörreaktionen des CI-Kindes so genau beobachten, dass er eventuelle Defekte

(Aussetzer, Wackelkontakte u. Ä.) in der technischen Ausstattung bemerken und für Abhilfe sorgen kann.

Die Inhalte der Förderung unterscheiden sich im Wesentlichen nicht von der Hörerziehung bei Kindern mit Hörgeräten.

- Am Anfang steht ein basales Hörtraining, um den Erwerb eines „auditiven Grundinventars" zu ermöglichen.
- Im handelnden Umgang mit Gegenständen des Alltags wird der Wortschatz angelegt und eine kontinuierliche sprachliche Erweiterung angestrebt.
- Der Schulung des auditiven Gedächtnisses, auch mit Hilfe rhythmisch-musikalischer Elemente, kommt große Bedeutung zu.
- Das individuelle Gespräch (vor allem anhand der Tagebuchblätter) zur Förderung der Kommunikationsfähigkeit nimmt einen breiten Raum ein.
- Besonderes Augenmerk liegt auf der Entwicklung und Festigung sprachlicher Strukturen.
- Sofern es sich um Schulkinder handelt, bietet es sich an, auch die Unterrichtsthemen als Grundlage für Hör- und Sprachübungen zu nehmen.
- Bei Kindern mit Teilleistungsproblemen werden spezielle Hilfestellungen nötig, mit deren Anwendung man sich vertraut machen muss.

Es hat sich bewährt, für jedes Kind einen individuellen Förderplan (unter Absprache mit dem jeweiligen Klassen- oder Vorklassenlehrer) für die Bereiche „Hören", „Sprachverständnis", „Sprechen", „Gedächtnis/Kognition" und evtl. „Motorik" zu erstellen, der am Ende des Schuljahres dem jeweiligen Entwicklungsbericht bzw. dem Zeugnis beigelegt und im darauf folgenden Schuljahr jeweils fortgeschrieben, ergänzt und verändert wird.

Der Pädagoge muss für jeden Schüler seinen Förderplan mit den verschiedenen Schritten im Kopf haben und die einzelnen Stunden klar strukturieren, aber er sollte dennoch flexibel genug sein, um auf kommunikative Angebote des Kindes einzugehen.

Die Fördereinheiten müssen folgende Kriterien erfüllen:

- Sie müssen dem Hör- und Sprachstand des Kindes angemessen sein,
- das Interesse des Kindes wecken,
- sie müssen zur Interaktion und lautsprachlichen Kommunikation anregen und
- somit zum Gebrauch von Lautsprache zu führen.

Bei der Einzelförderung wird besonderer Wert auf ein spielerisches Vorgehen gelegt. Die Fördereinheiten haben zwar Übungscharakter, sollten aber dem Kind und somit auch dem Pädagogen Spaß machen. Dazu bedarf es vieler verschiedener Spielmaterialien, die für die jeweilige Situation ausgewählt und evtl. auch umfunktioniert werden können. Ausgangspunkt ist das gemeinsame Handeln, das lustvolle Tun.

Viele Brett- und Gesellschaftsspiele, die es in den Spielwarenabteilungen der Kaufhäuser gibt und die z. T. gar nicht teuer sind, eignen sich gut zum Erlernen von Sprache, da sie eine klare und einfach zu durchschauende Struktur haben. Sie ermöglichen oft den ersten Einsatz von Sprache und bieten Erfahrungen, was damit bewirkt werden kann. Sprachliche Mittel können eingeübt werden, ohne dass man dabei negative Konsequenzen befürchten muss. Z. B. „Wer fängt an? Wer ist an der Reihe? Hast du ....? Du musst ... Darf ich ...? Ich habe gewonnen!“ usw. Es wird erwartet, dass ein Transfer in alltägliche Situationen möglich ist: Die im Spiel geübten sprachlichen Mittel sollen den Gebrauch im Alltag erleichtern.

#### 5.1.3.4 Zeitliche Aspekte

Der Faktor Zeit spielt bei allen Entwicklungsprozessen eine entscheidende Rolle.

Man muss davon ausgehen, dass alle Schüler und Schülerinnen an unserer Einrichtung schon aufgrund der Hörschädigung gewisse Verzögerungen und Beeinträchtigungen haben. Dazu kommen oft noch zusätzliche Behinderungen und Probleme. Wenn Kinder mit geringen Hörresten dann erst im Vorschul- oder zu Beginn des Grundschulalters mit einem Cochlear-Implant versorgt werden, bedeutet das, dass wesentliche Zeit für eine Hör- und Sprachentwicklung versäumt wurde. Diese versäumte Zeit kann man - wenn überhaupt - nicht so rasch wieder aufholen. Die natürliche Sprachentwicklung braucht beim hörenden Kind auch unter günstigen Umständen einige Jahre. Das bedeutet, dass hörgeschädigten Kindern in Anlehnung an die normale Sprachentwicklung auch mehrere Jahre zugestanden werden müssen, um eine Hör- und Sprachentwicklung nachzuholen, auch wenn das Kind bei der Versorgung mit einem Cochlear-Implant schon älter ist. Normalerweise werden viel Geduld und Zuversicht nötig sein, um einem erst spät geförderten Kind auch die Chance zu geben, eine Hör- und Lautsprachentwicklung zu machen. Die bisherigen Erfahrungen zeigen, dass sich eine weitere positive Entwicklung über Jahre hin erstrecken kann, aber es kommt auch manchmal zu schwierigen

Entscheidungen bei der Frage, unter welchen Umständen man wie lange überhaupt noch hoffen darf, Versäumtes nachholen zu können.

#### 5.1.3.5 Umgang mit der Technik

Eine hörgerichtete Förderung kann nur da „greifen", wo die Voraussetzungen stimmen. Eine ganz entscheidende Voraussetzung ist die optimale Einstellung des Sprachprozessors und das Funktionieren der Technik. Nur durch ein durchgängiges, störungsfreies Funktionieren der technischen Ausrüstung kann der Hör-Lern-Prozess initiiert und kontinuierlich ausgebaut werden. Solange ein Kind von sich aus noch nicht angeben kann, ob es hört oder nicht, haben Eltern, Frühförderer, Erzieher und Lehrer, die das Kind täglich betreuen, die Verantwortung dafür.

Die Sprachprozessoren müssen ebenso wie die Hörgeräte täglich überprüft werden. Inzwischen gibt es für alle Geräte integrierte und auch externe Überprüfungsmöglichkeiten. Es darf nicht vorkommen, dass Sprachprozessoren auf „aus" stehen, dass Schüler mit leeren oder gar ohne Akkus ihren Schulalltag beginnen, dass Kabel-, Mikrophon- und Sprachprozessordefekte erst nach Wochen beim nächsten Aufenthalt in der Klinik oder im Reha-Zentrum bemerkt werden!

Besondere Probleme können sich allerdings bei Wackelkontakten ergeben: In dem Moment, in dem man das Gerät überprüft, zeigt es an, dass alles in Ordnung ist, bewegt sich das Kind anschließend wieder, kann der Wackelkontakt dazu führen, dass das Hören immer wieder unterbrochen wird. Hier kann in der Anfangszeit nur genaues Beobachten der Reaktionen des Kindes helfen und, sofern man einen Verdacht hat, das gründliche Untersuchen und häufigere Überprüfen des Gerätes.

Später wird das Kind den Wechsel der Batterien selbständig vornehmen und auch von sich aus melden, wenn es nicht mehr hören kann bzw. wenn sich der vertraute Höreindruck verändert.

Firmen, Kliniken, Reha-Zentren, Eltern, vorschulische und schulische Einrichtungen sind in Bezug auf die neue Technik gleichermaßen gefordert: Sowohl die Firmen als auch die Reha-Zentren sollten alles dafür tun, die Personen, die täglich mit CI-Kindern zu tun haben, mit der Technik und deren Kontrolle gut vertraut zu machen. Ebenso muss es für Eltern, Frühförderer, Erzieher und Pädagogen selbstverständlich sein, sich im Umgang mit Sprachprozessoren und Headsets ebenso kompetent zu machen wie das von ihnen im Umgang mit Hörgeräten erwartet wird.

Ähnliches gilt für die Benutzung der Klassenhöranlage. Inzwischen gibt es Anlagen, die auch mit verschiedenen Modellen von Sprachprozessoren kompatibel sind. Dem Lehrer ist es inzwischen möglich, mit nur einem Sender alle Schüler seiner Klasse zu erreichen, unabhängig davon, ob sie mit Hörgeräten oder unterschiedlichen CI-Geräten versorgt sind.

Wichtig erscheint mir darüber hinaus, dass dort, wo das Kind regelmäßig betreut wird,

- die Einstellungsparameter (aktuelles Programm, Einstellung der Lautstärke und der Empfindlichkeit) für den Sprachprozessor gut sichtbar notiert sind,
- regelmäßige Audiogramme erstellt werden,
- die richtigen Ersatzbatterien für den jeweiligen Sprachprozessor vorrätig sind und diese auch immer wieder rechtzeitig ergänzt werden,
- die Überprüfungsgeräte, die den Eltern zur Verfügung gestellt werden, vorhanden und
- bei häufigen Defekten evtl. auch entsprechende Ersatzkabel vorrätig sind.

Wer erlebt hat, wie cochlear-implantierte Kinder, die sich an das neue Hören gewöhnt haben, leiden und in ihren Verhaltensweisen zurückgeworfen werden, wenn der Sprachprozessor ausfällt, und welche Freude und Erleichterung das Wieder-Hören-Können bei ihnen (und deren Eltern) auslöst, der wird sich seiner Verantwortung voll bewusst und wird alles dafür tun, um einen manchmal nicht vermeidbaren Ausfall auf einen möglichst kurzen Zeitraum zu begrenzen.

### 5.1.4 Förderung von Vorschul- und Grundschulkindern

Meine eigenen Erfahrungen, über die ich im Folgenden ausführlicher berichten will, beziehen sich hauptsächlich auf die anfangs genannte dritte und vierte Altersgruppe, die Kinder im Vorschulalter und zu Beginn des Grundschulalters.

Es sind fast ausnahmslos *prälingual ertaubte Kinder, die erst nach dem 4. Lebensjahr implantiert wurden.* Bei fast allen Kindern finden sich zudem leichte bis schwerwiegende zusätzliche Probleme. So haben wir Kinder mit

- leichter bis schwerer Dyspraxie,
- Wahrnehmungsstörungen,
- Integrationsproblemen,
- Gedächtnisproblemen,
- Störungen der Aufmerksamkeitssteuerung,
- Hyperaktivität,
- Lernbehinderungen u.a.

In letzter Zeit kommen auch Kinder im Alter von 4 Jahren zu uns an die Sondereinrichtung, die zwar *vor dem 4. Lebensjahr implantiert worden sind, deren Lebensumstände allerdings so wenig förderlich waren, dass sich zuvor eine Hör- und damit auch Sprachentwicklung nicht oder nur in ganz geringem Umfang anbahnen ließ.*

Kinder, die erst im Vorschulalter implantiert werden bzw. deren Hör- und Sprachentwicklung aufgrund widriger Umstände erst in diesem Alter beginnen kann, durchlaufen im Prinzip die Stufen der Hör-, Sprech- und Sprachentwicklung wie hörende Kinder auch, allerdings mit dem Unterschied, dass ihr Hör- und Sprachalter bei weitem nicht ihrem Lebensalter entspricht.

Ehe hörende Kinder Sprache verstehen und zu sprechen anfangen, verfügen sie bereits über eine Anzahl auditiver Fähigkeiten, die sie in der vorsprachlichen Phase durch tägliches Hören unbewusst erworben haben.

Hörgeschädigten Kindern fehlen diese Erfahrungen weitgehend: Auf der rezeptiven Seite fehlen das Erkennen, Differenzieren und Speichern von Höreindrücken und deren Verknüpfung mit den übrigen Wahrnehmungen. Auf der expressiven Seite fehlen die intensive Lallphase und die kontinuierliche Übung der Atem-, Stimm- und Sprechorgane, die bei hörenden Kindern bereits im Babyalter die Basis für die weitere Hör- und Sprachentwicklung bilden.

Das, was sich beim hörenden Kleinkind in den ersten Lebensmonaten und in den frühen Jahren entwickelt, muss bei unseren hörgeschädigten Kindern - und dies ist unabhängig von der technischen Versorgung - bewusst und planvoll angeregt werden, damit sich überhaupt eine Hör- und Sprachentwicklung vollziehen kann.

In kleinen, wohl überlegten Schritten wird versucht, Hören und Sprechen im Rahmen der Gesamtentwicklung in Gang zu setzen.

Der folgende „Stufenplan“ ist entstanden aufgrund von Beobachtungen anhand der Entwicklung der Kinder an unserer Einrichtung, nachdem sie mit einem CI versorgt worden waren. Durch entsprechende Fördermaßnahmen haben wir versucht, diese Entwicklung zu unterstützen und zu beschleunigen.

| Hören und Verstehen (rezeptiv) | Sprechen und Sprachgebrauch (expressiv) |
|---|---|
| 1. Ebene | |
| Registrieren und Verstehen von Schallereignissen, neue Eigenwahrnehmungen, Erkennen prosodischer Merkmale | Präverbales Stadium: Lallen und Babbeln, Geräuschnachahmung, Nachahmung von Intonation |
| 2. Ebene | |
| Hören und Verstehen segmentaler Anteile: lange Vokale, Ausrufe, sinntragende Laute, Namen und Einzelworte, alltägl. Redewendungen | Übergangsstadium: Einzelworte, Namen, Ein- und Zwei-Wort-Sätze, Immer wiederkehrende Redewendungen |
| 3. Ebene | |
| Verstehen von Lautsprache: Lieder, Reime, Gedichte, Erzählungen, offenes Sprachverständnis | Sprachphase: längere sprachliche Äußerungen, grammatikalische Strukturen |

Abbildung 1: Entwicklung des Hörens und Sprechens

Diese drei Ebenen können nur einen groben Verlauf wiedergeben. Sie haben sich aber als hilfreich für die Rehabilitationsarbeit erwiesen, wenn es darum geht

- den aktuellen Entwicklungsstand eines Kindes zu bestimmen,
- die Entwicklung zu analysieren und
- adäquate individuelle Ziele für das Kind zu erstellen (Förderpläne).

Die Entwicklung von Hören und Sprechen wird sich auf den jeweiligen Ebenen nicht gleichzeitig vollziehen. Hören und Verstehen gehen dem aktiven Sprachgebrauch weit voraus. Man sollte jedoch die Kinder immer dazu anregen, ihre neue Hörfähigkeit auch sprachlich umzusetzen, so dass sich die beiden Bereiche gegenseitig fördern und erweitern. Kinder hören das am besten, was sie schon verstehen und auch sprechen können. Deshalb sollten *Hören, Sprechen und Sprache immer verbunden sein!*

*Erste Ebene:*

Man kann nach einer Implantation und der entsprechenden Einstellung des Sprachprozessors davon ausgehen, dass die Kinder hören und zwar über die ganze Frequenzbreite. Sie müssen allerdings erst lernen, was die einzelnen Geräusche und Töne bedeuten und diese von Sprache unterscheiden. Ein Sprachverständnis kann bei prälingual ertaubten Kindern, die mit Hörgeräten keine Sprache hören konnten, zunächst nicht erwartet werden.

**Am Anfang der Therapie wird bei prälingual ertaubten Kindern daher zuerst das Hören von Geräuschen und Tönen stehen.**

Sie müssen sich ein „auditives Grundinventar", das hörende Kinder von klein auf schon erworben haben, erst „erarbeiten".

Selbstverständlich sind diese ersten Hörübungen in Sprache eingebettet. Man sollte aber darauf achten, dass man nicht Sprache und Geräusch gleichzeitig, sondern nacheinander anbietet. Unsere Kinder können sich zunächst nur auf einen Reiz konzentrieren und haben das „Überhören" noch nicht gelernt.

Viele verschiedene Geräuschemacher, die in Spielsituationen (z. B. beim Betrachten eines großen Dorfbilderbuches) ausprobiert und gehört werden können, stehen bereit: Fahrradklingel, Kuhglocke, Hupe, ein Aufziehhuhn, das laut pickt, ein piepsendes Küken, eine Kuckucksflöte usw.

Handelnd erfahren die Kinder, welche verschiedenen Geräusche es gibt und welche Klänge sie mit verschiedenen Musikinstrumenten erzeugen können. In dieser ersten Phase ist es besonders wichtig, dass man den Kindern die Möglichkeit zur Eigeninitiative gibt: Sie können die verschiedenen Geräusche selbst erzeugen und auch immer wiederholen. Geräuschdifferenzierungsübungen von Tonträgern erscheinen mir u. a. aus diesem Grunde anfangs nicht sinnvoll.

Zu Beginn benutze ich öfters mehrere gleichaussehende Dosen, die mit Materialien gefüllt sind, so dass sie Geräusche erzeugen. Einige Dosen sind auch leer. Dies ist ein einfacher Test, ob das Kind verstanden hat, dass nicht jede Handlung ein Geräusch erzeugt und von ihm nicht immer eine Hörreaktion erwartet wird.

Wir machen uns auch auf den Weg und untersuchen zusammen, welche Dinge es im Haus und draußen zu hören gibt: das Rauschen der Toilettenspülung, das Tropfen des Wasserhahnes, die Telefonklingel, das laute Schimpfen der Spatzen, das Lachen und Schreien der Kinder auf dem Spielplatz und vieles andere mehr. Bei solchen Ausflügen nach draußen übe ich immer auch, die Kinder aus gewisser Entfernung zu rufen.

**Neue Eigenwahrnehmungen erstaunen und erfreuen die Kinder.**

Es kommt vor, dass sich Kinder nach der Implantation zum ersten Mal niesen oder husten hören und erstaunt umschauen, woher diese Laute kommen. Kleine Kinder kommentieren oft völlig unbefangen und begeistert ihre Geräusche auf der Toilette und manche hören auch zum ersten Mal das Magenknurren bei sich selbst oder dem Nachbarn.

In den ersten Wochen nach der Implantation erlebt das Kind fast täglich neue Höreindrücke. Ich empfehle den Eltern, in dieser, meist von Euphorie begleiteten Phase, eine Art Hörprotokoll zu führen, in dem sie notieren, auf welche Höreindrücke ihr Kind neu reagiert hat. Dies kann in Zeiten, in denen nicht so rasche Fortschritte erzielt werden können, Trost und neue Motivation bringen, da man aufgrund der Aufzeichnungen wieder daran erinnert wird, was das Kind vor der Operation noch nicht hören konnte und welche Fortschritte es schon gemacht hat.

**Im Umgang mit dem unterschiedlichen Klangmaterial machen die Kinder Erfahrungen mit den prosodischen Merkmalen.**

Dafür eignet sich gut die Melodika (mit Blasschlauch). Beim Blasen werden auch so wichtige Funktionen wie Luftführung und Phonationsstrom trainiert. Die Kinder können dabei Tonhöhenunterschiede entdecken, sie können die Dauer und Unterbrechung eines Tones ausprobieren und unterschiedliche Rhythmen blasen.

In jeder Förderstunde gibt es Neues und bald auch schon Vertrautes zu hören: das Klappern der Blechbüchse, in der die Buntstifte aufbewahrt werden, das Knackgeräusch beim Aufziehen eines Spielzeuges, das Geräusch beim Öffnen und Schließen eines Reißverschlusses, das leise Geräusch, wenn ein Stift über den Tisch rollt usw.

Meist entwickeln die Kinder in diesem Stadium von selbst großes Interesse am Hören. Sie probieren aus, was man alles hören kann und haben Spaß daran, mit Gegenständen Geräusche zu erzeugen und zu wiederholen. Sie erkennen, dass ein Gegenstand beim Hinunterfallen ein Geräusch macht, sie hören, ob eine Schachtel voll oder leer ist, sie laufen zur Tür, weil sie das Klopfen gehört haben.

**In dieser Anfangsphase gelingt es den Kindern auch, die Klangmuster lautsprachlicher Interaktion wahrzunehmen.**

Sie erfassen die Intonation einer Äußerung. Sie erkennen z. B., ob diese freundlich oder tadelnd gemeint war.

Durch den Klang unserer Stimme können wir Überraschung, Freude, Enttäuschung, Angst usw. ausdrücken. Aber nur wenn wir Gefühlssprache auch wirklich gebrauchen, können Kinder bestimmte Betonungsmuster mit bestimmten Gemütsverfassungen assoziieren. Im alltäglichen Umgang und in den Tagebuchblättern werden daher gefühlsbetonte Äußerungen wie „Oh, wie schade!“, „Hurra! Ich freue mich!“, „Ach, du mein Schreck!“ u. a. verwendet.

Manchmal versuche ich mit Hilfe eines Mimikwürfels die Kinder dazu anzuregen, den dargestellten Gesichtsausdruck durch passende prosodische Äußerungen wiederzugeben. Meist können die Kinder in diesem Stadium das Schimpfen der Erwachsenen sehr gut nachahmen.

**Sofern Kinder noch keine Sprache entwickelt haben - und das kann bei Kindern mit zusätzlichen Problemen auch noch im Vorschulalter der Fall sein -, werden sie normalerweise nach den ersten Höreindrücken mit verstärkten Lautäußerungen beginnen.**

Man kann als Eltern oder Pädagoge dieses Lallen und Babbeln unterstützend begleiten, indem man mit den Kindern z. B. Babbel-Dialoge am Telefon spielt. Man kann versuchen, über das Summen auf „mmmm“, das Singen auf „lalala“, das Schwenken und Schlagen von Tüchern auf „mamama“ oder „papapa“ oder andere Spiele und lustbetonte Übungen sie dazu zu bringen, mit der eigenen Stimme zu experimentieren. Auch werden sie dazu angehalten, Geräusche und Töne, die sie hören, nachzuahmen.

Für den Pädagogen ist es wichtig, das Babbeln des Kindes auf Video festzuhalten, damit er anschließend analysieren kann, welche Laute (Vokale, Konsonanten, nicht zum deutschen Lautbestand gehörende Laute) vorhanden sind. Er kann dann diese Lautkombinationen in sprachlichen Sinnzusammenhängen benutzen. Bei einem Kind, das zunächst als einzigen spontanen Laut ein lang gezogenes „eiii“ von sich gab, nahm ich dies zum Anlass, beim Spiel einer Puppe über das Haar zu streichen und dies mit „ei, ei, Puppe“ zu begleiten.

Beim regelmäßigen Analysieren von Videoaufzeichnungen kann man sich einen Überblick verschaffen, ob und wie sich der Lautbestand des jeweiligen Kindes verändert und erweitert.

**Nach einiger Zeit kann man im Normalfall feststellen, dass Kinder die Intonation der deutschen Sprache imitieren.**

Manchmal klingt dies, wenn man nicht genau hinhört, durchaus schon nach „Muttersprache“, auch wenn man noch kaum einzelne Wörter erkennen kann. Die Intonation ähnelt dem deutschen Sprachmuster, und es findet sich ein bestimmtes „clustering“ mit Zäsuren und Sprechpausen.

Kinder, die zweisprachig aufwachsen, d. h., in deren Elternhäusern nicht deutsch gesprochen wird, haben dabei größere Schwierigkeiten, und die Sprachentwicklung ist zusätzlich erschwert und deutlich verzögert. Meist wird im weiteren Verlauf der Förderung nur die Sprache gelernt, die den Kindern im handelnden Umgang im (vor)schulischen Alltag verständlich nahe gebracht wird.

Diese Anfangsphase, in der die Kinder allmählich ins Hören hineinwachsen, kann eine relativ kurze Zeit in Anspruch nehmen. Ich habe aber auch schon Kinder erlebt, die mehrere Monate brauchten, ehe man bei ihnen eindeutige hörgerichtete Verhaltensweisen erkennen konnte. Das war im Einzelfall eine lange Durststrecke, die uns manchmal am Erfolg zweifeln ließ.

Diese großen Unterschiede sind abhängig

- von kindbedingten Ursachen (z. B. vorausgegangene Hörerfahrungen, zusätzliche Störungen),
- von der Umgebung des Kindes (z. B. häusliche Verhältnisse, die eine Weiterentwicklung des Kindes be- oder gar verhindern),
- von der Intensität der Nachsorge und auch
- von der Einstellung des Sprachprozessors und dessen gewissenhafter, regelmäßiger Überprüfung und somit durchgängigem Funktionieren.

***Zweite Ebene:***

Der Übergang zur zweiten Stufe, in der das Herausfiltern segmentaler Anteile von Sprache über das Hören und die Umsetzung ins eigene Sprechen gelingen, ist fließend.

**Für Hörübungen eignen sich am Anfang am besten die so genannten „Ling-Laute“.**

Eine Lokomotive macht „sch, sch“, eine Maus „iii“ - und andere sinntragende Laute wie „au“, „oh“, „hmmm“, „ei“, die wir im Spiel und in Gesprächen immer wieder gebrauchen. Sie werden von den Kindern meist schnell erkannt und imitiert.

Ich begrüße die Kinder anfangs oft mit dem Spruch „I, O, A - ich bin da“ und „I, A, O - ich bin froh“ und mache dazu entsprechende Mimik und Gesten.

**Auch Lautmalereien erkennen die Kinder auditiv rasch und ahmen sie nach.**

Beim Spielen oder Bilderbuchbetrachten benützen wir viele geräuschnachahmende Laute wie z. B. „tap, tap, tap“, „poch, poch“, „bum“, „huiii“, „platsch!“, denn sie sind für Höranfänger wichtig zum Verständnis.

Man kann Laute auch mit bestimmten graphischen Symbolen verknüpfen.

**Beispiele:**

--------------- baaaaa

\- - - - hopp - hopp - hopp

brrrr

a a a (mit auf- und absteigender Intonation)

Dabei wird neben graphomotorischen Fähigkeiten auch die Integration geschult.

Im Spiel benützen Kinder oft erstaunlich realitätsgetreue Imitationen von Alltags- und Fahrzeuggeräuschen. Bei gemeinsamen Hörübungen sollte man ihnen Zeit lassen, ein Geräusch zunächst selbst zu imitieren, ehe man ihnen eventuell konventionalisierte Geräuschimitationen vorgibt.

**Die Tierlaute bieten sich ebenfalls zum ersten Differenzieren an.**

Sie sind im Klang sehr unterschiedlich. Den Kindern macht es z. B. Spaß, das jeweilige Tier auf einem Schachbrett bis zum „Futterplatz“ zu bewegen, wenn es den entsprechenden Laut gehört hat. Selbstverständlich lausche ich auch, wenn das Kind ein Tier nachahmt, und bewege dann das Tier. Allerdings sollte man darauf achten, dass man ältere Kinder nicht mit einem zu niedrigen Niveau frustriert und sie mit „Muh- und Wauwau-Spielen“ langweilt.

**Für weitere Hör- und Sprechübungen eignen sich die Eigennamen der Gruppenmitglieder und die Tagebuchblätter.**

Relativ rasch lernen die Kinder, auf ihren eigenen Namen zu reagieren und können bald auch andere Namen aus der Gruppe hörend differenzieren. Dabei wird man zunächst mit den größten Oppositionen anfangen wie einsilbige Namen versus Drei- oder Viersilber und danach die Differenzierung auf feinere Unterschiede ausweiten bis hin zu Betonungsunterschieden bei „Dennis“ und „Denise“.

Die Tagebuchblätter sind eine reiche Fundgrube für Hörübungen. Daraus kann man zunächst auch einzelne Wörter herausnehmen. Viele Wörter können schon bald anhand der Länge, der Silbigkeit, der Betonung oder bestimmter auditiver Merkmale (z. B. Zischlaute) differenziert werden. Anhand dieser „Signalwörter“ verstehen die Kinder bereits auch eine längere sprachliche Äußerung dem Sinn nach. So können sie verschiedene Tagebuchblätter oder Bilder einer Geschichte dem gesprochenen Text zuordnen. Die ersten selbständigen Wörter sind meist Eigennamen und Wörter für besonders begehrte Dinge. Hinzu kommen Funktionswörter (auf, zu, viel, alle, fertig, leer …), Verben (kommen, holen, essen, trinken, schlafen ...) und Adjektive (groß, klein, hoch, laut, froh, traurig ...).

**Immer wiederkehrende sprachliche Äußerungen werden auditiv verstanden.**

Auf einfache Aufträge wie „Geh Händewaschen!“ oder „Mach das Licht an!“ reagieren die Kinder mit der entsprechenden Handlung ohne Nachfragen und ohne auf den Mund geschaut zu haben. Wenn auf ein nachgerufenes „Tschüs bis morgen!“ im Gehen noch die richtige Antwort als Reaktion kommt, weiß ich, dass die Kinder auf dem hörsprachgerichteten Weg sind.

Auch Eltern berichten uns von ersten Erleichterungen im Alltag mit ihren Kindern.

**Da eine Speicherung von Höreindrücken noch kaum stattfinden konnte, ist die Schulung des auditiven Gedächtnisses besonders wichtig.**

Für dieses „Höralter" gibt es eine Menge verschiedener „Gesellschaftsspiele", die sich bei entsprechender Anwendung sehr gut für die Einzelförderung eignen.

Das sind Spiele, bei denen es zunächst nur auf das Verständnis von zwei sprachlichen Begriffen ankommt: zwei alltägliche Gegenstände, zwei Farbbegriffe oder ein Zahl- und ein Farbbegriff müssen gehört und gespeichert werden. Selbstverständlich und sehr wichtig ist bei all diesen Spielen der Rollenwechsel, d. h., dass auch die Kinder sprechen und der Erwachsene die Handlung ausführt. Manchmal gehören anfangs eine ganze Menge „Phantasie" bzw. einfühlendes Verständnis und Erfahrung dazu, um das von den Kindern Gemeinte zu verstehen.

Auch bei anderen Tätigkeiten kann man das auditive Gedächtnis schulen. Beim Perlenauffädeln heißt es dann z. B.: „Nimm eine rote und eine blaue Perle", beim Tischdecken: „Hol ein Messer und einen Teller", beim Einkaufsspiel: „Ich möchte zwei Bananen und drei Äpfel", beim Umzugsspiel: „Der Tisch und die vier Stühle kommen ins Wohnzimmer" usw. Auch das Speichern von Telefonziffern macht Spaß und trainiert das Hörgedächtnis. Man kann sich je nach auditiver Speicherfähigkeit des Kindes Aufgaben im Alltag und im Spiel mit immer mehr Einheiten ausdenken. Dabei wird man bemüht sein, nicht den zweiten vor dem ersten Schritt zu tun, aber man sollte den nächsten Schritt immer schon im Auge behalten: Kann das Kind zwei sprachliche Einheiten speichern, geht man zu dreien und weiteren über.

Auch das „Sprechzeichnen" dient durch das rhythmische Wiederholen der Schulung des Gedächtnisses. Wir nehmen ein großes Blatt Papier und möglichst dicke Buntstifte oder Wachsmalstifte und zeichnen die folgenden Formen, indem wir sie mit Sprache begleiten:

**Beispiele** (nach: SEYD; 1982, 13 ff.):

Rund und bunt
Rund und bunt

Schaukel hin und schaukel her
Kleiner Frosch und großer Bär

Ix, ax, u
aus bist du

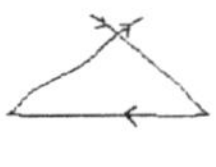

Morgens früh um sechs
Kommt die kleine Hex'

Schneck, Schneck, komm heraus,
komm aus deinem Haus

**Bei Kindern im Vorschulalter bietet sich auf dieser Stufe das Einführen der Schrift an.**

Dann können sie „I, O, A - ich bin da“, „Au“, „Tut, tut“ , „Miau“ u. a. nicht nur hörend unterscheiden, sondern auch erlesen.

Wichtig ist dabei aber nicht die Systematik, sondern die Einbettung der Hör-, Sprech- und Leseübungen in die Gesamtsituation und den natürlichen Kontext. Wenn man so vorangeht und auch immer wieder Situationen anhand von Tagebuchblättern vor- und nachbereitet, können unsere Kinder normalerweise am Ende der Vorklassenzeit schon weitgehend lesen, sofern nicht spezielle Teilleistungsschwächen dieses erschweren und besondere Maßnahmen erforderlich machen.

Die Schrift ist ein gutes Mittel, um das z. T. schwache Gedächtnis der Kinder zu stützen. Bei manchen Kindern erleben wir, wie sie ein Wort praktisch vor ihrem inneren Auge ablaufen lassen und dabei lesend aussprechen.

**Das Sprechen der Kinder ist oft noch nicht gut verständlich.**

Wenn Kinder Einzelworte hören können, bedeutet das leider noch nicht, dass sie diese auch verständlich sprechen können. Manchen Kindern fällt es anfangs sogar schwer, die Lautabfolge eines einzigen neuen Wortes zu speichern, oder sie verkürzen drei- und viersilbige Wörter auf Zweisilber, da sie noch nicht fähig sind, mehrere sprachliche Einheiten zu speichern.

Bei den meisten spät implantierten Kindern zeigen sich Auffälligkeiten in der Praxie und der Motorik der Artikulationsorgane. In den Jahren vor der Implantation haben sich aufgrund des mangelnden Höreindrucks multiple Sprechfehler und oft eine gepresste und zu hochtonige Stimmlage entwickelt. Diese Probleme beeinträchtigen die Verständlichkeit oft gravierend. Man kann nicht erwarten, dass sich diese über Jahre hin entwickelten Fehler rasch beseitigen lassen. Die Verbesserung der Artikulation und der Stimmlage dauern erfahrungsgemäß relativ lang. Aber auch hierbei sollte man nicht zu schnell auf andere Wahrnehmungsmöglichkeiten (Schrift, Absehen, Abfühlen) zurückgreifen, sondern es zunächst über den auditiven Kanal versuchen. Den Unterschied zwischen /m/ und /b/, zwischen /f/ und /s/ kann man hören. Wenn die Kinder lernen, die Unterschiede zu hören, können sie sich nach Hinweis meistens auch selbst korrigieren. Ersatzzeichensysteme wie PMS brauchen wir höchstens bei stark dyspraktischen Kindern im Einzelfall anfangs als Artikulationshilfe. Ab und zu kommt es vor, dass Kinder Konsonantenunterschiede wie /t/ und /k/ zwar hören, aber selbst einfach nicht richtig produzieren können. Dann ist das Wissen über die Anbildung von Einzellauten durchaus wichtig, und man muss den Mut haben - eventuell auch noch im Grundschulalter -, eingeschliffene Sprechgewohnheiten „umzupolen".

***Dritte Ebene:***

**Das Sprachehören differenziert sich in der Folgezeit weiter und besser aus.**

Wenn man beim Spielen oder Bilderbuchbetrachten neben den Kindern sitzt (auf der Seite des Mikrophons), fällt auf, dass sie es bald nicht mehr nötig haben, auf den Mund des Sprechers zu schauen.

Die Kinder verstehen im Alltag bereits eine Vielzahl von immer wiederkehrenden Äußerungen, und auch in Übungssituationen können sie bekannte Sätze rein auditiv diskriminieren, d. h., sie können sich mehr und mehr auf ihr Hören verlassen. Manchmal überraschen sie uns damit, dass sie uns „etwas genervt" eine Antwort geben auf eine Frage, die wir bereits zum zweiten Mal stellen, weil wir glauben, sie hätten nicht gehört oder nicht verstanden.

**Die aktive Sprache hinkt gegenüber dem passiven Sprachverständnis noch weit hinterher.**

Die Kinder verwenden zwar oft schon längere sprachliche Äußerungen, aber noch kaum richtige grammatikalische Strukturen. Der Transfer von den gehörten Strukturen auf den selbständigen Gebrauch ist noch nicht gesichert.

Einige dieser relativ spät implantierten Kinder haben erst im Grundschulalter begonnen, wenn auch im Unterricht grammatikalische Inhalte wie z. B. Verbendungen besprochen werden, von sich aus Sätze zu bilden wie „Wir fahrraden" oder „Das Kind pferdet" (statt „reitet"). Obwohl sie sicher die korrekten Formen schon oft gehört haben, reichte der sprachliche Umsatz offensichtlich nicht aus, dass sie sie selbständig richtig gebraucht hätten. Erst der bewusstere Umgang mit der Sprache im Grundschulalter, unterstützt durch das Aufzeigen von Regeln, führt bei einigen dieser Kinder zu einem grammatikalisch richtigeren Sprechen.

**Wiederholungen und die Schulung des auditiven Gedächtnisses sind auch auf dieser dritten Ebene wichtig.**

Das bekannte Kofferpack-Spiel lässt sich je nach Situation immer wieder abwandeln: Zur Weihnachtszeit wird die Liste der Dinge, die im Nikolaussack landen, immer länger. Wenn einige Kinder wegen Grippe gefehlt haben, kann sich später eine Übung anschließen wie „Ich hatte Grippe: Ich hatte Husten." - „Ich hatte Husten und Schnupfen." - „ Ich hatte Husten, Schnupfen und Halsweh." usw.

Das Auswendiglernen fällt diesen Kindern anfangs oft sehr schwer, aber wenn man z. B. damit anfängt, jede Woche ein, zwei Sätze vom Wochenende korrekt auswendig sprechen zu lassen, steigert sich die Fähigkeit, sprachliche Strukturen zu behalten, nach einer gewissen Zeit deutlich. Bei Reimen, Auszählversen, Gedichten und Liedern sollte man anfangs darauf achten, dass diese einfache, den Kindern bereits bekannte Wörter enthalten.

**Beispiele:** Zur Begrüßung bietet sich an:

„Hier bin ich - da bist du -
und ein Dach deckt uns zu."

mit entsprechenden Körperbewegungen untermalt.

Ehe ein Spiel begonnen wird, kann ausgezählt werden:

„1, 2, 3, 4,
auf dem Klavier
sitzt eine Maus,
und du bist aus."

Nach dem Besuch auf einem Bauernhof:

„Muh, muh, muh -
so ruft im Stall die Kuh.
Wir geben ihr das Futter,
sie gibt uns Milch und Butter."

Nach dem Beobachten eines Regenbogens oder dem Betrachten eines entsprechenden Bilderbuches:

„Ein Regenbogen - komm und schau!
Rot und orange, gelb, grün und blau."

Zur Weihnachtszeit:

„Das ist das Haus
vom Nikolaus."

mit der entsprechenden Zeichnung dazu.

Auch jüngere Vorklassenkinder haben sich dabei unwahrscheinlich motiviert bemüht, die richtige Strichfolge hinzubekommen und gleichzeitig zu sprechen.

Schon in der Vorklasse erlernen die Kinder ein ganzes Repertoire an Liedern, die sie allmählich anhand der unterschiedlichen Melodien erkennen.

**Beispiele:** Beim Lied

„A, a, a, der Winter, der ist da.
E, e, e, nun gibt es Eis und Schnee.
O, o, o, nun sind wir alle froh." etc.
hören sie auch die verschiedenen Strophen.

Gut geeignet zum Wiedererkennen sind auch Lieder wie

Laterne, Laterne, Sonne, Mond und Sterne ...
Häschen in der Grube ...
Schlaf, Kindchen, schlaf ...
Kuckuck, Kuckuck ruft´s aus dem Wald ...
Bruder Jakob, Bruder Jakob ...

Texte von Gedichten und Liedern, die dann später gelernt werden können, sind in Länge und Inhalt viel anspruchsvoller. Beispiele dafür finden sich in allen Lesebüchern der Grundschulen.

### 5.1.5 Förderung bei Jugendlichen

Auch die Jugendlichen, die sich nach einem Hörsturz oder bei progredientem Hörverlust für ein CI entschieden haben, brauchen eine intensive Trainingsphase.

Wie uns zwei gerade erst implantierte Schülerinnen beschrieben haben, nehmen sie mit Hilfe des CIs z. Zt. nur ein rhythmisches Klopfen wahr und können noch keine Sprache unterscheiden.

Man muss mit ihnen alle Stufen des Hörens mit Hilfe des Cochlear-Implants noch einmal durchlaufen:

- Wir fangen an mit dem Differenzieren von Geräuschen und Musikinstrumenten. Selbst auf dieser allerersten Stufe ist es nötig, anfangs nicht zu viele und nicht zu ähnliche Geräusche anzubieten, um ein Erfolgserlebnis zu vermitteln.
- Als Zwischenschritt, ehe man mit Sprachdifferenzierungsübungen beginnt, hat sich das Unterscheiden von verschiedenen Liedmelodien bewährt. Pentatonische Kinderlieder sind aufgrund des eingängigen, einfachen Rhythmus gut dafür geeignet.
- Erst wenn auf diesen vorsprachlichen Gebieten genügend Sicherheit und Erfolgserlebnisse aufgebaut werden konnten, beginnen wir mit speziellen Sprach-Hör-Übungen. Wir bieten zunächst die schon lange bekannten und immer wieder gehörten Eigennamen aus der Klasse und der Familie an.
- Die weitere Differenzierung erfolgt anhand von closed-sets, d. h., es werden ganze Sätze, die sich sowohl hinsichtlich der Länge als auch der Intonation deutlich voneinander unterscheiden, dargeboten.
- Das Erkennen von Einzelworten ohne den sprachlichen Kontext ist am schwierigsten, da zusätzliche Verständnishilfen fehlen, und bedarf daher einer längeren Übungszeit.
- Hat man schließlich die Stufe des offenen Sprachverständnisses und des Telefonieren-Könnens (wieder) erreicht, sind Informationen, die den Gesprächsgegenstand vorab eingrenzen (z. B. „Ich möchte mich jetzt mit dir über deine Hobbys unterhalten.“ oder „Wir sprechen über ...) eine wichtige Hilfestellung für die Kommunikation.

Bei der Rehabilitation kommen bei diesen Jugendlichen Faktoren zum Tragen wie sie auch bei erwachsenen CI-Trägern eingesetzt werden, z. B. Hörtraining unter Einsatz von computergestützten Programmen.

Gespräche über ihre neuen und/oder anderen Höreindrücke im Vergleich zu den Hörmöglichkeiten vor der Operation sind wichtig und aufschlussreich. Einige Jugendliche haben schon bald danach erzählt, welche Hörinformationen für sie erstmalig und neu waren: das Zwitschern der Vögel, das Pfeifen des Vaters im Bad, leise Geräusche in der Umgebung, die sie mit ihren Hörgeräten nicht wahrgenommen hatten. Auch bei der Artikulation machten sich Verbesserungen bemerkbar: Das Auslassen der s-Laute wurde von ihnen selbst registriert und anschließend verbessert.

Die Rehabilitationsphase dauerte bei diesen Jugendlichen meist nur einige Monate.

### 5.1.6 Zusammenfassung unserer Erfahrungen mit Kindern, die relativ spät implantiert sind und zusätzliche Teilleistungsprobleme haben

Eine Cochlear-Implantation ermöglicht hochgradig hörgeschädigten Kindern ein Hören über das gesamte Frequenzspektrum, wozu sie auch mit den stärksten Hörgeräten nicht in der Lage waren.

- Das bedeutet, dass sich Kindern, die zuvor mit ihren Hörgeräten Umweltgeräusche und Sprache überhaupt nicht wahrnehmen konnten, ein neuer Sinneskanal eröffnet, mit dessen Hilfe sie völlig neue Orientierungs- und Verhaltensmöglichkeiten entwickeln können. Das geschieht allerdings nicht automatisch. Diese neuen Möglichkeiten zu entwickeln und zu schulen, erfordert viel Zeit und Geduld und ist um so schwieriger, je älter das Kind bei der Implantation ist.
- Für Kinder, die mit ihren Hörgeräten zwar Geräusche und Sprache hören können, deren Hören jedoch sehr mühsam ist und eventuell durch häufige Mittelohrentzündungen immer wieder unterbrochen wird, bedeutet eine Implantation ein verändertes Hören und somit eine Umorientierung. Das zuvor angebahnte Hören ist dabei von Vorteil. Zumeist stehen diese Kinder noch am Anfang des Hör- und Sprachlernprozesses, so dass eine intensive Förderung und Begleitung weiterhin nötig sind.
- Bei Kindern mit zusätzlichen Teilleistungsproblemen können durch die Eröffnung eines weiteren Sinneskanals mit Hilfe des Cochlear-Implants bei intensiver Förderung oft noch erstaunliche Entwicklungen eingeleitet werden. Wenn neurogene Lernstörungen nicht allein Folge einer zentralen frühkindlichen Hirnschädigung, sondern sehr häufig auch Folge einer Deprivation eines Sinnessystems sind, wie KUKE (1995, 64) sagt, so besteht die berechtigte Hoffnung, dass ein Implantat auch diesen Kindern Vorteile gegenüber Hörgeräten bringen kann. Dazu braucht es aber besonderer Geduld und mit Sicherheit eines längeren Zeitraums, ehe Erfolge sichtbar werden.
- Wie weit die persönliche Entwicklung gehen kann, lässt sich nur schwer vorab entscheiden und ist von Kind zu Kind auch unterschiedlich, da dabei viele Faktoren eine Rolle spielen: familiäres Umfeld, Zweisprachigkeit, Musikalität, persönliche Motivation, Ausmaß und Schwere zusätzlicher Teilleistungsprobleme, Art und Umfang der Förderung u. a. m.

- Bei älteren Schülern und Schülerinnen, die bereits weitestgehend sprachkompetent sind und sich (eventuell aufgrund einer Hörverschlechterung) für ein Implantat entschieden haben, ist eine Umgewöhnung mit der neuen Hörhilfe in vergleichsweise relativ kurzer Zeit zu bewerkstelligen. Dabei bedarf es aber auch einer intensiven individuellen Schulung über einen Zeitraum von mehreren Monaten.
- Viel zu wenig beachtet erscheinen mir bisher in der Diskussion um die Erfolge nach Cochlear-Implantation die Veränderungen zu sein, die sich im Zusammenhang mit dem sich entwickelnden Hören auch auf anderen Gebieten vollziehen: Verbesserung der Grob- und Feinmotorik, Abbau von Gleichgewichtsproblemen, längere Konzentrationsspanne, bessere Gedächtnisleistungen, Verringerung dyspraktischer Probleme und Abbau von Verhaltensauffälligkeiten wie Ängstlichkeit, Aggressivität und motorische Unruhe. Insgesamt erscheinen uns die Kinder freier, neugieriger und offener.

  Hier liegt sicher noch ein weites Feld für genauere Beobachtungen und Forschungen.

Aufgrund unserer jahrelangen Erfahrungen sind uns aber auch die Probleme und Grenzen deutlich geworden:
- Schüler und Schülerinnen, die erst am Ende des Grundschulalters implantiert werden, zuvor kaum Hör- und Sprachentwicklung gemacht haben und deren Spracherwerb zusätzlich durch ein nichtdeutschsprachiges Elternhaus erschwert ist, haben für ihre Lautsprachentwicklung wenig Gewinn von einem Cochlear-Implant zu erwarten.
- Bei Kindern, die zusätzlich zu einem peripheren Hörschaden auch eine zentral-auditive Wahrnehmungs- und Verarbeitungsstörung haben, kann ein Implantat zwar ein Hören von Geräuschen, Musik und Sprache ermöglichen, die Sinnentnahme von lautsprachlicher Information kann dabei aber so gestört sein, dass es nicht zu einem ausreichenden Sprachverständnis und befriedigender Lautsprachkommunikation kommt.

Die Forderung für die Zukunft ist, dass auf allen Gebieten - Technik, Medizin, Pädagogik - eine interdisziplinäre Zusammenarbeit und Optimierung angestrebt wird, um die Bedingungen für eine CI-Förderung nachhaltig zu verbessern.

## Literatur

BERTRAM, B. (1994). *Rehabilitation von Kindern mit einem Cochlear-Implant im Cochlear-Implant-Centrum Hannover.* In: LEHNHARDT, E.; BERTRAM, B. (Hrsg.). *Rehabilitation von Cochlear-Implant-Kindern.* Berlin, Heidelberg, New York. 63-89.

BERTRAM, B. (1995). *Auditive Wahrnehmung.* In: Cochlear-Implant-Centrum „WILHELM HIRTE“ CIC Hannover (Hrsg.). *1. Elternforum im CIC Hannover zur Rehabilitation CI-versorgter Kinder.* 45-53.

BERTRAM, B. (1994). *Einflussfaktoren auf den Lernprozess bei CI-versorgten Kindern und die Auswirkung der Hörschädigung auf die Familie.* In: Berufsverband Deutscher Hörgeschädigtenpädagogen (Hrsg.). *Von der Taubstummenbildung zur Hörgeschädigtenpädagogik - Erziehung zur Sprache im Wandel.* Leipzig/Frankenthal. 286-296.

CHUTE, P. (1995). *Cochlear-Implant bei Kindern und Jugendlichen - Ein Jahrzehnt der Erfahrung.* In: DILLER, G.; GALL, V.; VON ILBERG, C.; KIEFER, J. (Hrsg.). *Das Cochlear-Implant als interdisziplinäre Aufgabe.* Friedberg. 145-163.

DILLER, G. (1995). *Der hörgerichtete Spracherwerb nach Cochlear-Implantation.* In: STIFTUNG ZUR FÖRDERUNG KÖRPERBEHINDERTER HOCHBEGABTER (Hrsg.). *Das Cochlear-Implant eine (neue) Möglichkeit der Begabungsentfaltung bei Hörgeschädigten?* Hohenems/Vaduz. 161-172.

DILLER, G. (1995). *Hören mit Cochlear-Implant.* Friedberg.

DILLER, G. (1995). *Das Cochlear-Implant und seine pädagogischen Konsequenzen.* In: DILLER, G.; GALL, V.; VON ILBERG, C.; KIEFER, J. (Hrsg.). *Das Cochlear-Implant als interdisziplinäre Aufgabe.* Friedberg. 98-132.

ESTABROOKS, W. (1994). *A Little Hearing Goes a Long Way!* In: Berufsverband Deutscher Hörgeschädigtenpädagogen (Hrsg.). *Von der Taubstummenbildung zur Hörgeschädigtenpädagogik - Erziehung zur Sprache im Wandel -.* Frankenthal. 317-347.

FRERICHS, H. (1995). *Die „Philosophie“ der hörgerichteten Erziehung.* In: FRERICHS, H.; NEPPERT, J. (Hrsg.). *Grundlagen und Modelle für den hörgerichteten Spracherwerb.* Villingen-Schwenningen. 7-24.

HERRMANN, G. (1995). *Lautsprachlich-ganzheitliche Förderung von Kindern mit CI, Hören-Sprechen-Sprache.* In: DILLER, G.; GALL, V.; VON ILBERG, C.; KIEFER, J. (Hrsg.). *Das Cochlear-Implant als interdisziplinäre Aufgabe.* Friedberg. 175-182.

KUKE, H. (1995). *Prozessuale Differentialdiagnostik als Voraussetzung einer hörgerichteten Erziehung.* In: FRERICHS, H.; NEPPERT, J. (Hrsg.). *Grundlagen und Modelle für den hörgerichteten Spracherwerb.* Villingen-Schwenningen. 57-66.

LÖWE, A. (1990). *Hörenlernen im Spiel.* Berlin.

LÖWE, A. (1991). *Hörerziehung für hörgeschädigte Kinder.* Heidelberg.

ROVNER, G. (1992). *Wie komme ich mit dem hörgeschädigten Kleinkind ins Gespräch? Theoretische und praktische Überlegungen zum Früherziehungskonzept der Johannes-Vatter-Schule in Friedberg*. In: Hörgeschädigtenpädagogik 3. 18o-188.

SCHMID-GIOVANNINI, S. (1996). *Hören und Sprechen. Anleitungen zur auditiv-verbalen Erziehung hörgeschädigter Kinder*. Internationales Beratungszentrum Meggen.

SEYD, W. (1982). *Sprache und Bewegung - Sprechzeichnen, Fadenspiele, Blasspiele*. Villingen.

TOMATIS, A. (1995). *Das Ohr und das Leben*. Solothurn, Düsseldorf.

# Autorenverzeichnis

DIETZ, ELEONORE, Sonderschullehrerin
Johannes-Vatter-Schule Friedberg
Bildungs- und Beratungszentrum für Hörgeschädigte
Homburger Str. 20, 61169 Friedberg

DILLER, GOTTFRIED, Dr. Prof. für Schulpädagogik
der Fachrichtungen Gehörlosen- und Schwerhörigenpädagogik
Pädagogische Hochschule Heidelberg
Zeppelinstr. 3, 69121 Heidelberg
Bis 1993 Leiter der Frühförderung am Bildungs- und
Beratungszentrum für Hörgeschädigte in Friedberg

DRACH, MANFRED, Sonderschulkonrektor
Johannes-Vatter-Schule Friedberg
Bildungs- und Beratungszentrum für Hörgeschädigte
Homburger Str. 20, 61169 Friedberg

HERRMANN, GABRIELE, Sonderschullehrerin
Johannes-Vatter-Schule Friedberg
Bildungs- und Beratungszentrum für Hörgeschädigte
Homburger Str. 20, 61169 Friedberg

MÖRLER, WERNER, Hörgeräteakustikermeister
61169 Friedberg

PENTEKER-WOLFHEIMER, UTE, Sonderschullehrerin
Johannes-Vatter-Schule Friedberg
Bildungs- und Beratungszentrum für Hörgeschädigte
Homburger Str. 20, 61169 Friedberg

ROVNER, GERTRAUD, Sonderschulkonrektorin
Johannes-Vatter-Schule Friedberg
Bildungs- und Beratungszentrum für Hörgeschädigte
Homburger Str. 20, 61169 Friedberg

SCHMALBROCK, CORNELIA, Dipl.-Päd. Sonderschullehrerin
Johannes-Vatter-Schule Friedberg
Bildungs- und Beratungszentrum für Hörgeschädigte
Homburger Str. 20, 61169 Friedberg
Mitarbeiterin im Projekt „Hörgerichtete Frühförderung“
Pädagogische Hochschule Heidelberg

WÄSS, DIETMAR und DORIS, Eltern eines hörgeschädigten Kindes
Oberdorfstr. 23a, 63683 Ortenberg

WISNET, MARIA, Sonderschulrektorin
Johannes-Vatter-Schule Friedberg
Bildungs- und Beratungszentrum für Hörgeschädigte
Homburger Str. 20, 61169 Friedberg